kevra

La Grammaire à l'œuvre

Cinquième édition augmentée

Workbook Answer Key and Audioscript

W9-CHS-722

John Barson

Professor Emeritus
Stanford University

THOMSON
HEINLE

Australia   Canada   Mexico   Singapore   Spain   United Kingdom   United States

La Grammaire à l'œuvre, Cinquième édition augmentée
Workbook Answer Key and Audioscript
Barson

Publisher: *Janet Dracksdorf*
Acquisitions Editor: *Lara Semones*
Associate Production Editor: *Diana Baczynskyj*
Director of Marketing: *Lisa Kimball*
Associate Marketing Manager: *Elizabeth Dunn*

Senior Print Buyer: *Mary Beth Hennebury*
Compositor: *Christine Wilson, IBC*
Project Manager: *Christine Wilson, IBC*
Cover Designer: *Gina Petti / Rotunda*
Printer: *West Group*

For more information contact Heinle, 25 Thomson Place, Boston, Massachusetts 02210 USA, or you can visit our Internet site at http://www.heinle.com

For permission to use material from this text or product, submit a request online at **http://www.thomsonrights.com** Any additional questions about permissions can be submitted by email to **thomsonrights@thomson.com**

ISBN 1-4130-0671-X

Table des matières

Texte du programme sonore

Chapitre 1   Le Présent et l'impératif

Programme de laboratoire
MISE EN PRATIQUE

Exercice 1

Pour le magazine de votre lycée, vous êtes chargé(e) d'interviewer un étudiant tchèque, Ian, qui est arrivé dans votre classe pour un échange. Posez les questions à la forme vous *d'après les indications fournies dans votre cahier.*

Exemple :

Votre cahier indique :   (avoir / âge) ?
Vous dites :   Quel âge avez-vous ?
Vous entendez Ian dire :   Moi, j'ai vingt ans.

1. *Vous :* Parlez-vous anglais ?
   Ian : Oui, je parle bien l'anglais.
2. *Vous :* Quel sport faites-vous ?
   Ian : Moi, je fais de la natation.
3. *Vous :* Quel genre de films aimez-vous ?
   Ian : Moi, j'aime les films d'aventure.
4. *Vous :* Recevez-vous des lettres de vos parents ?
   Ian : Oui, je reçois des lettres de mes parents.
5. *Vous :* À qui écrivez-vous ?
   Ian : Moi, j'écris à mes amis.
6. *Vous :* Que buvez-vous le matin au petit déjeuner ?
   Ian : Moi, je bois du jus d'orange.
7. *Vous :* Que mangez-vous d'habitude à midi ?
   Ian : Moi, je mange un sandwich.
8. *Vous :* Achetez-vous des billets de première classe quand vous voyagez en avion ?
   Ian : Non, j'achète des billets de classe tourisme quand je voyage en avion.
9. *Vous :* Dormez-vous pendant vos cours ?
   Ian : Non, je ne dors pas pendant mes cours. J'écoute le professeur et je prends beaucoup de notes.

Exercice 2

Mettez le verbe des phrases que vous entendrez au pluriel, en ajoutant le sujet de la phrase entendue au deuxième sujet écrit dans votre cahier. C'est un ami, Jean-Marc, qui vous parle.

Exemple :

Vous entendez Jean-Marc dire :   Jean-Philippe est malade.
Votre cahier indique :   et Marie (être)…
Vous dites :   Jean-Philippe et Marie sont malades.

1. **Jean-Marc :** Carole vient me voir à sept heures.
   Vous : Carole et Yves viennent me voir à sept heures.
2. **Jean-Marc :** Mes amis sont toujours très occupés.
   Vous : Mes amis et moi, nous sommes toujours très occupés.
3. **Jean-Marc :** M. Brunet aime se promener dans le parc.
   Vous : M. Brunet et sa femme aiment se promener dans le parc.
4. **Jean-Marc :** La voiture est en panne.
   Vous : La voiture et la tondeuse à gazon sont en panne.
5. **Jean-Marc :** Le président va à une réception ce soir.
   Vous : Le président et son adjoint vont à une réception ce soir.

6. **Jean-Marc :** Ma sœur déteste les escargots.
   Vous : Ma sœur et moi détestons les escargots.
7. **Jean-Marc :** Julien lit beaucoup de romans de science-fiction.
   Vous : Julien et toi, vous lisez beaucoup de romans de science-fiction.
8. **Jean-Marc :** La crème fraîche fait grossir.
   Vous : La crème fraîche et le beurre font grossir.

Exercice 3

Écoutez attentivement le petit texte suivant. Vous entendrez ensuite une série d'affirmations. Cochez dans votre cahier les phrases qui vous semblent correctes. Un jeune homme, Chris, se lamente.

Chris : Je n'arrive pas à travailler. Mes amis me téléphonent constamment pour m'inviter à des fêtes. Je sors tous les soirs. Quand je ne sors pas, je reçois des amis chez moi. Dans ce cas, je fais la cuisine ou bien nous commandons une pizza. Nous buvons des jus de fruits, du coca-cola ou parfois de la bière. À minuit, je suis fatigué et j'ai besoin de dormir. Le lendemain, hélas, tout recommence et je n'écris rien, je ne finis pas mes devoirs, je ne lis pas les livres qu'on me demande de lire. Décidément, ça ne va plus.

1. Les amis de Chris ne lui téléphonent jamais.
2. Chris sort tous les soirs.
3. Chris boit de la bière tous les jours.
4. Chris lit beaucoup de livres.
5. Chris a du mal à se concentrer.
6. Chris fait des pizzas pour ses amis.
7. Chris prend plaisir à être avec ses amis.
8. Les amis de Chris ont besoin de dormir.

CONVERSATIONS DIRIGÉES

Conversation I

Répondez aux questions qu'on vous posera selon les indications données dans votre cahier.

Exemple :

Vous entendez : Joues-tu au football ?
Votre cahier indique : Non, je… (jouer / football).
Vous dites : Non, je ne joue pas au football.

Situation 1 : Les distractions

C'est une amie, Marie-Hélène, qui vous parle.

1. **Marie-Hélène :** Est-ce que tu joues au tennis ?
   Vous : Oui, je joue au tennis.
2. **Marie-Hélène :** Quel sport préfères-tu ?
   Vous : Je préfère le volley-ball.
3. **Marie-Hélène :** Est-ce que tu fais la cuisine ?
   Vous : Oui, je fais la cuisine.
4. **Marie-Hélène :** Quel plat fais-tu le mieux ?
   Vous : Je fais le mieux le coq au vin.
5. **Marie-Hélène :** Quelle musique aimes-tu ?
   Vous : J'aime la musique rock.
6. **Marie-Hélène :** Lis-tu des journaux ?
   Vous : Oui, je lis des journaux.
7. **Marie-Hélène :** Regardes-tu la télé ?
   Vous : Oui, je regarde la télé.
8. **Marie-Hélène :** Quelles émissions préfères-tu ?
   Vous : Moi, je préfère les informations.

Situation 2 : Les études

C'est un ami, Nicolas, qui vous parle.

1. **Nicolas :** Quels cours suis-tu ?
   Vous : Je suis des cours d'ingénierie.
2. **Nicolas :** As-tu des professeurs originaux ?
   Vous : Oui, j'ai des professeurs originaux.
3. **Nicolas :** Où est-ce que tu étudies le soir ?
   Vous : J'étudie dans ma chambre le soir.
4. **Nicolas :** Où achètes-tu tes manuels scolaires ?
   Vous : J'achète mes manuels scolaires à la librairie universitaire.
5. **Nicolas :** Fais-tu des dissertations chaque semaine ?
   Vous : Non, je ne fais pas de dissertations chaque semaine.
6. **Nicolas :** Reçois-tu de bonnes notes de tes professeurs ?
   Vous : Oui, je reçois de bonnes notes de mes professeurs.

Conversation II

Situation : «Tu n'as pas de chance !»

Écoutez chacun des échanges entre Vincent et Olga. Ensuite, répondez à la question que vous pose votre ami Nicolas.

Exemple :

Vous entendez : **Vincent :** J'étudie le calcul.
                Olga : Moi, je fais des expériences de chimie.
                Nicolas : Que fait Olga ?
Votre cahier indique : Elle… (expériences de chimie).
Vous dites : Elle fait des expériences de chimie.

1. **Vincent :** Je dîne d'un sandwich dans ma chambre quand j'ai beaucoup de travail.
   Olga : Moi, je mange une pizza quand je finis mes devoirs.
   Nicolas : Que fait Olga ?
   Vous : Elle mange une pizza.
2. **Vincent :** Je lis mes livres d'histoire.
   Olga : Mes amis et moi, nous voyons des pièces de théâtre.
   Nicolas : Que font Olga et ses amis ?
   Vous : Ils voient des pièces de théâtre.
3. **Vincent :** J'organise mes notes après chaque cours.
   Olga : Moi, je flâne dans les rues pour me distraire.
   Nicolas : Que fait Vincent ?
   Vous : Il organise ses notes après chaque cours.
4. **Vincent :** J'écris mon devoir d'anglais.
   Olga : Mes amis et moi, nous allons à un concert.
   Nicolas : Que font Olga et ses amis ?
   Vous : Ils vont à un concert.
5. **Vincent :** Je finis mes expériences scientifiques.
   Olga : Moi, je me balade en ville chaque fois que j'en ai l'occasion.
   Nicolas : Que fait Vincent ?
   Vous : Il finit ses expériences scientifiques.
6. **Vincent :** Je fais des recherches à la bibliothèque.
   Olga : Moi, j'organise une excursion à la montagne chaque week-end.
   Nicolas : Que fait Vincent ?
   Vous : Il fait des recherches à la bibliothèque.
7. **Vincent :** Tous les jours, je mets de l'ordre dans ma chambre.
   Olga : Moi, je prépare un pique-nique au bord de la mer.
   Nicolas : Que fait Vincent ?
   Vous : Il met de l'ordre dans sa chambre.

8. **Vincent :**   Je regarde les informations à la télé.
    Olga :   Mes amis et moi, nous faisons de la planche à voile.
    Nicolas :   Que font Olga et ses amis ?
    Vous :   Ils font de la planche à voile.
9. **Vincent :**   Je fais mes devoirs de français.
    Olga :   Moi, je joue au volley-ball.
    Nicolas :   Que fait Olga ?
    Vous :   Elle joue au volley-ball.
10. **Vincent :**   Je travaille toute la nuit.
    Olga :   Moi, je dors dix heures par jour.
    Nicolas :   Que fait Olga ?
    Vous :   Elle dort dix heures par jour.

Conversation III

Situation 1 : Le malade imaginaire

Vocabulaire

lames de rasoir   *razor blades*
ranger   *to put away*
avaler   *to swallow*

Imaginez que vous jouez le rôle d'un malade imaginaire, Hubert ; il ne se sent pas bien ; il ne veut pas sortir et profite dans la mesure du possible de la bonne volonté de son camarade de chambre, Philippe. Complétez les phrases d'Hubert en suivant les indications données dans votre cahier.

1. **Philippe :**   Alors, ça ne va pas, mon pote ?
    Hubert :   Ah, je n'en peux plus. J'ai une de ces migraines ! Apporte-moi quelque chose.
2. **Philippe :**   Prends de l'aspirine ! Je crois qu'il y en a dans la salle de bains.
    Hubert :   Apporte-les-moi, s'il te plaît. J'ai la tête qui brûle et les jambes en coton.
3. **Philippe :**   [criant de la salle de bains] Où as-tu mis le flacon ?
    Hubert :   Ouvre le tiroir de gauche et regarde sous le paquet de lames de rasoir.
4. **Philippe :**   Ah, en effet ! Drôle d'endroit pour ranger de l'aspirine !
    Hubert :   Et puis, apporte-moi un peu d'eau pour que je puisse les avaler.
5. **Philippe :**   Bon, voilà. J'espère que ça va aller mieux. Je suppose que tu ne voudras rien manger ce soir.
    Hubert :   Au contraire, j'ai faim. On dit qu'il faut nourrir les rhumes. Je sais que tu es très occupé, mais sois gentil. Va au magasin du coin, achète du lait, du pain et du fromage. Et pendant que tu y es, regarde s'il y a de bons fruits… des oranges surtout. La vitamine C, tu sais ! Non, tout compte fait, je préfère manger une soupe. Prends une boîte de soupe au poulet et une aux champignons.
6. **Philippe :**   Et avec ça ? Un steak-frites et une salade ?
    Hubert :   Ne fais pas l'idiot ! Pour le dessert, peut-être du yaourt. On dit que c'est bon pour les intestins. Et quelques gâteaux secs si tu trouves ceux que j'aime. Lis bien les étiquettes. Ne prends pas de pâtisseries pleines de mauvaises graisses et de produits chimiques.
7. **Philippe :**   Alors, tu me passes un billet de 200E. Je n'ai pas un sou sur moi, et je n'ai pas envie de passer à la banque à cette heure.
    Hubert :   Paie avec ta carte de crédit. Je te rembourserai dès que je serai remis.
8. **Philippe :**   Ouais, celle-là je la connais ! Écoute, commandons plutôt une pizza. Voilà le téléphone.
    Hubert :   Sois gentil et fais-le pour moi. Passe un coup de fil à Rapida Pizza. Commande une grande pizza aux anchois, aux olives noires, au saucisson, aux champignons, aux poivrons verts, aux crevettes, aux artichauts et…
    Philippe :   Et compte sur moi pour ne pas t'aider à la manger. Quel mélange !

Situation 2 : Consultation avec la professeur

Dans le dialogue suivant, Madame Pellegrin, une professeur sympathique, donne des conseils à Raymond, un étudiant de bonne volonté, mais pas très sûr de lui. Notez que Mme Pellegrin a une secrétaire qui interrompt la conversation. Vous jouerez le rôle de Mme Pellegrin.

1. **Raymond :**   Madame, je voudrais écrire un compte-rendu d'un roman. Je propose de lire Madame Bovary ou peut-être Germinal.

    Mme Pellegrin :   On dirait que le 19ème siècle vous intéresse particulièrement. Ce sont d'excellents textes. Choisissez celui qui vous plaît le plus, lisez-le attentivement et prenez quelques notes pour ne pas oublier vos premières impressions. C'est essentiel parce que ce sont des romans assez longs et très importants.

2. **Raymond :**   Oui, oui, Madame, comptez sur moi. J'ai un ordinateur que je pourrai utiliser. Mais vous dites que ces romans sont très longs et sans doute difficiles à lire.

    Mme Pellegrin :   Ayez le courage de travailler chaque soir. La persévérance vient à bout de tout.

3. **La secrétaire :**   C'est le professeur Moreau à l'appareil.

    Mme Pellegrin :   Dites-lui que je regrette infiniment, mais que je ne peux pas venir à l'appareil en ce moment. Prenez son numéro et rassurez-le que je le rappellerai dans un quart d'heure.

4. **La secrétaire :**   C'est entendu.

    Mme Pellegrin :   Alors, pardonnez l'interruption, vous disiez…

5. **Raymond :**   Eh bien, je crains d'avoir des difficultés avec l'intrigue ou les images… Je pourrais peut-être me servir d'une version anglaise.

    Mme Pellegrin :   Résistez à la tentation de lire une traduction. Venez me voir si vous avez des difficultés.

TEXTES DE COMPRÉHENSION

Compréhension globale

Vocabulaire

muets	*silent*	ventre	*belly*
avis	*opinion*	voix	*votes*

Vous écouterez d'abord un texte de Victor Hugo, intitulé La Diligence. *Dans ce pamphlet célèbre, Victor Hugo attaque Louis-Napoléon qui a pris le pouvoir par le coup d'État du 2 décembre 1851. L'année suivante, il a obtenu 7 500 000 voix au plébiscite qui allait faire de lui Napoléon III. Il a été empereur jusqu'en 1870.*

La Diligence
Victor Hugo

Narratrice :   Un brigand arrête une diligence au coin d'un bois. Il est à la tête d'une bande déterminée. Les voyageurs sont plus nombreux, mais sont séparés, désunis, parqués dans des compartiments à moitié endormis, surpris au milieu de la nuit, saisis à l'improviste et sans armes. Le brigand leur ordonne de descendre, de ne pas jeter un cri, de ne pas souffler mot et de se coucher la face contre terre. Quelques-uns résistent, il leur brûle la cervelle. Les autres obéissent et se couchent sur le pavé, muets, immobiles, terrifiés, pêle-mêle avec les morts et pareils aux morts. Le brigand, pendant que ses complices leur tiennent le pied sur les reins et le pistolet sur la tempe, fouille leurs poches, force leurs malles et leur prend tout ce qu'ils ont de précieux. Les poches vidées, les malles pillées, le coup d'État fini, il leur dit :

Brigand :   Maintenant, afin de me mettre en règle avec la justice, j'ai écrit sur un papier que vous reconnaissez que tout ce que je vous ai pris m'appartenait et que vous me le concédez de votre plein gré. J'entends que ceci soit votre avis. On va vous mettre à chacun une plume dans la main, et, sans dire un mot, sans faire un geste, sans quitter l'attitude où vous êtes… Le ventre contre terre, la face dans la boue. Vous étendez le bras droit et vous signerez tous ce papier. Si quelqu'un bouge ou parle, voici la gueule de mon pistolet. Du reste, vous êtes libres.

Narratrice :   Les voyageurs étendent le bras et signent. Cela fait, le brigand relève la tête et dit :

Brigand :   J'ai sept millions cinq cent mille voix.

Compréhension, dictée et interprétation

Vocabulaire

échoue *falls upon; lands*
renard *fox*
oreilles *ears*
sagesse *wisdom*
allumeur de réverbère *lamplighter*
allume *lights*
éteint *turns off*
réverbère *street light*
buveur *drinker; drunkard*
a honte *is ashamed*
découle de *follows from*
apprivoiser *to tame; to befriend*
liens *ties; bonds*
apparut *appeared* (passé simple d'**apparaître**)
vit *saw*
pommier *apple tree*

apprivoisé *tamed*
fit *said* (passé simple de **faire**)
fusils *guns*
chassent *hunt*
gênant *inconvenient; bothersome*
poules *hens*
chasseurs *hunters*
soupira *sighed*
revint *came back* (passé simple de **revenir**)
terrier *fox hole; burrow*
champs de blé *wheat fields*
cheveux couleur d'or *golden colored hair*
blé *wheat*
doré *golden*
se tut *became silent* (passé simple de **se taire**)
toutes faites *ready made*
marchands *merchants; shop keepers; dealers*

Le Petit Prince : « La Rencontre du renard »
Antoine de Saint-Exupéry

Écoutez maintenant un extrait du Petit Prince *d'Antoine de Saint-Exupéry, reproduit dans votre cahier. En écoutant le texte, remplacez les tirets par les mots qui manquent. Ensuite, répondez aux questions.*

Résumé : *Dans le récit du* Petit Prince *d'Antoine de Saint-Exupéry, un jeune garçon, après un fabuleux voyage interplanétaire, où il <u>fait la connaissance</u> de diverses grandes personnes très bizarres, échoue finalement sur la Terre, dans le désert du Sahara. Toujours à la recherche d'un ami, <u>il rencontre un renard</u> à longues oreilles pointues, qui lui donne des leçons de sagesse importantes. Sur les autres planètes visitées, le petit prince parle à un businessman <u>qui compte les étoiles</u>, et <u>qui les possède</u> parce qu'il y a pensé le premier, un géographe qui manque d'explorateurs pour déterminer la topographie de sa planète, un allumeur de réverbère qui, fidèle à son travail, <u>allume et éteint</u> toutes les trente secondes un réverbère sur une planète inhabitée, un monarque absolu <u>qui règne sur une planète déserte</u> et donne toujours des ordres raisonnables que personne n'écoute, un buveur <u>qui boit pour oublier qu'il a honte de boire</u>. Toutes ces grandes personnes n'impressionnent pas le petit prince, qui les écoute attentivement, leur pose beaucoup de questions pour mieux les comprendre, mais <u>finit par les quitter</u>. Le petit prince désire apprendre les principes essentiels de la vie : le principe des affaires, le principe du gouvernement, l'administration de la justice, les procédés de la recherche scientifique. <u>Il comprend bien vite</u> que les grandes personnes n'ont pas de points de vue très raisonnables. Ce sera finalement d'un renard, rencontré au hasard dans le désert du Sahara, au milieu de nulle part, qu'il apprendra le vrai sens de la vie et l'importance de la responsabilité <u>qui découle de l'effort qu'on fait pour apprivoiser</u> quelqu'un, c'est-à-dire l'effort qu'on fait pour créer des liens.*

C'est alors qu'apparut le renard :

—Bonjour.

—Bonjour, répondit poliment le petit prince, qui se retourna mais ne vit rien.

—Je suis là, dit la voix, sous le pommier…

—<u>Qui es-tu</u> ? Tu es bien joli…

—Je suis un renard, dit le renard.

—<u>Viens jouer avec moi,</u> lui proposa le petit prince. Je suis tellement triste…

—<u>Je ne puis (pas) jouer</u> avec toi, dit le renard. Je ne suis pas apprivoisé.

—Ah ! pardon, fit le petit prince.

—Mais, après réflexion, il ajouta :

—Qu'est-ce que signifie « apprivoiser » ?

—Tu n'es pas d'ici, dit le renard, que cherches-tu ?

—Je cherche les hommes, dit le petit prince. Qu'est-ce que signifie « apprivoiser » ?

—Les hommes, dit le renard, ils ont des fusils et ils chassent. C'est bien gênant ! <u>Ils élèvent aussi des poules.</u> C'est leur seul intérêt. Tu cherches des poules ?

—Non, dit le petit prince. Je cherche des amis. Qu'est-ce que signifie « apprivoiser » ?

—C'est une chose trop oubliée, dit le renard. Ça signifie « créer des liens… »

—Créer des liens ?

—Bien sûr, dit le renard. Tu n'es encore pour moi qu'un petit garçon tout semblable à cent mille petits garçons. Et <u>je n'ai pas besoin de toi</u>. Et tu n'as pas besoin de moi non plus. Je ne suis pour toi qu'un renard semblable à cent mille renards. Mais, <u>si tu m'apprivoises</u>, nous aurons besoin l'un de l'autre. Tu seras pour moi unique au monde. Je serai pour toi unique au monde…

—Je commence à comprendre, dit le petit prince. Il y a une fleur… <u>Je crois</u> qu'elle m'a apprivoisé…

—C'est possible, dit le renard. <u>On voit sur la terre</u> toutes sortes de choses…

—Oh ! Ce n'est pas sur la Terre, dit le petit prince.

Le renard parut très intrigué :

—Sur une autre planète ?

—Oui.

—<u>Il y a des chasseurs</u>, sur cette planète-là ?

—Non.

—Ça, c'est intéressant ! Et des poules ?

—Non.

—Rien n'est parfait, soupira le renard.

Mais le renard revint à son idée :

—Ma vie est monotone. Je chasse les poules, les hommes me chassent. Toutes les poules se ressemblent, et tous les hommes se ressemblent. <u>Je m'ennuie donc un peu</u>. Mais, si tu m'apprivoises, ma vie sera comme ensoleillée. Je connaîtrai un bruit de pas qui sera différent de tous les autres. Les autres pas <u>me font rentrer sous terre</u>. Le tien m'appellera hors du terrier, comme une musique. Et puis regarde ! <u>Tu vois</u>, là-bas, les champs de blé ? Je ne mange pas de pain. Le blé pour moi est inutile. Les champs de blé <u>ne me rappellent rien</u>. Et ça, c'est triste ! Mais tu as des cheveux couleur d'or. Alors ce sera merveilleux quand tu m'auras apprivoisé ! Le blé, qui est doré, me fera souvenir de toi. Et j'aimerai le bruit du vent dans le blé…

Le renard se tut et regarda longtemps le petit prince :

—S'il te plaît… <u>apprivoise-moi</u>, dit-il !

—Je veux bien, mais je n'ai pas beaucoup de temps. J'ai des amis à découvrir et beaucoup de choses à connaître.

—<u>On ne connaît</u> que les choses que l'on apprivoise, dit le renard. Les hommes n'ont plus le temps de rien connaître. <u>Ils achètent des choses toutes faites</u> chez les marchands. Mais comme il n'existe point de marchands d'amis, les hommes n'ont plus d'amis. <u>Si tu veux un ami</u>, apprivoise-moi !

Chapitre 2   La Narration au passé

Programme de laboratoire

MISE EN PRATIQUE

Exercice 1

Vocabulaire

rebord de la fenêtre *window sill*
sinistrée *disaster*

Répétez et continuez les phrases que vous entendrez en utilisant les éléments imprimés dans votre cahier.

Exemple :

Vous entendez : Jean-Marc voulait danser avec Marie, mais…
Votre cahier indique : (ne pas oser / lui parler)
Vous dites : Jean-Marc voulait danser avec Marie, mais il n'osait pas lui parler.

1. Chaque matin M. Durand déjeunait à sept heures et…
   Vous : Chaque matin M. Durant déjeunait à sept heures et lisait le journal avant d'aller au bureau.
2. Quand nous étions à Hawaï, nous avons vu beaucoup de jeunes gens qui…
   Vous : Quand nous étions à Hawaï, nous avons vu beaucoup de jeunes gens qui faisaient du surfing.
3. Le pot de fleur était sur le rebord de la fenêtre et il…
   Vous : Le pot de fleur était sur le rebord de la fenêtre et il est tombé sur le trottoir.
4. La ville de Naïrobi est déclarée zone sinistrée. Elle…
   Vous : La ville de Naïrobi est déclarée zone sinistrée. Elle a été dévastée par un nuage de criquets volants la semaine dernière.

Exercice 2

Vocabulaire

vitre brisée *broken window pane*
me tromper *be mistaken*

Un vol a été commis dans le quartier de Mme Duplessis. Un agent de police vient l'interroger pour savoir si elle a vu ou entendu quelque chose. Vous jouerez le rôle de Mme Duplessis et répondrez aux questions de l'agent en employant les temps du passé.

Exemple :

Vous entendez l'agent de police dire : À quelle heure êtes-vous rentrée chez vous ?
Votre cahier indique : **Mme Duplessis :** Je… (rentrer chez moi / à sept heures).
Vous dites : Je suis rentrée chez moi à sept heures.

1. **Agent de police :** Et votre mari, à quelle heure était-il à votre domicile ?
   Mme Duplessis : Mon mari et moi, nous sommes divorcés.
2. **Agent de police :** Avez-vous des enfants ?
   Mme Duplessis : Oui, mon fils est revenu vers dix heures. Ma fille est partie en vacances à l'étranger.
3. **Agent de police :** Avez-vous vu ou entendu quelque chose de suspect ?
   Mme Duplessis : J'ai regardé par la fenêtre et je n'ai rien vu d'anormal.
4. **Agent de police :** Pourquoi avez-vous regardé par la fenêtre ?
   Mme Duplessis : J'étais dans ma chambre quand soudain, j'ai entendu un bruit dehors.

5. **Agent de police :**   Pouvez-vous décrire ce bruit ?
    Mme Duplessis :   Cela ressemblait à un bruit de vitre brisée ; mais je dormais presque, alors, je peux me tromper.
6. **Agent de police :**   Puis-je interroger votre fils, pour voir s'il a entendu quelque chose de suspect ?
    Mme Duplessis :   Il n'est pas là ce soir.
7. **Agent de police :**   Où est-il donc ?
    Mme Duplessis :   Son meilleur ami s'est cassé la jambe hier. Il est allé le voir à l'hôpital.

Exercice 3

Vocabulaire

appareil   *camera*
aller à la pêche   *to go fishing*
poissons   *fish*
nous avons fait cuire au feu de bois   *we cooked on a wood fire*

Marianne et Patrick reviennent de vacances. Marianne pose des questions à Patrick pour savoir ce qu'il a fait. Patrick répond et vous enchaînez en prenant le rôle de Marianne, avec une autre question selon les indications données dans votre cahier.

Exemple :

Vous entendez :   **Marianne :**   Qu'as-tu fait pour les vacances ?
                Patrick :   Je suis allé en Crète.
Votre cahier indique :   **Marianne :**   (aller en Turquie aussi) ?
        Vous demandez :   Es-tu allé en Turquie aussi ?
                Patrick :   Oui, j'y suis allé.

1. **Marianne :**   Quelle chance tu as d'être allé en Crète. Raconte-moi tout !
    Patrick :   Il faisait très beau. Il n'a pas plu une seule fois.
    Marianne :   Avez-vous visité des ruines ?
    Patrick :   Oui, nous avons vu plusieurs temples.
2. **Marianne :**   Tu es parti avec des amis, n'est-ce pas ?
    Patrick :   La première semaine, je suis resté avec ma sœur. Puis, mes amis sont arrivés et on est parti en scooter le long des plages.
    Marianne :   Avez-vous fait de la natation ?
    Patrick :   Oui, nous avons nagé tous les jours.
3. **Marianne :**   Comment s'est passé le camping ?
    Patrick :   Très bien, sauf qu'il y avait des moustiques la nuit et qu'il faisait très chaud.
    Marianne :   Avez-vous fait de bons repas ?
    Patrick :   Oui, nous avons très bien mangé.
4. **Marianne :**   Qu'avez-vous vu sur l'île ?
    Patrick :   On a visité les vieilles villes.
    Marianne :   As-tu pris des photos ?
    Patrick :   Oui, j'ai un nouvel appareil et j'en ai pris beaucoup.
5. **Marianne :**   Qu'avez-vous fait d'autre ?
    Patrick :   On a voulu aller au bord de la mer. Puis, mon ami Martin a trouvé une crique déserte.
    Marianne :   Êtes-vous allés à la pêche ?
    Patrick :   Oui, et nous avons pris des poissons pour notre dîner que nous avons fait cuire au feu de bois.
6. **Marianne :**   Ça devait être merveilleux. Quelle chance vous avez eue !
    Patrick :   Oui, on était tranquille. J'ai passé des vacances formidables.
    Marianne :   Retourneras-tu l'année prochaine ?
    Patrick :   Hélas non, j'ai accepté un nouveau poste dans une banque et j'aurai très peu de temps libre.

CONVERSATIONS DIRIGÉES

Conversation 1

Vocabulaire

scolarité *tuition*

Trois étudiants, Suzanne, Marcel et Geneviève, se parlent au café universitaire. Écoutez leur conversation, puis répondez aux questions posées par l'interlocuteur.

Exemple :

Vous entendez Suzanne dire : J'ai pris le T.G.V. pour aller de Paris à Lyon.
Vous entendez l'interlocuteur demander : Qu'est-ce que Suzanne a fait ?
Votre cahier indique : Suzanne (prendre le T.G.V.)
Vous dites : Suzanne a pris le T.G.V. pour aller de Paris à Lyon.

1. **Suzanne :** J'ai suivi un cours de biologie le trimestre dernier.
   Marcel : Moi, je n'ai pas suivi de cours de biologie le trimestre dernier, mais j'ai suivi un cours de philosophie.
   Geneviève : Tiens ! Moi au contraire, j'ai suivi un cours de chimie et un cours d'anthropologie.
   Interlocuteur : Qu'est-ce que Geneviève a fait ?
   Vous : Geneviève a suivi un cours de chimie et un cours d'anthropologie.
2. **Suzanne :** Mes amis et moi, nous sommes allés au cinéma hier soir.
   Marcel : Vous avez de la chance ! Mes amis et moi, nous ne sommes pas allés au cinéma. Nous sommes allés à la bibliothèque hier soir.
   Geneviève : Eh bien, moi, j'étais fatiguée, alors je suis restée chez moi et j'ai regardé la télé.
   Interlocuteur : Qu'est que Marcel et ses amis ont fait ?
   Vous : Marcel et ses amis sont allés à la bibliothèque.
3. **Suzanne :** Mon père m'a offert un ordinateur pour mon anniversaire.
   Marcel : Tu as de la chance. Mon père ne m'a pas offert d'ordinateur pour mon anniversaire. Il m'a offert une machine à écrire.
   Geneviève : De quoi vous plaignez-vous ? Mes parents n'ont pas les moyens de me faire de cadeau. J'ai dû prendre un emploi dans un magasin pour payer ma scolarité.
   Interlocuteur : Qu'est-ce que le père de Suzanne a fait ?
   Vous : Le père de Suzanne lui a offert un ordinateur pour son anniversaire.
4. **Suzanne :** Mon professeur de sciences politiques est allé en Israël cet été.
   Marcel : Mon professeur de philosophie n'est pas allé en Israël. Il est allé au Japon.
   Geneviève : Qu'est-ce qu'il y a fait pendant son séjour ?
   Interlocuteur : Où est-ce que le prof de Marcel est allé ?
   Vous : Le professeur de Marcel est allé au Japon.
5. **Suzanne :** Nous avons beaucoup aimé le film *Les Visiteurs*.
   Marcel : Moi, je n'ai pas beaucoup aimé *Les Visiteurs*. Je préfère les films de Louis de Funès.
   Geneviève : Moi, je n'aime pas les films comiques. L'autre jour, je suis allée voir *Bleu*.
   Interlocuteur : Quel film Suzanne a-t-elle aimé ?
   Vous : Suzanne a aimé le film *Les Visiteurs*.
6. **Suzanne :** Mes amis et moi, nous avons repeint notre appartement.
   Marcel : Moi, je n'ai pas repeint mon appartement. Mon frère est venu et a repeint mon appartement pour moi.
   Geneviève : Tu as de la chance d'avoir un frère qui t'aide. Moi, je suis fille unique. Je ne peux pas compter sur mes frères et sœurs quand j'ai besoin d'aide.
   Interlocuteur : Qu'est-ce que les amis de Suzanne ont fait ?
   Vous : Les amis de Suzanne ont repeint son appartement.
7. **Suzanne :** Il a beaucoup plu dans le Mississippi. Il y a eu des inondations terribles.
   Marcel : En Californie, il y a quelques années, il n'y a pas beaucoup plu ; on a dû conserver de l'eau.

Geneviève :	Et quand ce n'est pas la sécheresse, ce sont les tremblements de terre et les inondations. Il y a quelques années, un tremblement de terre a détruit plusieurs autoroutes, sans parler des bâtiments.	
Interlocuteur :	Qu'est-ce qu'il y a eu dans le Mississippi ?	
Vous :	Il y a eu des inondations.	

8. | **Suzanne :** | J'ai vendu mes livres de chimie et de biologie à la fin du trimestre. |
Marcel :	Moi, je n'ai pas vendu mes livres. Je les ai gardés pour les donner à mon frère.
Geneviève :	Pourquoi ne m'as-tu pas téléphoné d'abord ? Je te les aurais achetés.
Interlocuteur :	Qu'est-ce que Suzanne a fait de ses livres de chimie et de biologie ?
Vous :	Suzanne les a vendus à la fin du trimestre.
Interlocuteur :	Qu'est-ce que Marcel a fait de ses livres ?
Vous :	Marcel les a gardés pour les donner à son frère.

Conversation II

Vocabulaire

cambrioleur	*thief*	les singes	*monkeys*
cacahuètes	*peanuts*	hargne	*peevishness; ill temper*
trompe	*trunk*		

Écoutez d'abord les phrases, puis réagissez à ce que vous avez entendu selon les indications de votre cahier. Ce sont différents amis qui vous parlent.

Exemple :

Vous entendez Julien dire :	Didier a fait le tour du monde en voilier.
Votre cahier indique :	Combien de temps (mettre) ?
Vous dites :	Combien de temps a-t-il mis ?

1. **Geoffroi :** J'ai reçu un paquet et je l'ai ouvert.
   Vous : Qu'est-ce qu'il y avait dedans ?
2. **Alain :** Marie a écrit un roman d'amour. Je l'ai lu et je l'ai trouvé très bon.
   Vous : Quand le roman est-il paru ?
3. **Louise :** Les enfants ont mis trois heures à lire ce livre, mais ils ne l'ont pas compris.
   Vous : Est-ce que le livre était difficile pour eux ?
4. **Isabelle :** L'inspecteur a suivi le cambrioleur qui est monté sur le toit de la maison. Sa complice est arrivée et lui a lancé une corde. Le voleur a pu s'évader.
   Vous : La police a-t-elle réussi à arrêter les malfaiteurs ?
5. **Francine :** Nous sommes allés au café où nous avons bu une bière.
   Vous : Avez-vous aussi pris quelque chose à manger ?
6. **Victor :** Les enfants ont visité le parc zoologique. Ils ont offert des cacahuètes aux éléphants qui les ont prises avec leur trompe et les ont mises dans leur bouche.
   Vous : Les enfants sont-ils aussi allés voir les singes ?
7. **Jérôme :** Marie a été surprise quand elle a entendu un grand bruit devant sa porte.
   Vous : Marie a-t-elle appelé au secours ?
8. **Éliane :** Après tout ce que tu as fait pour ton ami, comment a-t-il pu te parler avec tant de hargne ?
   Vous : Je ne sais pas. Il n'a pas voulu me le dire.
9. **Nicole :** J'ai reçu trois lettres anonymes contenant des menaces. J'ai eu très peur, alors j'ai prévenu la police.
   Vous : La police a-t-elle réussi à trouver l'auteur des lettres ?
10. **Yvette :** Quand Justin m'a dit qu'il avait gagné le gros lot à la loterie, je ne l'ai pas cru.
    Vous : Qu'est-ce que Justin a décidé de faire avec l'argent ?

Conversation III

Vocabulaire

je faisais l'école buissonnière   *I played hookey*
la pêche   *fishing*
bourse   *scholarship*
moyens   *means*
déménagions (**déménager**   *to move*)
mordait (**mordre**   *to bite*)
cheville   *ankle*

chasser   *to hunt*
poissons rouges   *goldfish*
à l'aube   *at dawn*
cueillais (**cueillir**   *to pick*)
champignons sauvages   *wild mushrooms*
louions (**louer**   *to rent*)

Écoutez les échanges entre Christophe et Madeleine, puis participez à la conversation en utilisant les indications données dans votre cahier.

Exemple :

Vous entendez :   **Christophe :**   Quand j'étais jeune, je ne voulais pas me coucher de bonne heure.
Madeleine :   Moi aussi, quand j'étais jeune, je voulais jouer jusqu'à onze heures du soir.

Votre cahier indique :   Moi, quand j'étais jeune, mes parents (me mettre) au lit à huit heures sans exception.

Vous dites :   Moi, quand j'étais jeune, mes parents me mettaient au lit à huit heures sans exception.

1. **Christophe :**   Quand j'étais petit, j'allais à l'école tous les jours et l'après–midi, je jouais avec mes amis.
   Madeleine :   Moi, quand j'étais petite, je faisais l'école buissonnière et j'allais à la pêche avec mes amis.
   Vous :   Eh bien moi, je restais à l'école pour aider mon institutrice.

2. **Christophe :**   Quand mes parents avaient mon âge, ils étaient très idéalistes. Ils appartenaient à plusieurs organisations de gauche et croyaient avec ferveur au socialisme.
   Madeleine :   Quand mes parents avaient mon âge, ils travaillaient pour gagner leur vie. Pour aller à l'université, ils devaient faire des demandes de bourse. Leur vie n'était pas facile.
   Vous :   Pour mes parents, c'était différent. Ils n'avaient pas les moyens de s'offrir une éducation et ils ont dû chercher du travail à un très jeune âge. Nous déménagions tout le temps.

3. **Christophe :**   Quand mon chien était petit, il courait après les livreurs et les mordait à la cheville.
   Madeleine :   Moi, je n'avais pas de chien, mais mes chats mangeaient sur la table de la salle à manger, chassaient des souris dans le jardin et dormaient dans mon lit.
   Vous :   J'aimais beaucoup les animaux aussi. Mais mon père était allergique aux poils de chats et je me suis contenté d'avoir des poissons rouges dans un petit aquarium.

4. **Christophe :**   À l'école secondaire, nous étudiions l'algèbre, l'économie politique et l'anglais.
   Madeleine :   À mon école, nous suivions des cours de langues et des cours d'histoire. Nous faisions beaucoup de devoirs et avions peu de temps pour nous distraire.
   Vous :   À l'école où je suis allée, nous faisions beaucoup d'excursions, nous jouions à des jeux d'équipe et les instituteurs nous aidaient à faire nos devoirs. C'était une école très progressiste.

5. **Christophe :**   L'année dernière, je prenais souvent ma bicyclette quand il faisait beau pour aller à la montagne.
   Madeleine :   Mon ami faisait la même chose. Il partait tôt le matin, emportait un sac de provisions et une bouteille d'eau qu'il buvait en route. Arrivé à destination, il se reposait une heure, puis rentrait. Cela le mettait toujours de bonne humeur.
   Vous :   Je faisais presque la même chose. Je me levais à l'aube, mais comme je n'avais pas de bicyclette, je partais à pied dans les forêts près de notre maison, où je cueillais des champignons sauvages pour le dîner.

6. **Christophe :**   L'année dernière, j'allais souvent au cinéma. Je ne me rendais pas compte que je négligeais mes études.
   Madeleine :   Pour moi, c'étaient les sports. Je jouais tous les jours au football et le week-end je partais à la montagne avec mes amis faire des excursions. Nous louions un chalet et faisions la cuisine nous-mêmes.
   Vous :   Pendant ce temps, mes amis, je faisais des recherches et j'écrivais ma thèse. Je souhaitais devenir anthropologue. Mes parents trouvaient que j'étais très précoce.

Conversation IV

Vocabulaire

soupçonneux   *suspicious*
agi (**agir**   *to act*)
emprunts   *loans*

Mettez les verbes des phrases suivantes au plus-que-parfait. Vous entendrez une confirmation.

Exemple :

Votre cahier indique :   Je ne savais pas que mes parents (partir) en voyage.
Vous dites :   Je ne savais pas que mes parents étaient partis en voyage.

1. Mon professeur ne savait pas que j'avais couru toute la matinée et il s'est mis en colère quand je me suis endormi pendant son cours. J'ai essayé de lui dire que je n'avais pas dormi de la nuit, mais il m'a regardé d'un œil soupçonneux.
2. M. et Mme Duplexis ne savaient pas que leurs enfants étaient allés au cinéma et qu'ils avaient pris la voiture sans rien dire. Et ce n'était pas la première fois qu'ils avaient agi de la sorte.
3. Jean-Philippe ne savait pas que le doyen avait reçu une lettre anonyme à son sujet. Il se demandait qui de ses connaissances avait pu faire une chose pareille.
4. Je ne savais pas que mes voisins avaient assisté à la fête jusqu'à trois heures du matin, qu'ils avaient tous trop bu et que la police était arrivée pour mettre fin à leur gaieté.
5. Ton camarade de chambre ne savait pas que tu étais sorti avant le petit déjeuner pour faire du jogging. Il croyait que tu étais allé à tes cours.
6. Nous ne savions pas que les taux d'intérêt étaient montés jusqu'à 20% pour les emprunts. Nous nous demandions comment nous allions survivre une autre année. Nous avions dépensé toutes nos réserves pour mettre les enfants dans une bonne école privée, et il ne nous restait rien.

Conversation V

Imaginez que vous êtes avec des amis qui n'arrêtent pas de vous poser des questions. Répondez affirmativement à la première question et négativement à la deuxième. Employez des pronoms objets.

Exemple :

Vous entendez Yves demander :   As-tu lu cet article ?
Vous répondez :   Oui, je l'ai lu.
Vous entendez Caroline demander :   Et cette lettre ?
Vous dites :   Non, je ne l'ai pas lue.
Vous entendez Caroline demander :   Pourquoi ?
Votre cahier indique :   La lettre (ne pas m'être / adressée).
Vous dites :   Je ne l'ai pas lue parce qu'elle ne m'était pas adressée !

1. **Gilberte :**   As-tu fait la vaisselle hier soir ?
   Vous :   Oui, je l'ai faite.
   Fabien :   Et tes devoirs ?
   Vous :   Non, je ne les ai pas faits.
   Nicolas :   Pourquoi ?
   Vous :   Je ne les ai pas faits parce que des amis sont venus me voir.
2. **Gilberte :**   As-tu ouvert la fenêtre ?
   Vous :   Oui, je l'ai ouverte.
   Fabien :   Et le tiroir du bureau ?
   Vous :   Non, je ne l'ai pas ouvert.
   Nicolas :   Pourquoi ?
   Vous :   Parce qu'il était fermé à clé.
3. **Nicolas :**   As-tu mis ta chemise dans le placard ?
   Vous :   Oui, je l'y ai mise.
   Gilberte :   Et ton chapeau ?
   Vous :   Non, je ne l'y ai pas mis.

	Gilberte :	Pourquoi ?
	Vous :	Parce que j'avais l'intention de le porter quand je sortais.
4.	**Yves :**	As-tu traduit ce poème de Prévert ?
	Vous :	Oui, je l'ai traduit.
	Nicolas :	Et ces maximes de La Rochefoucauld ?
	Vous :	Non, je ne les ai pas encore traduites.
	Gilberte :	Pourquoi ?
	Vous :	Parce que nous n'avons pas encore étudié les auteurs du 17ème siècle.
5.	**Gilberte :**	As-tu mangé le fromage que j'ai laissé dans le frigo ?
	Vous :	Oui, je l'ai mangé.
	Yves :	Et les épinards à la crème ?
	Vous :	Non, je ne les ai pas mangés.
	Nicolas :	Pourquoi ?
	Vous :	Parce que je n'aime pas beaucoup les légumes.

TEXTES DE COMPRÉHENSION

Compréhension globale

Vocabulaire

tous les oiseaux faisaient en concert leurs adieux au printemps   *all the birds were bidding springtime farewell together*
bride   *bridle*
Toune   village situé dans les Hautes Alpes dans la région de Valgaudemar
Que mes lèvres ne sont-elles des cerises !   *(idiomatic) If only my lips were cherries! Would that my lips be cherries!*
nous nous sommes hâtés   *we hastened*
endroit   *place*
valaient   *were worth*

Écoutez d'abord le texte, « Les Cerises » (“Cherries”), extrait librement adapté des Confessions *de Jean-Jacques Rousseau qui parurent en 1782. Ensuite, répondez aux questions de votre cahier. Dans cet extrait, Rousseau évoque un souvenir de jeunesse en Suisse. C'est le mois de juillet 1730.*

Les Confessions : « Les Cerises »
Jean-Jacques Rousseau

Résumé : *C'était le mois de juillet 1730. « La terre, écrit Rousseau, était couverte d'herbes et de fleurs ; … tous les oiseaux faisaient en concert leurs adieux au printemps, chantaient la naissance d'un beau jour d'été. » Rousseau, s'étant éloigné de la ville, se promenait dans un vallon le long d'une petite rivière quand il a rencontré deux jeunes cavalières, Mlle Galley et Mlle de Graffenried, dont les chevaux refusaient de traverser le ruisseau. Jean-Jacques, voulant les aider, a pris un des chevaux par la bride et l'a tiré derrière lui. L'autre cheval a suivi sans difficulté. Jean-Jacques a voulu s'en aller, mais les deux demoiselles ont insisté pour qu'il monte à cheval avec elles et les accompagne à Toune. Là, ils ont dîné dans un joli château qui appartenait à la mère de Mlle Galley.*

Rousseau raconte en ces mots la suite de leur journée… :

Rousseau : Après le dîner, nous avons fait une économie : au lieu de prendre le café qui nous restait du déjeuner, nous l'avons gardé pour le goûter avec de la crème et des gâteaux qu'elles avaient apportés ; et pour tenir notre appétit en haleine, nous sommes allés dans le verger achever notre dessert avec des cerises. Je suis monté sur l'arbre, et je leur en jetais des bouquets dont elles me rendaient les noyaux à travers les branches. Une fois, mademoiselle Galley, avançant son tablier et reculant la tête, se présentait si bien et j'ai visé si juste, que je lui ai fait tomber un bouquet dans le sein ; et de rire. Je me disais en moi-même : Que mes lèvres ne sont-elles des cerises ! Comme je les leur jetterais ainsi de bon cœur !

   La journée s'est passée de cette sorte à folâtrer avec la plus grande liberté, et toujours avec la plus grande décence. Pas un seul mot équivoque, … et cette décence nous ne nous l'imposions pas du tout, elle venait toute seule, nous prenions le ton que nous donnaient nos cœurs.

Enfin, elles se sont souvenues qu'il ne fallait pas attendre la nuit pour rentrer en ville. Il ne nous restait que le temps qu'il fallait pour y arriver de jour et nous nous sommes hâtés de partir…

Je les ai quittées à peu près au même endroit où elles m'avaient pris. Avec quel regret nous nous sommes séparés ! Avec quel plaisir nous avons projeté de nous revoir ! Douze heures passées ensemble nous valaient des siècles de familiarité… Qui aurait dit que je ne les reverrais de ma vie et que là finiraient nos éphémères amours ?

Compréhension, dictée et interprétation

Vocabulaire

milieu *middle*
pieds nus *barefoot*
put (passé simple de **pouvoir**)
trottoir *sidewalk*
sautillaient *hopped*
toits *roofs*
voitures arrêtées *parked cars*
se sentit soulagée *felt relieved*
abîmées *spoiled, wilted*
mordilla *nibbled*
bout *tip*
réveil *alarm clock*
réveille-matin *alarm clock*
gainé *encased*
remonter *to rewind*
marche *runs*
étouffaient *stifled*
lunettes *glasses*
elle se lie d'amitié *whom she befriends*
dessin *drawing; sketch*
falaise *cliff*
demeure *dwelling*
poursuivie *followed*
lui veut du mal *wishes her evil; has evil intentions*
effrayée *scared*
indomptée *unintimidated*
dévalant la pente *by rushing down the hill*
cailloux *pebbles*
écartés *spread apart*
grâce au *thanks to*
crainte *fear*
se souvint (passé simple de **se souvenir**)
à propos du *about the*
rocher *rock*
renversa sa tête en arrière *tilted her head back*
sentir *to feel*
front *forehead*
paupières *eyelids*
efface *erases*
en train de remuer sa tête *in the process of shaking its head*
queue *tail*
dos *back*
elle rejoignit en courant la route *she ran back to the road*
conduisait *led*
claquaient les volets *banged the shutters*
poussière *dust*
s'abritaient *took cover*

coins *corners*
sautillaient *jumped up and down, hopped*
se heurtaient *banged into one another*
chaussée *roadway*
s'emboutissaient *crashed*
ferraille *metal*
à moitié fermés *half-closed*
foule *crowd*
tourbillonnait *swirled*
feuilles mortes *autumn leaves*
un champ magnétique *magnetic field*
visages *faces*
ne parvenait pas à comprendre *could not succeed in understanding*
trottoirs *sidewalks*
frôlement *light touch*
se pencha *leaned*
Sans même s'en rendre compte *Without even realizing it*
soufflait *was blowing*
pancartes *placards*
luisaient *glowed*
éclairs *flashes*
heurta *banged into*
mannequin *clothing store dummy*
loden *woolen cloth*
écartés *spread apart*
perruque *wig*
avait glissé de travers *had slipped askew*
cils *eyelashes*
pareils à *identical to*
pattes *legs*
se mit (passé simple de **se mettre**)
la veille *the day before*
au fond de la salle *at the back of the room*
ombre *shade*
prit (passé simple de **prendre**)
blouson *jacket*
lunettes *glasses*
dessin *drawing; sketch*
arracher *to tear from; to extract*
soupçonne *suspects*
l'aperçut *saw her; caught a glimpse of her*
vint (passé simple de **venir**)
sonnerie *school bell*
retentit (passé simple de **retentir** *to ring*)
cour *schoolyard*
éteignit *put out*
lueur amusée *amused gleam*

En écoutant le conte Lullaby, *librement adapté de Jean-Marie Le Clézio, écrivez les mots qui manquent dans le texte reproduit dans votre cahier. Ensuite, répondez aux questions.*

Lullaby
Jean-Marie Le Clézio

Résumé : *Dans ce conte, l'auteur présente les aventures d'une jeune fille, qui, fatiguée par la monotonie de sa vie à l'école, décide de quitter la maison. Avant sa fugue, elle écrit une lettre à son père, et puis elle part à la grande aventure, laissant derrière elle sa famille, l'école et ses amis.*

Narrateur : Le jour où Lullaby décida qu'elle n'irait plus à l'école, c'était encore très tôt le matin, vers le milieu du mois d'octobre. Elle quitta son lit, elle traversa pieds nus sa chambre et elle écarta un peu les lames des stores pour regarder dehors. Il y avait beaucoup de soleil, et en se penchant un peu, elle put voir un morceau de ciel bleu. En bas, sur le trottoir, trois ou quatre pigeons sautillaient, leurs plumes ébouriffées par le vent. Au-dessus des toits des voitures arrêtées, la mer était bleu sombre, et il y avait un voilier blanc qui avançait difficilement. Lullaby regarda tout cela, et elle se sentit soulagée d'avoir décidé de ne plus aller à l'école.

Elle retourna vers le centre de la chambre, elle s'assit devant sa table, et sans allumer la lumière, elle commença à écrire une lettre.

Lullaby : Bonjour, cher Papa.

Il fait beau aujourd'hui, le ciel est comme j'aime, très très bleu. Je voudrais bien que tu sois là pour voir le ciel. La mer aussi est très très bleue. Bientôt ce sera l'hiver. C'est une autre année très longue qui commence. J'espère que tu pourras venir bientôt parce que je ne sais pas <u>si le ciel et la mer vont pouvoir t'attendre</u> longtemps. Ce matin quand je me suis réveillée (ça fait maintenant plus d'une heure), <u>j'ai cru que j'étais</u> à nouveau à Istamboul. Je voudrais bien fermer les yeux et quand je les rouvrirais, ce serait à nouveau comme à Istamboul. Tu te souviens ? <u>Tu avais acheté deux bouquets de fleurs</u>, un pour moi et un pour sœur Laurence. De grandes fleurs blanches <u>qui sentaient fort</u> (c'est pour ça qu'on les appelle des arômes ?). Elles sentaient si fort qu'on avait dû les mettre dans la salle de bains. Tu avais dit qu'on pouvait boire de l'eau dedans, et moi j'étais allée à la salle de bains et <u>j'avais bu longtemps</u>, et mes fleurs s'étaient toutes abîmées. Tu te souviens ?

Narrateur : Lullaby s'arrêta d'écrire. Elle mordilla un instant le bout de son Bic bleu, en regardant la feuille de papier à lettres. <u>Mais elle ne lisait pas.</u> Elle regardait seulement le blanc du papier, et elle pensait que peut-être quelque chose <u>allait apparaître, comme des oiseaux</u> dans le ciel, ou comme un petit bateau blanc qui passerait lentement.

Elle regarda le réveil sur la table : huit heures dix. C'était un petit réveille-matin de voyage, gainé de peau de lézard noir qu'on n'avait besoin de remonter que tous les huit jours.

Lullaby écrivit sur la feuille de papier à lettres.

Lullaby : Cher Papa, je voudrais bien que tu viennes reprendre le réveille-matin. <u>Tu me l'avais donné</u> avant que je parte de Téhéran, et maman et sœur Laurence <u>avaient dit qu'il était très beau.</u> Moi aussi, je le trouve très beau, mais je crois que maintenant il ne me servira plus. C'est pourquoi je voudrais que tu viennes le prendre. Il te servira à nouveau. Il marche très bien. Il ne fait pas de bruit la nuit.

Narrateur : Elle mit la lettre dans une enveloppe par avion. Avant de fermer l'enveloppe, elle chercha quelque chose d'autre à glisser dedans. Mais sur la table il n'y avait rien que des papiers, des livres, et des miettes de biscotte. Alors elle écrivit l'adresse sur l'enveloppe.

Monsieur Paul Ferlande
P.R.O.C.O.M.
84, avenue Ferdowski
Téhéran
Iran

Résumé : *Loin des murs de la salle de classe qui l'entouraient et l'étouffaient, Lullaby goûte le plaisir de se reposer au bord de la mer. Dans ses pérégrinations, elle a trouvé une vieille maison portant un nom grec qui l'enchante. Elle passe ses journées à se reposer au bord de la mer près d'un vieux bunker. C'est là que survient un jour un petit garçon à lunettes avec qui elle se lie d'amitié. Le garçon lui fait un dessin qu'il lui offre en cadeau. Ils passent beaucoup de temps assis à contempler la mer.*

Le garçon lui indique une autre maison se trouvant au bord d'une falaise. Lullaby, curieuse de connaître cette demeure, reprend sa route le long de la mer, arrivant enfin à la maison où elle est poursuivie par un homme sinistre qui manifestement lui veut du mal. Effrayée, mais indomptée, Lullaby réussit à s'évader en dévalant la pente entre la maison et la mer « au milieu d'une avalanche de cailloux ». Le texte de Le Clézio reprend :

Narrateur :   Devant les murs blancs de la ruine, l'homme était resté debout, les bras écartés, comme en équilibre.

Le soleil <u>frappait fort sur la mer</u>, et grâce au vent froid, Lullaby sentit que ses forces revenaient. Elle sentit aussi le dégoût, et la colère, <u>qui remplaçaient peu à peu la crainte</u>. Puis soudain, elle comprit que rien ne pourrait lui arriver, jamais. C'était le vent, la mer, le soleil. Elle se souvint de ce que son père lui avait dit, un jour, à propos du vent, de la mer, du soleil, une longue phrase <u>qui parlait de liberté et d'espace</u>, quelque chose comme cela. Lullaby s'arrêta sur un rocher en forme d'étrave, au-dessus de la mer, et elle renversa sa tête en arrière pour mieux sentir <u>la chaleur de la lumière sur son front</u> et sur ses paupières. C'était son père qui lui avait appris à faire cela, pour retrouver ses forces, il appelait cela « boire le soleil ».

Il n'y avait rien d'autre que les rochers blancs, la mer, le vent, le soleil. C'était comme d'être sur un bateau, loin au large, là où vivent les thons et les dauphins. Lullaby ne pensait même plus à l'école. La mer était comme cela : elle efface ces choses de la terre parce qu'elle est ce qu'il y a de plus important au monde. Le bleu, la lumière étaient immenses, le vent, les bruits violents et doux des vagues, et <u>la mer ressemblait à un grand animal</u> en train de remuer sa tête et de fouetter l'air avec sa queue.

Puis vers midi, elle tourna le dos à la mer et elle rejoignit en courant la route <u>qui conduisait vers le centre-ville</u>. Dans les rues, le vent n'était pas le même. Il tournait sur lui-même, il passait en rafales qui claquaient les volets et <u>soulevaient des nuages de poussière</u>. Les gens n'aimaient pas le vent. Ils traversaient les rues en hâte, s'abritaient dans les coins de murs.

Le vent et la sécheresse <u>avaient tout chargé d'électricité</u>. Les hommes sautillaient nerveusement, s'interpellaient, se heurtaient, et quelquefois sur la chaussée noire, deux autos s'emboutissaient en faisant de grands bruits de ferraille et de klaxon coincé.

Lullaby marchait dans les rues à grandes enjambées, les yeux à moitié fermés à cause de la poussière. Quand elle arriva au centre-ville, sa tête tournait comme prise par le vertige. La foule <u>allait et venait</u>, tourbillonnait comme les feuilles mortes. Les groupes d'hommes et de femmes s'aggloméraient, se dispersaient, <u>se reformaient plus loin</u>, comme la limaille de fer dans un champ magnétique. Où allaient-ils ? <u>Que voulaient-ils ?</u> Il y avait si longtemps que Lullaby n'avait vu tant de visages, d'yeux, de mains, qu'elle ne parvenait pas à comprendre. Le mouvement lent de la foule, le long des trottoirs, la prenait, <u>la poussait en avant</u> sans qu'elle sache où elle allait. Les gens passaient tout près d'elle, et elle sentait leur haleine, le frôlement de leurs mains. Un homme se pencha contre son visage et murmura quelque chose, mais c'était <u>comme s'il parlait dans une langue inconnue</u>.

Sans même s'en rendre compte, Lullaby entra dans un grand magasin, plein de lumière et de bruit. C'était comme si le vent soufflait aussi à l'intérieur, le long des allées, dans les escaliers, en faisant tournoyer les grandes pancartes. Les poignées des portes <u>envoyaient des décharges électriques</u>, les barres de néon luisaient comme des éclairs pâles.

Lullaby chercha la sortie du magasin presque en courant. Quand elle passa devant la porte, elle heurta quelqu'un et elle murmura : « Pardon, madame » mais c'était seulement un grand mannequin de matière plastique, revêtu d'une cape de loden vert. Les bras écartés du mannequin <u>vibraient un peu</u>, et son visage pointu, couleur de cire, ressemblait à celui de la directrice. À cause du choc, la perruque noire du mannequin avait glissé de travers et tombait sur son œil aux cils pareils à des pattes d'insecte, et Lullaby se mit à rire et à frissonner en même temps.

Elle se sentait très fatiguée maintenant, vide. C'était peut-être parce qu'elle <u>n'avait rien mangé depuis la veille</u>, et elle entra dans un café. Elle s'assit au fond de la salle, là où il y avait un peu d'ombre. Le garçon de café était debout devant elle.

Lullaby :   « Je voudrais une omelette. »

Narrateur :   Le garçon la regarda un instant, comme s'il ne comprenait pas. Puis il cria vers le comptoir :

Le garçon :   « Une omelette pour la demoiselle ! »

Narrateur : Il continua à la regarder : Lullaby prit une feuille de papier dans la poche de son blouson et elle essaya d'écrire. Elle voulait écrire une longue lettre, mais <u>elle ne savait pas à qui l'envoyer</u>. Ell voulait écrire à la fois à son père, à sa sœur Laurence, à M. de Filippi, et au petit garçon à lunettes pour le remercier de son dessin. Mais ça n'allait pas.

Résumé : *De retour enfin à l'école, Lullaby cherche à parler à son professeur favori, M. de Filippi, qui a beaucoup de sympathie pour elle et semble comprendre les raisons de sa fugue. Contrairement à la directrice de l'école, qui est persuadée que Lullaby est partie pour être avec un garçon, lui fait des réprimandes et essaie en vain de lui arracher une confession, M. de Filippi soupçonne la vraie motivation de sa jeune élève, comme le rendra évident la conclusion du texte :*

Narrateur : Le professeur l'aperçut, et vint à sa rencontre <u>en faisant des signes joyeux de la main</u>.

M. de Filippi : « Eh bien ? Eh bien ? »

Narrateur : C'est tout ce qu'il trouvait à dire.

Lullaby : « Je voulais vous demander… »

M. de Filippi : « Quoi ? »

Lullaby : « Pour la mer, la lumière, j'avais beaucoup de questions à vous demander. »

Narrateur : Mais Lullaby s'aperçut tout à coup qu'elle avait oublié ses questions. M. de Filippi la regarda d'un air amusé.

M. de Filippi : « <u>Vous avez fait un voyage</u> ? »

Lullaby : « Oui… »

M. de Filippi : « Et… C'était bien ? »

Lullaby : « Oh oui ! C'était très bien. »

Narrateur : La sonnerie retentit au-dessus de la cour ; dans les galeries.

M. de Filippi : « Je suis bien content… »

Narrateur : Il éteignit sa cigarette sous son talon.

M. de Filippi : « Vous me raconterez tout ça plus tard. »

Narrateur : La lueur amusée <u>brillait dans ses yeux bleus</u>, derrière ses lunettes.

M. de Filippi : « Vous n'allez plus partir en voyage, maintenant ? »

Lullaby : « Non. »

M. de Filippi : « Bon, il faut y aller. Je suis bien content. »

Narrateur : Il se tourna vers la jeune fille avant d'entrer dans le bâtiment préfabriqué.

M. de Filippi : « Et vous me demanderez ce que vous voudrez, tout à l'heure, après le cours. <u>J'aime beaucoup la mer, moi aussi</u>. »

Chapitre 3   L'Interrogation

Programme de laboratoire

MISE EN PRATIQUE

Exercice 1

Vocabulaire

un as   *expert; ace*

Intonation. *En français, l'intonation et la tournure* est-ce que *jouent un rôle important dans la formation des questions. Écoutez d'abord la conversation suivante entre deux étudiants à propos d'une amie commune qui est mariée. Notez bien l'intonation de Jean-Paul.*

Jean-Paul :   Éliane reste à la maison ce soir ?
Christine :   Oui, elle doit surveiller sa fille Josy.
Jean-Paul :   Son mari ne peut pas le faire pour elle ?
Christine :   Justement, il va préparer le dîner pendant qu'elle garde Josy et essaie de travailler à son devoir.
Jean-Paul :   Son mari, est-ce qu'il fait bien la cuisine ?
Christine :   Pour réchauffer des plats congelés, c'est un as. Alors, ils vont encore mal manger.
Jean-Paul :   Ils ne pourraient pas dîner au restaurant ?
Christine :   Ils n'en ont pas les moyens, et puis avec la gosse, c'est difficile de sortir.
Jean-Paul :   Au fait, est-ce qu'Éliane attend un second enfant ?
Christine :   Oui, elle m'en a parlé hier.
Jean-Paul :   Ses parents vont l'aider ?
Christine :   Je crois bien. Ils leur ont emprunté de l'argent pour acheter une maison plus grande. Il n'y a guère de place dans un studio pour une famille de deux enfants.
Jean-Paul :   Ils déménagent quand ?
Christine :   Dans quinze jours.
Jean-Paul :   Nous pouvons leur donner un coup de main. Moi, j'ai une camionnette. C'est bien pratique pour transporter les meubles. Tu aurais le temps de m'aider ?
Christine :   Oui, bien sûr.
Jean-Paul :   Alors, c'est entendu.

Maintenant, vous allez entendre Jean-Paul répéter les questions qu'il vient de poser à Christine, mais cette fois-ci par inversion. Transformez les phrases en utilisant l'intonation ascendante et en suivant les indications données dans votre cahier.

Exemple :

   Vous entendez Jean-Paul dire :   Éliane va-t-elle au cinéma ce soir ?
   Vous dites :   Éliane va au cinéma ce soir ?

   1. **Jean-Paul :**   Éliane reste-t-elle à la maison ce soir ?
      Vous :   Éliane reste à la maison ce soir ?
   2. **Jean-Paul :**   Son mari ne peut-il pas le faire pour elle ?
      Vous :   Son mari ne peut pas le faire pour elle ?
   3. **Jean-Paul :**   Son mari, fait-il bien la cuisine ?
      Vous :   Son mari fait bien la cuisine ?
   4. **Jean-Paul :**   Ne pourraient-ils pas dîner au restaurant ?
      Vous :   Ils ne pourraient pas dîner au restaurant ?
   5. **Jean-Paul :**   Au fait, Éliane attend-elle un second enfant ?
      Vous :   Au fait, Éliane attend un second enfant ?

6. **Jean-Paul :**   Ses parents vont-ils l'aider ?
   Vous :   Ses parents vont l'aider ?
7. **Jean-Paul :**   Déménagent-ils la semaine prochaine ?
   Vous :   Ils déménagent la semaine prochaine ?
8. **Jean-Paul :**   Veux-tu m'aider ?
   Vous :   Tu veux m'aider ?

Exercice 2

L'inversion. *Dans la langue parlée, on a tendance à poser les questions avec* est-ce que *et l'ordre normal de la phrase. On peut également utiliser l'inversion. Dans cet exercice, vous allez passer de la forme sans inversion à la forme inversée. Écoutez les questions et répétez-les à leur forme inversée.*

Exemple :

   Vous entendez :   Où est-ce que tu es allé hier soir ?
   Vous dites :   Où es-tu allé hier soir ?

1. Quand est-ce que tu fais du tennis ?
   Vous :   Quand fais-tu du tennis ?
2. Où est-ce que tu as mis la veste que je t'ai prêtée ?
   Vous :   Où as-tu mis la veste que je t'ai prêtée ?
3. De quoi est-ce que ton professeur s'est plaint ?
   Vous :   De quoi ton professeur s'est-il plaint ?
4. Avec qui est-ce que tu sors le week-end ?
   Vous :   Avec qui sors-tu le week-end ?
5. Depuis quand est-ce que François et Juliette sont mariés ?
   Vous :   Depuis quand François et Juliette sont-ils mariés ?
6. Lequel de ces desserts est-ce que Bernard a fait ?
   Vous :   Lequel de ces desserts Bernard a-t-il fait ?
7. De quoi est-ce qu'on a besoin pour réussir dans la vie ?
   Vous :   De quoi a-t-on besoin pour réussir dans la vie ?
8. Qu'est-ce qu'on lui a conseillé de faire ?
   Vous :   Que lui a-t-on conseillé de faire ?

Exercice 3

Pour transformer une déclaration en question, on peut ajouter n'est-ce pas *à la fin de la phrase. Notez bien le changement de l'intonation lorsque vous faites les transformations suivantes.*

Exemple :

   Vous entendez :   Francine obtient d'excellentes notes à l'université.
   Votre cahier indique :   Elle / être / studieuse... ? (au présent)
   Vous dites :   Elle est très studieuse, n'est-ce pas ?

1. Nous avons invité plusieurs amis à faire une partie de golf.
   Vous :   Anne-Marie sera des nôtres, n'est-ce pas ?
2. Élizabeth et Olivier, que nous allons voir ce soir, viennent de divorcer à l'amiable.
   Vous :   Tu as bien expliqué la situation à Grégoire, n'est-ce pas ?
3. Nous sommes allés au parc de Yosemite pour faire du camping avec Jean-Pierre, Yves et Juliette.
   Vous :   Yves a pris des photos, n'est-ce pas ?
4. Le tour du château finit par une visite des cachots.
   Vous :   Pierre n'a pas peur des fantômes, n'est-ce pas ?
5. Tiens, un homme vient d'allumer sa pipe au fond de la salle !
   Vous :   Mais il est interdit de fumer dans cet établissement, n'est-ce pas ?

Exercice 4

Vocabulaire

une grande surface *hyperstore*

Dans le dialogue suivant, Michel veut acheter une télévision. Il se trouve dans une grande surface et pose des questions au vendeur. Vous jouerez le rôle de Michel en vous aidant des indications de votre cahier pour formuler les questions.

Exemple :

Vous entendez le vendeur dire :	Je vois que vous semblez intéressé par nos télévisions.
Votre cahier indique :	**Michel :** Oui, ... (pouvoir m'aider / vous) ?
Vous dites :	Oui, pouvez-vous m'aider ?

1. **Vendeur :** Cherchez-vous un téléviseur à grand écran ? Nous avons des modèles pour tous les goûts et tous les budgets.
   Michel : Avez-vous quelque chose en dessous de 2000 F ? (*Commentaire :* À l'heure actuelle, le prix serait donné en Euros.)
2. **Vendeur :** Certainement, Monsieur, cela se trouve dans ce rayon.
   Michel : La garantie est-elle incluse dans le prix ?
3. **Vendeur :** Tout à fait, c'est la politique de la maison.
   Michel : Parfait ! Je cherche un modèle à coins carrés. En vendez-vous ?
4. **Vendeur :** Tout à fait, c'est même très à la mode.
   Michel : Tant mieux ! Livrez-vous à domicile ?
5. **Vendeur :** Oui, mais cela demande un délai d'une semaine.
   Michel : Ça me paraît parfait. L'écran va-t-il s'abîmer si je regarde la télévision intensément ?
6. **Vendeur :** Non, pas du tout, la seule chose qui risque de s'abîmer, ce sont vos yeux.
   Michel : Euh… ! Puis-je voir ce modèle ?
7. **Vendeur :** Bien sûr, je vais le mettre en marche pour vous.
   Michel : Parfait ! Ce modèle permet-il de recevoir les chaînes cryptées ?
8. **Vendeur :** Oui, il suffit d'acheter un décodeur. C'est un supplément minime. Seriez-vous également intéressé par un décodeur ?
   Michel : Oui, tout à fait. À partir de quel prix estimez-vous que je puisse obtenir quelque chose de correct ?
9. **Vendeur :** Vous ne payez pas le décodeur en lui-même, vous payez un abonnement à la chaîne ; celui-ci est inclus dans le prix de location du décodeur.
   Michel : Je désire prendre cette télévision et un décodeur. Dois-je payer maintenant ou faites-vous crédit pour ce type d'appareil ?
10. **Vendeur :** Nous avons un crédit sur un an pour les téléviseurs.
    Michel : Acceptez-vous les chèques personnels ou faut-il une carte de crédit ?

CONVERSATIONS DIRIGÉES

Conversation 1

Dans la conversation suivante, vous jouerez le rôle d'une administratrice qui pose des questions à une candidate souhaitant faire un stage dans un pays francophone. Formulez vos questions à partir des indications données dans votre cahier et en utilisant la forme inversée de la question. Après avoir posé la question, vous entendrez la même question suivie d'une réponse possible.

Exemple :

Votre cahier indique :	Demandez à la candidate si elle est née aux États-Unis.
Vous dites :	Êtes-vous née aux États-Unis ?
Vous entendez la candidate dire :	Oui, je suis née aux États-Unis.

1. *Administratrice :* Avez-vous déjà étudié le français ?
   Candidate : J'ai déjà étudié le français trois ans.

2. *Administratrice :* Connaissez-vous d'autres langues étrangères ?
   Candidate : Oui, j'en connais plusieurs : le portugais, l'espagnol et le chinois.
3. *Administratrice :* Pourquoi souhaitez-vous étudier à l'étranger ?
   Candidate : Je souhaite faire des études à l'étranger parce je pense poursuivre une carrière de diplomate.
4. *Administratrice :* Quand comptez-vous recevoir votre diplôme ?
   Candidate : Je compte recevoir mon diplôme dans un an.
5. *Administratrice :* Vos parents ou une institution sont prêts à vous soutenir financièrement ?
   Candidate : Mes parents ont les moyens de me soutenir, mais j'ai également fait une demande de bourse à mon université en Amérique.
6. *Administratrice :* Avez-vous déjà fait des stages à l'étranger ?
   Candidate : J'ai déjà fait un stage à Beijing il y a deux ans.
7. *Administratrice :* Est-ce que d'autres écoles vous intéressent ?
   Candidate : Oui, j'ai également fait une demande à M.I.T., mais je préfère faire mes études en France.
8. *Administratrice :* Quelle carrière est-ce que vous envisagez ?
   Candidate : J'envisage une carrière qui me permettra de travailler en France et en Amérique.

Conversation II

Imaginez que Joël, dont vous jouez le rôle, va faire un tour dans un zoo accompagné d'un enfant qui ne parle que l'anglais. Vous entendrez en anglais les questions de l'enfant qui sont imprimées dans votre cahier. Traduisez-les en français en utilisant la forme des questions avec est-ce que *si possible. Vous entendrez ensuite la réponse du gardien.*

Exemple :

Vous entendez l'enfant dire : Where is the monkey cage ?
Vous dites : Où se trouve la cage aux singes ?
Le gardien répond : Au fond de l'allée à droite.

1. **L'enfant :** Who feeds the animals ?
   Joël : Qui est-ce qui nourrit les animaux ?
   Le gardien : Les employés du parc et quelques gardes forestiers bénévoles nourrissent les animaux.
2. **L'enfant :** To whom do you give the peanuts ?
   Joël : À qui est-ce que vous donnez les cacahuètes ?
   Le gardien : Nous donnons les cacahuètes aux éléphants.
3. **L'enfant :** What do the giraffes like to eat ?
   Joël : Qu'est-ce que les girafes aiment manger ?
   Le gardien : Certaines girafes aiment bien manger des carottes. Elles mangent aussi les feuilles de certains arbres.
4. **L'enfant :** Who takes care of the sick animals ?
   Joël : Qui est-ce qui s'occupe des animaux malades ?
   Le gardien : Le vétérinaire s'occupe des animaux malades.
5. **L'enfant :** What medicines do they give the animals ?
   Joël : Quels médicaments est-ce qu'on donne aux animaux ?
   Le gardien : Cela dépend. Quand ils ont une infection, nous leur donnons des antibiotiques.
6. **L'enfant :** Why do those lions roar when we go near them ?
   Joël : Pourquoi est-ce que ces lions rugissent quand on s'en approche ?
   Le gardien : Ces lions rugissent pour défendre leur territoire.
7. **L'enfant :** How many animals are there in the park ?
   Joël : Combien d'animaux est-ce qu'il y a dans le parc ?
   Le gardien : Il y a environ 200 à 300 animaux dans le parc. Ils viennent du monde entier.
8. **L'enfant :** Where do the tigers come from ?
   Joël : D'où est-ce que les tigres viennent ?
   Le gardien : Les tigres viennent du Bengale.
9. **L'enfant :** When does the zoo close ?
   Joël : À quelle heure est-ce que le zoo ferme ?
   Le gardien : Le zoo ferme à 19 heures.

Conversation III

Imaginez que deux amis, Laure et Marcel, viennent de trouver une situation (un emploi) dans le même établissement et qu'ils ont rendez-vous avec le directeur du personnel, M. Patrac, à qui ils posent beaucoup de questions. Vous entendrez les questions de Laure et de Marcel à la forme longue ; répétez-les à la forme courte (l'inversion) tout en suivant les indications données dans votre cahier. Puis, écoutez les réponses de M. Patrac.

Exemple :

Vous entendez Marcel demander : À quelle heure est-ce que les bureaux ouvrent ?

Votre cahier indique : **Marcel :** (les bureaux / ouvrir) ?

Vous dites : À quelle heure les bureaux ouvrent-ils ?

Vous entendez M. Patrac dire : Les bureaux ouvrent à neuf heures du matin.

1. **Laure :** À qui est-ce que les étudiants doivent adresser les papiers pour la Sécurité sociale ?
   Vous : A qui les étudiants doivent-ils adresser les papiers pour la Sécurité sociale ?
   M. Patrac : Vous pouvez les donner à ma secrétaire.

2. **Marcel :** Qui est-ce qui va me donner mon chèque ?
   Vous : Qui va me donner mon chèque ?
   M. Patrac : On va vous envoyer votre chèque par le courrier.

3. **Laure :** Où est-ce que mon bureau se trouve ?
   Vous : Où mon bureau se trouve-t-il ?
   M. Patrac : Votre bureau se trouve au quatrième étage à côté des toilettes.

4. **Marcel :** Pourquoi est-ce que mon bureau n'a pas de fenêtres ?
   Vous : Pourquoi mon bureau n'a-t-il pas de fenêtres ?
   M. Patrac : Au bout de cinq ans de service, les employés ont droit à un bureau extérieur.

5. **Laure :** Est-ce qu'on me fournira un ordinateur, un fax et un téléviseur couleur ?
   Vous : Me fournira-t-on un ordinateur, un fax et un téléviseur couleur ?
   M. Patrac : Vous plaisantez, j'espère. Pas avant d'être promue.

6. **Marcel :** De quoi est-ce que vous voulez que je parle aux clients ?
   Vous : De quoi voulez-vous que je parle aux clients ?
   M. Patrac : Parlez du type d'investissements qu'ils souhaitent faire.

7. **Laure :** Qu'est-ce qu'il faut faire en cas d'incendie ?
   Vous : Que faut-il faire en cas d'incendie ?
   M. Patrac : Vous pouvez descendre par l'escalier de secours.

8. **Laure :** À combien de semaines de congé est-ce que j'aurai droit par an ?
   Vous : À combien de semaines de congé aurai-je droit par an ?
   M. Patrac : La première année deux semaines. Après, on verra.

9. **Marcel :** Avec qui est-ce que je pourrais jouer au tennis ?
   Vous : Avec qui pourrais-je jouer au tennis ?
   M. Patrac : Voyez ça sur notre bulletin d'affichage. Plusieurs employés ont déjà signé une liste.

10. **Marcel :** Quand est-ce que vous comptez m'augmenter ?
    Vous : Quand comptez-vous m'augmenter ?
    M. Patrac : En voilà une question pour quelqu'un qui n'a pas encore commencé à travailler ! Vous devriez songer à travailler sérieusement au lieu de penser à vos congés.

TEXTES DE COMPRÉHENSION

Compréhension globale

Vocabulaire

aveugler *to blind*
coudes *elbows*
a appuyé la tête sur sa main *leaned, rested his head on his hand*

tourmente *turmoil*
cerveau *brain; mind*

Écoutez le texte suivant, un extrait légèrement adapté des Misérables *de Victor Hugo. Le héros, Jean Valjean, traverse une crise de conscience.*

Les Misérables : « Tempête sous un crâne »
Victor Hugo

Jean Valjean est un ancien prisonnier qui s'est évadé et qui est devenu le maire très respecté de la petite ville où il s'est réfugié. Depuis son évasion, il est recherché par l'inspecteur de police Javert. Un jour, Jean Valjean apprend par l'inspecteur Javert qu'on a mis en prison à sa place un homme qui lui ressemble. Cet homme s'appelle Champmathieu. Jean Valjean, étonné de cette nouvelle inattendue, monte dans sa chambre pour réfléchir. Devrait-il se livrer à la police pour sauver l'homme innocent ou ne rien dire pour pouvoir continuer à faire le bien dans la ville où il habite ?

Narratrice : Rentré dans sa chambre. Jean Valjean a examiné la situation et l'a trouvée incroyable ; tellement incroyable qu'au milieu de sa rêverie, par je ne sais quelle impulsion d'anxiété presque inexplicable, il s'est levé de sa chaise et a fermé sa porte à clé. Il craignait que quelque chose n'entre dans sa chambre. Il se barricadait contre le possible.

Un moment après, il a éteint la lumière. Elle le dérangeait.

Il lui semblait qu'on pouvait le voir.

Qui on ?

Hélas ! ce qu'il voulait mettre à la porte était entré ; ce qu'il voulait aveugler, le regardait.

Sa conscience.

Sa conscience, c'est-à-dire, Dieu.

Pourtant, il a d'abord eu un sentiment de sûreté et de solitude, avec la porte fermée, qui est-ce qui pouvait entrer ? Avec la chandelle éteinte, qui pouvait le voir ? Alors, il s'est calmé ; il a posé ses coudes sur la table et a appuyé la tête sur sa main et il s'est mis à songer dans l'obscurité.

Jean Valjean : Où en suis-je ? Est-ce que je ne rêve pas ? Que m'a-t-on dit ? Est-il bien vrai que j'aie vu ce Javert ? Javert m'a-t-il parlé ainsi ? Qui est ce Champmathieu ? Il me ressemble donc ? Est-ce possible ? Quand je pense qu'hier j'étais si tranquille et si loin de croire qu'une telle chose pourrait arriver ! Qu'est-ce que je faisais donc hier à pareille heure ? Qu'y a-t-il de clair dans cet incident ? Comment cela finira-t-il ? Que faire ?

Narratrice : Voilà dans quelle tourmente il était ! Son cerveau avait perdu la force de retenir ses idées, et il prenait son front dans ses deux mains pour les arrêter. Sa tête était brûlante. Il est allé à la fenêtre et l'a ouverte toute grande.

Il n'y avait pas d'étoiles au ciel.

Il est revenu s'asseoir près de la table.

La première heure a passé ainsi.

Ce tumulte, qui bouleverse la volonté et la raison de Jean Valjean dure toute la nuit. Le lendemain, Jean Valjean se rend au tribunal pour révéler son identité et sauver la vie de l'innocent Champmathieu. Jean Valjean est remis en prison, mais il s'évadera de nouveau.

Compréhension, dictée et interprétation

Écoutez maintenant le poème Conjugaisons et interrogations *de Jean Tardieu. Écrivez les mots qui manquent dans le texte reproduit dans votre cahier. Ensuite, répondez aux questions.*

Conjugaisons et interrogations
Jean Tardieu

Narratrice : J'irai et je n'irai pas j'irai je n'irai pas
Je reviendrai Est-ce que je reviendrai ?
Je reviendrai je ne reviendrai pas
Pourtant je partirai (serais-je déjà parti ?)
Parti reviendrai-je ?
Et si je partais ? Et si je ne partais pas ? Et si je ne revenais pas ?
Elle est partie, elle ! Elle est bien partie Elle ne revient pas
Est-ce qu'elle reviendra ? Je ne crois pas Je ne crois pas qu'elle revienne
Toi, tu es là Est-ce que tu es là ? Quelquefois tu n'es pas là.
Ils s'en vont, eux. Ils vont ils viennent
Ils partent ils ne partent pas ils reviennent ils ne reviennent plus
Si je partais, est-ce qu'ils reviendraient ?
Si je restais, est-ce qu'ils partiraient ?
Si je pars, est-ce que tu pars ?
Est-ce que nous allons partir ?
Est-ce que nous allons rester ?
Est-ce que nous allons partir ?

Chapitre 4   Le Futur et le conditionnel

Programme de laboratoire

MISE EN PRATIQUE

Exercice 1

Situation 1 : Bonnes intentions
Vocabulaire

À partir de maintenant *From now on*

Imaginez que vous êtes une personne qui a décidé de changer toutes ses habitudes. Pour chacune des activités que vous entendrez, expliquez ce que vous ferez selon les indications données dans votre cahier.

Exemple :

Vous entendez : Je bois du café.
Votre cahier indique : À partir de maintenant, je (boire / du thé).
Vous dites : À partir de maintenant, je boirai du thé.

1. J'allais en France une fois par an.
   Vous : À partir de maintenant, j'irai en France deux fois par an.
2. Je faisais mes devoirs tard le soir.
   Vous : À partir de maintenant, je ferai mes devoirs dans l'après-midi.
3. J'envoyais une carte à ma sœur pour son anniversaire.
   Vous : L'année prochaine, j'enverrai un cadeau à ma sœur.
4. Mes frères regardent la télé avec moi.
   Vous : À partir de maintenant, mes frères regarderont la télé tout seuls.
5. Je dépense beaucoup d'argent pour jouer au loto.
   Vous : C'est décidé, je ne jouerai plus jamais au loto.

Situation 2 : Tout peut s'arranger

Imaginez qu'une amie, Barbara, vient vous trouver pour se plaindre de différents aspects de sa situation actuelle. Vous essayez de l'encourager en indiquant que tout ira mieux à l'avenir.

Exemple :

Vous entendez Barbara dire : Je ne connais personne dans cette ville.
Votre cahier indique : Si tu fréquentes les cafés, tu (faire / la connaissance / de beaucoup de personnes).
Vous dites : Si tu fréquentes les cafés, tu feras la connaissance de beaucoup de personnes.

1. **Barbara :** Je travaille à plein-temps dans un hôpital et mon mari se plaint que je ne suis jamais à la maison.
   Vous : Si tu travailles à mi-temps, ton mari ne se plaindra plus.
2. **Barbara :** Mes enfants ne font pas leurs devoirs et ont de mauvaises notes à l'école.
   Vous : Si tu engages un tuteur, tes enfants feront leurs devoirs et auront de meilleures notes.
3. **Barbara :** J'ai grossi de 15 kilos en un mois.
   Vous : Si tu manges beaucoup de légumes et de riz, tu perdras du poids.
4. **Barbara :** J'ai payé une fortune pour ce tableau ancien.
   Vous : Ne t'en fais pas. Dans trois ans, il vaudra le double.
5. **Barbara :** Mon mari et moi, nous prenons le train pour aller au travail.
   Vous : Si vous achetez une voiture, vous n'aurez pas besoin de prendre le train.

Exercice 2

Vocabulaire

échouent   *fail*

À partir des phrases que vous entendrez, formez des phrases hypothétiques selon les indications données dans votre cahier. Imaginez que c'est une amie, Stéphanie, qui vous parle.

Exemple :

> Vous entendez :   Mes amis n'aiment pas la musique classique.
>
> Votre cahier indique :   Si vos amis (aimer) la musique classique, ils (aller) aux concerts de l'orchestre philharmonique.
>
> *Vous dites* :   Si vos amis aimaient la musique classique, ils iraient aux concerts de l'orchestre philharmonique.

1. **Stéphanie :**   Basile est un vrai casse-cou et adore les motos.
   Vous :   Si Basile vendait sa voiture, il pourrait s'acheter une moto et faire du moto-cross.
2. **Stéphanie :**   Miriam semble un peu égarée en ce moment du point de vue de ses études.
   Vous :   Si Miriam écoutait mes conseils, elle suivrait des cours d'algèbre.
3. **Stéphanie :**   Je n'ai pas une minute à perdre. Je dois finir un programme que j'écris pour mon cours d'informatique.
   Vous :   Si tu le finissais à temps, viendrais-tu au cinéma avec moi ?
4. **Stéphanie :**   Mon ami et moi sommes débordés de travail en ce moment. On n'a pas eu de congé depuis plus d'un an.
   Vous :   Si vous pouviez prendre des vacances, iriez-vous à la mer ?
5. **Stéphanie :**   Qu'est-ce que tu as envie de faire ce dimanche ?
   Vous :   S'il faisait beau, on pourrait faire une promenade en montagne.
6. **Stéphanie :**   Le baccalauréat est difficile. De nombreux étudiants y échouent.
   Vous :   Si le baccalauréat était plus facile, il y aurait plus d'élèves qui y réussiraient.
7. **Stéphanie :**   Nous devrions tous faire notre possible pour combattre la pollution de l'air.
   Vous :   Je suis d'accord. Si la pollution augmentait encore, la couche d'ozone se réduirait dangereusement.
8. **Stéphanie :**   Le film *Pocahontas* sera certainement un gros succès en Amérique.
   Vous :   Si le film *La reine Margot* faisait plus d'un million d'entrées à Paris, il serait certainement un succès dans la France entière.

Exercice 3

Vocabulaire

aliments   *food*
une pièce de guignol   *Punch and Judy show*

Mettez les verbes des phrases que vous entendrez à la forme **nous** *du conditionnel présent. Prononcez bien le* -e- *des verbes en* -er. *Pour vous aider, une partie de la phrase est imprimée dans votre cahier.*

Exemple :

> Vous entendez Diane dire :   Pourquoi n'invitez-vous pas Marion à la fête ?
>
> Votre cahier indique :   Nous (l'inviter) si elle (parler) un peu moins d'elle-même.
>
> *Vous dites* :   Nous l'inviterions si elle parlait un peu moins d'elle-même.

1. **Diane :**   J'ai envie de flâner dans le nouveau centre commercial.
   Vous :   Charles et moi, nous t'accompagnerions si nous étions libres.
2. **Diane :**   Quand je suis toute seule, je mange de la glace et des gâteaux à tous les repas.
   Vous :   Si nous dînions ensemble, nous mangerions des aliments plus équilibrés.
3. **Diane :**   J'ai retenu ma place dans l'avion pour un saut en parachute.
   Vous :   Nous t'accompagnerions si nous avions moins peur.

4. **Diane :**   Mes amis et moi, nous montons une pièce de guignol en ce moment.
   Vous :   Mon ami et moi, nous aimerions bien participer si vous aviez encore besoin d'acteurs.
5. **Diane :**   Mme Duparc est furieuse du bruit que nous avons fait hier soir.
   Vous :   Nous devrions nous excuser auprès d'elle.

CONVERSATIONS DIRIGÉES

Conversation 1

Situation 1 : Une soirée

Deux amis, Julien et Hélène, parlent d'une soirée à laquelle ils ont l'intention d'aller. Écoutez leur conversation et participez selon les indications données dans votre cahier. Vous jouerez le rôle de Claude, une amie d'Hélène et de Julien. Ensuite, vous entendrez la confirmation de votre question et la réponse d'Hélène ou de Julien.

Exemple :

Vous entendez :   **Julien :**   Est-ce que tu vas à la réception cet après-midi ?
                   Hélène :   Oui, il y aura des doyens et des professeurs présents.
Votre cahier indique :   **Claude :**   (Que / compter mettre / tu) ?
                   Vous dites :   Que comptes-tu mettre ?
Vous entendez Hélène dire :   Je compte mettre un tailleur.

1. **Julien :**   Qui emmèneras-tu à la soirée ?
   Hélène :   J'emmènerai un bon ami.
   Claude :   À quelle heure arriveras-tu à la soirée ?
   Hélène :   J'arriverai à 8 heures.
2. **Julien :**   Qu'est-ce qu'on servira à boire ?
   Hélène :   On servira du vin, de la bière, du punch.
   Claude :   Servira-t-on aussi des boissons non-alcoolisées ?
   Hélène :   Oui, on en servira.
3. **Julien :**   Servira-t-on des biscuits et du fromage ?
   Hélène :   Oui, et il y aura aussi un buffet froid.
   Claude :   Y aura-t-il des desserts ?
   Julien :   Oui, il y en aura.
4. **Julien :**   Y aura-t-il un orchestre ?
   Hélène :   Non, il n'y aura pas d'orchestre.
   Claude :   Jouera-t-on des compacts-disques ?
   Hélène :   Oui, on en jouera. Mes amis apporteront leurs compacts-disques.
5. **Julien :**   Qu'est-ce que tu feras pendant la soirée ?
   Hélène :   Pendant la soirée, nous danserons, nous parlerons à nos amis.
   Claude :   Danseras-tu avec ton amie ?
   Julien :   Oui, je danserai avec elle toute la soirée.
6. **Julien :**   À quelle heure finira la soirée ?
   Hélène :   La soirée finira vers onze heures ou minuit.
   Claude :   Resteras-tu jusqu'à la fin de la soirée ?
   Julien :   Oui, je resterai jusqu'à la fin de la soirée parce que j'adore danser.
7. **Julien :**   Étudieras-tu quand tu seras rentrée ?
   Hélène :   Non, je n'étudierai pas quand je serai rentrée.
   Claude :   Regarderas-tu la télé ?
   Julien :   Non, je ne regarderai pas la télé. Je serai bien trop fatigué après avoir dansé toute la soirée.
8. **Julien :**   Enverras-tu une lettre de remerciement à tes hôtes ?
   Hélène :   Oui, je leur en enverrai une.
   Claude :   Organiseras-tu une fête à ton tour ?
   Julien :   Oui, j'en organiserai une. Et je vous y inviterai tous.

Situation 2 : Un voyage

Imaginez que votre ami Thierry va faire un voyage au Canada. Un ami, François, lui pose des questions auxquelles il répond. Puis, vous lui posez également une question selon les indications données dans votre cahier : Ensuite, vous entendrez la confirmation de votre question et la réponse de Thierry.

1. **François :** Est-ce que tu choisiras la ligne Air Canada ?
   Thierry : Oui, je choisirai la ligne Air Canada.
   Vous : Voyageras-tu en première classe ?
   Thierry : Non, je ne voyagerai pas en première classe.
2. **François :** Descendras-tu dans un hôtel de luxe à Montréal ?
   Thierry : Non, je ne descendrai pas dans un hôtel de luxe.
   Vous : Loueras-tu un studio ?
   Thierry : Oui, j'en louerai un si j'en trouve un à un prix modéré.
3. **François :** Apprendras-tu à parler québécois ?
   Thierry : Oui, j'apprendrai à parler québécois un peu.
   Vous : Verras-tu les endroits touristiques ?
   Thierry : Oui, j'ai des amis à Montréal qui me montreront tous les endroits importants.
4. **François :** Est-ce que tu feras du ski dans les Laurentides ?
   Thierry : Oui, je ferai du ski dans les Laurentides.
   Vous : Iras-tu jusqu'à Kamouraska ?
   Thierry : Oui, si j'ai le temps.
5. **François :** Suivras-tu des cours à McGill ?
   Thierry : Oui, je suivrai des cours à McGill s'il y en a dans le domaine de ma spécialisation.
   Vous : Obtiendras-tu un diplôme ?
   Thierry : Non, je n'ai pas l'intention de finir mes études à McGill.
6. **François :** Goûteras-tu les spécialités de la région ?
   Thierry : Oui, je goûterai les spécialités de la région.
   Vous : Mangeras-tu des tourtières ?
   Thierry : Oui, je les goûterai parce qu'on m'a dit que c'était délicieux.
7. **François :** Visiteras-tu la Baie James ?
   Thierry : Oui, je visiterai la Baie James.
   Vous : Prendras-tu des photos ?
   Thierry : Oui, j'en prendrai beaucoup parce que je viens d'acheter un nouvel appareil.
8. **François :** Est-ce que tu iras à des concerts ?
   Thierry : Oui, j'irai à des concerts.
   Vous : Feras-tu la connaissance de chanteurs canadiens ?
   Thierry : Non, je pense que ce serait difficile.
9. **François :** Est-ce que tu enverras des cartes postales à tes amis ?
   Thierry : Oui, j'enverrai des cartes postales à mes amis.
   Vous : Filmeras-tu les moments importants de ton voyage ?
   Thierry : Si mes amis me prêtent leur caméscope, je ferai des films.

Conversation II

Répondez négativement aux questions que votre amie Cécile vous pose, puis refaites les phrases au futur avec l'expression de temps donnée.

Exemple :

Vous entendez Cécile dire : Est-ce que tu as parlé à Thomas aujourd'hui ?
Votre cahier indique : Non, je (ne pas lui parler / aujourd'hui), mais je (lui parler / demain).
Vous dites : Non, je ne lui ai pas parlé aujourd'hui, mais je lui parlerai demain.

1. **Cécile :** As-tu bien dormi hier ?
   Vous : Non, je n'ai pas bien dormi hier soir, mais je dormirai mieux ce soir.
2. **Cécile :** Est-ce que tu pourras m'aider à repeindre ma chambre aujourd'hui ?
   Vous : Non, je ne pourrai pas t'aider à repeindre ta chambre aujourd'hui, mais je pourrai t'aider demain.

3. **Cécile :** As-tu téléphoné à Guy pour l'inviter ?

    Vous : Non, je ne lui ai pas téléphoné, mais je lui téléphonerai après le dîner.

4. **Cécile :** Es-tu allé(e) au marché ?

    Vous : Non, je ne suis pas allé(e) au marché, mais j'irai lundi prochain.

5. **Cécile :** Est-ce que tu as préparé le dessert ?

    Vous : Non, je n'ai pas préparé le dessert, mais je le préparerai plus tard.

6. **Cécile :** As-tu rangé ta chambre ?

    Vous : Non, je n'ai pas rangé ma chambre, mais je la rangerai tout à l'heure.

Conversation III

Vous écoutez la conversation entre deux amies, Liliane et Véronique. Après chaque échange, vous ajouterez votre « grain de sel » à la conversation selon les indications données dans votre cahier.

Situation 1 : Qu'est-ce que tu ferais...

Exemple :

> Vous entendez : **Liliane :** Qu'est-ce que tu ferais si le prof de maths te donnait une mauvaise note ?
> Véronique : J'étudierais davantage.
> Votre cahier indique : Moi, si le prof de maths me donnait une mauvaise note, je (prendre / des leçons particulières).
> Vous dites : Moi, si le prof de maths me donnait une mauvaise note, je prendrais des leçons particulières.

1. **Liliane :** Qu'est-ce que tu ferais si tu avais soif ?

    Véronique : Je boirais un verre d'eau.

    Vous : Moi, si j'avais soif, je prendrais du thé glacé avec du citron.

2. **Liliane :** Qu'est-ce que tu ferais si tu étais fatiguée ?

    Véronique : J'irais au lit.

    Vous : Moi, si j'étais fatiguée, je m'allongerais dehors au soleil.

3. **Liliane :** Qu'est-ce que tu ferais si tu recevais 2 000 dollars ?

    Véronique : Je ferais un voyage en France.

    Vous : Moi, si je recevais 2 000 dollars, je les placerais à la banque.

4. **Liliane :** Qu'est-ce que tu ferais s'il pleuvait ?

    Véronique : Je resterais à la maison et je lirais un roman policier.

    Vous : S'il pleuvait, j'irais au cinéma.

5. **Liliane :** Qu'est-ce que tu ferais s'il faisait beau ?

    Véronique : Je me promènerais à la campagne.

    Vous : S'il faisait beau, je ferais du jardinage.

Situation 2 : Ah, les parents !

Maintenant vous écoutez la conversation entre Christian et Jean-Philippe qui se parlent de la réaction de leurs parents. Après chaque échange, ajoutez votre point de vue à partir des indications données dans votre cahier.

1. **Christian :** Qu'est-ce que tes parents feraient si tu interrompais tes études ?

    Jean-Philippe : Ils se mettraient certainement en colère.

    Vous : Moi, si j'interrompais mes études, mes parents me demanderaient d'expliquer mes raisons.

2. **Christian :** Qu'est-ce-que tes parents feraient si l'université te renvoyait ?

    Jean-Philippe : Si l'université me renvoyait, mes parents seraient très déçus.

    Vous : Si l'université me renvoyait, mes parents me demanderaient de suivre des cours d'été pour me rattraper.

3. **Christian :** Qu'est-ce que tes parents feraient s'ils étaient en vacances ?

    Jean-Philippe : Si mes parents étaient en vacances, ils feraient une croisière en Amérique du Sud.

    Vous : Si mes parents étaient en vacances, ils loueraient une maison en Provence.

4.   **Christian :** Qu'est-ce que tes parents feraient s'ils gagnaient à la loterie ?
  Jean-Philippe : Si mes parents gagnaient à la loterie, ils s'offriraient une nouvelle croisière.
     Vous : Si mes parents gagnaient à la loterie, ils s'achèteraient une nouvelle maison.
5.   **Christian :** Qu'est-ce que tes parents feraient si tu recevais le Prix Nobel ?
  Jean-Philippe : Si je recevais le Prix Nobel, mes parents seraient fous de joie.
     Vous : Si je recevais le Prix Nobel, mes parents organiseraient une grande fête en mon honneur.

TEXTES DE COMPRÉHENSION

Compréhension globale

Vocabulaire

C'est un peu court *It's short notice*
Ne confondrai-je pas un œil avec l'autre *Will I not confuse one eye with the other*
utile *useful*
casserez *will break*

marchera *will work*
bouchera *will work like a mouth*
suffira *will suffice*
menton *chin*

Écoutez la scène intitulée « Le Futur » extraite d'Eugène Ionesco. Ensuite, répondez aux questions.

Exercices de conversation et de diction françaises pour étudiants américains : « Le Futur »
Eugène Ionesco

La demoiselle : Bonjour, monsieur.

Le monsieur : Bonjour, mademoiselle, que désirez-vous ?

La demoiselle : Je voudrais m'acheter un visage, avec tous les accessoires indispensables.

Le monsieur : Pour quand vous le faudra-t-il ?

La demoiselle : Je voudrais l'avoir demain.

Le monsieur : C'est un peu court. Je vais faire de mon mieux. Voulez-vous un nez ?

La demoiselle : Qu'en ferai-je ? À quoi me servira-t-il ?

Le monsieur : Il vous servira à vous moucher.

La demoiselle : Je ne pourrai donc pas me moucher sans nez ? Alors vous m'en préparez deux, un nez en trompette, un autre en colimaçon avec escalier.

Le monsieur : Je vais vous préparer aussi des yeux.

La demoiselle : Combien ? Croyez-vous que je vais en avoir vraiment besoin ? À quoi serviront-ils ? Sont-ils si chers ?

Le monsieur : Rien n'est plus cher. Il vous en faudra au moins deux. Ils vous seront nécessaires pour (les) cligner, c'est-à-dire, vous en fermerez un, pendant que vous sourirez de l'autre.

La demoiselle : Saurai-je le faire ? Ne vais-je pas me tromper ? Ne confondrai-je pas un œil avec l'autre et vice versa ? Je me contenterai d'un seul œil, ainsi je ne vais pas le confondre avec l'autre.

Le monsieur : Si vous en perdez un, il ne vous en restera plus. J'en préparerai deux, tout de même, pour demain. Je les mettrai de chaque côté du nez, ou, plutôt, ce sont vos deux nez qui encadreront vos yeux.

La demoiselle : Serai-je belle ainsi ?

Le monsieur : Vous serez très belle. Mais vous aurez aussi une bouche.

La demoiselle : Une bouche ? À quoi pourra-t-elle m'être utile ?

Le monsieur : Elle vous sera utile si vous savez vous en servir. Vous apprendrez. Avec la bouche vous parlerez, vous embrasserez, vous respirerez, vous mangerez, vous mâcherez, vous marcherez, vous casserez vos dents, vous rirez, vous boucherez les trous.

La demoiselle : Je saurai faire tout cela ? Il me faudra beaucoup de temps avant que je ne connaisse le fonctionnement de la bouche qui mangera, une bouche qui embrassera, une bouche qui mâchera, une bouche qui marchera, une bouche qui bouchera.

Le monsieur : Où les mettrez-vous ? Vous n'aurez pas de place sur le visage.

La demoiselle : Mon visage sera-t-il si petit que cela ?

Le monsieur : Oui, mademoiselle, une seule bouche vous suffira, car, ce sera la bonne bouche que vous aurez. Quand vous aurez besoin d'une seconde bouche, vous irez la trouver chez le boucher.

La demoiselle : Quand j'aurai ce visage, est-ce que je vais pouvoir me marier ?

Le monsieur : Pas encore. Il vous faudra aussi un menton, simple ou double, un front, deux oreilles pour dormir, un menton pour mentir à votre mari.

Vocabulaire

à loisir   *with leisure*
mouillés   *wet*
brouillés   *murky*
traîtres   *treacherous*
larmes   *tears*
volupté   *sensual pleasure*
luisants   *glowing*
Polis *Polished*
Mêlant   *Mixing, blending*
senteurs   *fragrance*

plafonds   *ceilings*
âme   *soul*
langue natale   *mother tongue*
canaux   *canals*
vaisseaux   *ships*
assouvir   *satisfy*
moindre   *smallest; least*
Revêtent   *Drape; cover*
champs   *fields*

Écoutez le poème de Baudelaire « L'Invitation au voyage ». Ensuite, répondez aux questions.

Les Fleurs du mal : « L'Invitation au voyage »
Charles Baudelaire

Mon enfant, ma sœur,
Songe à la douceur
D'aller là-bas vivre ensemble !
Aimer à loisir
Aimer et mourir
Au pays qui te ressemble !
Les soleils mouillés
De ces ciels brouillés
Pour mon esprit ont les charmes
Si mystérieux
De tes traîtres yeux,
Brillant à travers leurs larmes.

Là, tout n'est qu'ordre et beauté,
Luxe, calme et volupté.

Des meubles luisants,
Polis par les ans,
Décoreraient notre chambre ;
Les plus rares fleurs
Mêlant leurs odeurs
Aux vagues senteurs de l'ambre,
Les riches plafonds,
Les Miroirs profonds,
La splendeur orientale,
Tout y parlerait
A l'âme en secret
Sa douce langue natale.

Là, tout n'est qu'ordre et beauté,
Luxe, calme et volupté.

> Vois sur ces canaux,
>   Dormir ces vaisseaux
> Dont l'humeur est vagabonde ;
>   C'est pour assouvir
>   Ton moindre désir
> Qu'ils viennent du bout du monde.
>   —Les soleils couchants
>   Revêtent les champs,
> Les canaux, la ville entière ;
>   D'hyacinthe et d'or ;
>   Le monde s'endort
> Dans une chaude lumière.
>
> Là, tout n'est qu'ordre et beauté,
> Luxe, calme et volupté.

Compréhension, dictée et interprétation

Vocabulaire

aigus *intense*	roues *wheels*
dégager *to sift out*	faire la part de *to take into account*
irrécusable *irrefutable*	plan *level*
dégager *to separate; to sift out*	traîne *drags*
vraisemblance *likelihood*	relief *contour; shape*
saisissante *striking*	d'ailleurs *moreover; besides*
emplissent *fill*	sale *dirty*
imprévues *unpredictable; unexpected*	lugubre *dismal, gloomy*
faits divers *current events; daily occurences*	immuable *unalterable*
tuile *tile*	

Vous écouterez maintenant un extrait de la préface au roman Pierre et Jean *de Guy de Maupassant. En écoutant le texte, posez-vous la question suivante : Dans quelle mesure les idées de Maupassant sont-elles encore valables de nos jours ? Les passages omis dans votre cahier seront dictés lentement après la lecture complète du texte. Après les avoir écrits, répondez aux questions.*

Pierre et Jean — **Préface**
Guy de Maupassant

Dans cette préface, Maupassant énonce les théories essentielles de l'art d'écrire. Il précise la différence entre le vrai et le vraisemblable.

Maupassant : En somme, si le Romancier d'hier choisissait et racontait les crises de la vie, les états aigus de l'âme et du cœur, le Romancier d'aujourd'hui écrit l'histoire du cœur, de l'âme et de l'intelligence à l'état normal. Pour produire l'effet qu'il poursuit, c'est-à-dire l'émotion de la simple réalité, et pour dégager l'enseignement artistique qu'il en veut tirer, c'est-à-dire la révélation de ce qu'est véritablement l'homme contemporain devant ses yeux, il devra n'employer que des faits d'une vérité irrécusable et constante.

Mais en se plaçant au point de vue même de ces artistes réalistes, on doit discuter et contester leur théorie qui semble pouvoir être résumée par ces mots : « Rien que la vérité et toute la vérité. » Leur intention étant de dégager la philosophie de certains faits constants et courants, ils <u>devront souvent corriger les événements au profit de la vraisemblance et au détriment de la vérité, car le vrai peut quelquefois n'être pas vraisemblable.</u>

Le réaliste, s'il est un artiste, cherchera, non pas à nous montrer la photographie banale de la vie, mais à nous en donner la vision plus complète, plus saisissante, plus probante que la réalité même.

Raconter tout serait impossible, <u>car il faudrait alors un volume au moins par journée pour énumérer les multitudes d'incidents insignifiants qui emplissent notre existence.</u> Un choix s'impose donc,—ce qui est une première atteinte à la théorie de toute la vérité. La vie, en outre, est composée des choses les plus différentes, les plus imprévues, les plus contraires, les plus disparates ; elle est brutale, sans suite, sans chaîne, pleine de catastrophes inexplicables, illogiques et contradictoires qui doivent être classées au chapitre faits divers.

Voilà pourquoi l'artiste, ayant choisi son thème, <u>ne prendra dans cette vie encombrée de hasards et de futilités que les détails caractéristiques utiles à son sujet, et il rejettera tout le reste, tout l'à-côté.</u>

Un exemple entre mille : Le nombre des gens qui meurent chaque jour par accident est considérable sur la terre. <u>Mais pouvons-nous faire tomber une tuile sur la tête d'un personnage principal, ou le jeter sous les roues d'une voiture, au milieu d'un récit, sous prétexte qu'il faut faire la part de l'accident</u> ?

La vie encore laisse tout au même plan, précipite les faits ou les traîne indéfiniment. L'art, au contraire, consiste à user de précautions et de préparations, à ménager des transitions savantes et dissimulées, à mettre en pleine lumière, par la seule adresse de la composition, les événements essentiels et à donner à tous les autres le degré de relief qui leur convient, suivant leur importance, pour produire la sensation profonde de la vérité spéciale qu'on veut montrer. Faire vrai <u>consiste donc à donner l'illusion complète du vrai, suivant la logique ordinaire des faits, et non à les transcrire servilement dans le pêle-mêle de leur succession.</u>

J'en conclus <u>que les Réalistes de talent devraient s'appeler plutôt des Illusionnistes.</u>

Quel enfantillage, d'ailleurs, de croire à la réalité puisque nous portons chacun la nôtre dans notre pensée et dans nos organes. Nos yeux, nos oreilles, notre odorat, notre goût différents créent autant de vérités qu'il y a d'hommes sur la terre. Et nos esprits qui reçoivent les instructions de ces organes, diversement impressionnés, comprennent, analysent et jugent comme si chacun de nous appartenait à une autre race.

Chacun de nous se fait donc simplement une illusion du monde, <u>illusion poétique, sentimentale joyeuse, mélancolique, sale ou lugubre suivant sa nature.</u> Et l'écrivain n'a d'autre mission que de <u>reproduire fidèlement cette illusion avec tous les procédés d'art qu'il a appris et dont il peut disposer.</u>

Illusion du beau qui est une convention humaine ! Illusion du laid qui est une opinion changeante ! Illusion du vrai jamais immuable ! Illusion de l'ignoble qui attire tant d'autres ! Les grands artistes sont ceux qui imposent à l'humanité leur illusion particulière.

Dictée

Écrivez les phrases omises du texte que vous venez d'entendre.

1. Leur intention étant de dégager la philosophie de certains faits constants et courants, <u>ils devront souvent corriger les événements au profit de la vraisemblance et au détriment de la vérité, car le vrai peut quelquefois n'être pas vraisemblable.</u>
2. Raconter tout serait impossible, <u>car il faudrait alors un volume au moins par journée, pour énumérer les multitudes d'incidents insignifiants qui emplissent notre existence.</u>
3. Voilà pourquoi l'artiste, ayant choisi son thème, <u>ne prendra dans cette vie encombrée de hasards et de futilités que les détails caractéristiques utiles à son sujet, et il rejettera tout le reste, tout l'à-côté.</u>
4. Le nombre des gens qui meurent chaque jour par accident est considérable sur la terre. <u>Mais pouvons-nous faire tomber une tuile sur la tête d'un personnage principal, ou le jeter sous les roues d'une voiture, au milieu d'un récit, sous prétexte qu'il faut faire la part de l'accident</u> ?
5. Faire vrai <u>consiste donc à donner l'illusion complète du vrai, suivant la logique ordinaire des faits, et non à les transcrire servilement dans le pêle-mêle de leur succession.</u>
6. J'en conclus <u>que les Réalistes de talent devraient s'appeler plutôt des Illusionnistes.</u>
7. Chacun de nous se fait donc simplement une illusion du monde, <u>illusion poétique, sentimentale, joyeuse, mélancolique, sale ou lugubre suivant sa nature.</u>
8. Et l'écrivain n'a d'autre mission que <u>de reproduire fidèlement cette illusion avec tous les procédés d'art qu'il a appris et dont il peut disposer.</u>

Chapitre 5   Les Déterminants

Programme de laboratoire
MISE EN PRATIQUE

Exercice 1

Michèle a emmené son fils au cirque pendant le week-end. Éric, un ami, lui pose des questions sur cette sortie. Vous jouerez le rôle de Michèle et répondrez aux questions d'Éric en employant le pluriel et le déterminant approprié.

Exemple :

Vous entendez Éric demander :   A-t-il vu un lion au cirque ?

Votre cahier indique :   Il (voir / lion) au cirque.

Vous dites :   Il a vu des lions au cirque.

1. **Éric :**   Y avait-il un clown au cirque ?
    Michèle :   Il y avait des clowns au cirque.
2. **Éric :**   On m'a dit qu'il y avait un pingouin dressé. Est-ce vrai ?
    Michèle :   Non, mais il y avait des chevaux dressés.
3. **Éric :**   Qu'est-ce que vous avez mangé à midi ?
    Michèle :   On avait très faim ; alors on a mangé des cacahuètes, des bonbons, des saucisses et des pommes au caramel.
4. **Éric :**   Est-ce qu'il y avait un jongleur et un acrobate ?
    Michèle :   C'est un grand cirque, il y avait des jongleurs et des acrobates.
5. **Éric :**   Y avait-il aussi un équilibriste ?
    Michèle :   Il y avait des équilibristes aussi.
6. **Éric :**   Est-ce que ton fils a rencontré un ami ?
    Michèle :   Oui, il a rencontré des amis avec leurs parents.
7. **Éric :**   Y avait-il un dresseur ?
    Michèle :   Oui, il y avait des dresseurs de serpents, de lions et de tigres.

Exercice 2

Imaginez que votre bonne amie Catherine, la camarade de chambre de Laure, vous écrit à propos d'un voyage en Afrique que Laure projette de faire. Écoutez d'abord un extrait de la lettre de Catherine. Ensuite, répondez aux questions selon les indications données dans votre cahier. Faites attention aux contractions de l'article.

Exemple :

Vous entendez :   Où Laure part-elle en vacances ?

Votre cahier indique :   Laure (partir en vacances / Afrique).

Vous dites :   Laure part en vacances en Afrique.

Catherine :   Laure part en vacances en Afrique. Elle n'est jamais allée au Kenya. Elle est très prévoyante ; elle a emporté de la crème solaire, de la pommade contre les brûlures, du désinfectant et des compresses. Elle voulait emporter des médicaments contre la malaria, mais il n'y en avait plus.

Avant de partir, elle a fait une fête et a invité tous ses amis. Il y avait du punch et du vin rouge. Son ami Adrien avait préparé du poulet grillé à la diable, c'est-à-dire avec de la moutarde et du poivre de cayenne. Il l'a servi avec des haricots verts comme légumes, et comme dessert, il a offert des tartelettes aux fruits. Laure était ravie de revoir ses amis. Elle a reçu plein de cadeaux : un sac à dos avec des poches très pratiques, un couteau multiusage acheté en Suisse. Son ami Adrien lui a offert du parfum.

1. Dans quel pays d'Afrique Laure n'est-elle jamais allée ?
   Vous : Elle n'est jamais allée au Kenya.
2. Qu'est-ce que Laure a emporté pour son voyage en Afrique ?
   Vous : Elle a emporté de la crème solaire, de la pommade contre les brûlures, du désinfectant et des compresses.
3. Qu'est-ce qu'elle voulait emporter ?
   Vous : Elle voulait emporter des médicaments contre la malaria.
4. Qu'est-ce qu'il y avait à boire à la fête ?
   Vous : Il y avait du punch et du vin rouge.
5. Qu'est-ce que son ami Adrien avait préparé ?
   Vous : Adrien avait préparé du poulet grillé à la diable avec des haricots et des tartelettes aux fruits.
6. Qu'est-ce que Laure a reçu comme cadeaux ?
   Vous : Laure a reçu un sac à dos avec des poches, un couteau et du parfum.
7. Où a-t-on acheté le couteau multiusage ?
   Vous : On a acheté le couteau en Suisse.

Exercice 3

Imaginez que vous faites partie d'un groupe d'amis qui parlent de voyages. Refaites la phrase que vous entendrez en substituant aux pays donnés les pays suggérés entre parenthèses.

Exemple :

Vous entendez Annick dire : J'irai en France cet été.
Votre cahier indique : Moi, je (aller / Belgique) cet été.
Vous dites : Moi, j'irai en Belgique cet été.

1. **Thierry :** Je passerai mes vacances en Hollande.
   Vous : Moi, je passerai mes vacances en Autriche ou au Portugal.
2. **Gilberte :** Mes parents ne sont jamais allés au Japon.
   Vous : Mes parents non plus, mais ils sont allés en Australie.
3. **Jérémie :** Ces étudiants, qui ont traversé les États-Unis en voiture, viennent de France.
   Vous : Mon cousin, qui vient de faire un voyage en Nouvelle Zélande, est né en France.
4. **Caroline :** C'est très difficile de se rendre au Cambodge.
   Vous : À mon avis, c'est encore plus difficile de se rendre en Bosnie.
5. **Anastasios :** Je reviens de Grèce.
   Vous : Moi, je reviens du Pérou.
6. **Isabelle :** Mon frère habite au Brésil.
   Vous : Moi, mon frère habite à Londres, mais il va en Suisse pour ses affaires.
7. **Olga :** J'aimerais visiter la Hollande.
   Vous : Moi, j'aimerais habiter au Vénézuéla.
8. **Guillaume :** Mon professeur d'anglais passe ses vacances en Écosse.
   Vous : Moi, mon professeur d'anglais passe ses vacances au Tibet.

CONVERSATIONS DIRIGÉES

Conversation 1

Écoutez les échanges entre Irène et David, puis ajoutez votre point de vue selon les indications données dans votre cahier.

Exemple :

Vous entendez : **Irène :** Mets-tu de la mayonnaise sur tes artichauts ?
                 David : Non, je mets de la vinaigrette.
Votre cahier indique : Moi, je (préférer mettre / jus de citron / avec un peu / sel / et / poivre).
Vous dites : Moi, je préfère mettre du jus de citron avec un peu de sel et de poivre.

1. **Irène :** Manges-tu du poisson fumé le matin ?
   David : Non, je prends du café au lait et une banane.
   Vous : Moi, je prends des œufs brouillés et du pain grillé avec un peu de confiture.
2. **Irène :** Est-ce que tu fais ta correspondance pendant le cours de sciences politiques ?
   David : Non, j'écoute le professeur et je prends des notes.
   Vous : Moi, je lis des magazines.
3. **Irène :** Est-ce que tu as vu de bons films récemment ?
   David : Non j'étudie la chimie, la biologie et les maths du matin jusqu'au soir.
   Vous : Moi, j'étudie l'histoire, les sciences politiques et la philosophie du matin au soir. Ce n'est pas une vie !
4. **Irène :** Y a-t-il des ordinateurs et des caméscopes dans une salle de classe traditionnelle ?
   David : Non, il y a des bureaux, des chaises, un tableau noir et de la craie.
   Vous : Oui, et les étudiants utilisent des stylos et du papier pour écrire leurs devoirs et leurs examens.
5. **Irène :** Est-ce que le sénateur à qui tu écris t'envoie sa réponse lui-même ?
   David : Non, il ne m'envoie pas sa réponse lui-même. Il m'envoie des lettres ou des circulaires écrites par ses représentants.
   Vous : Mon sénateur ne m'écrit jamais de lettres.
6. **Irène :** Tu m'as dit l'autre jour que tu as fait un voyage en voilier aux Caraïbes. Est-ce que tu as visité la Guadeloupe ?
   David : Non, je suis allé à la Martinique.
   Vous : Moi, je suis allé(e) à Madagascar.
7. **Irène :** Met-on de la farine dans une mousse au chocolat ?
   David : Non, on met du chocolat, des œufs, du beurre, du sucre et de la crème fraîche.
   Vous : On peut aussi mettre du rhum ou du Grand Marnier.
8. **Irène :** J'ai remarqué qu'on offre en soldes un pull-over rose, vert et brun. Est-ce que tu achèterais ce pull-over ?
   David : Non, j'achèterais des jeans et un pull-over blanc en coton.
   Vous : Moi, j'achèterais plutôt des pantalons kaki et une chemise à rayures.

Conversation II

Refaites les phrases que vous entendrez avec le verbe donné en faisant les changements d'article nécessaires. Faites attention aux contractions. Imaginez que c'est votre amie Christine qui vous parle et que vous réagissez à chacune de ses déclarations.

Exemple :

Vous entendez Christine dire :   J'adore faire des excursions en montagnes.
Votre cahier indique :   Moi, je (préférer faire / promenades au bord de la mer).
Vous dites :   Moi, je préfère faire des promenades au bord de la mer.

1. **Christine :** J'aime le lait. J'en bois à tous les repas.
   Vous : Je bois du lait seulement le matin.
2. **Christine :** Je prends quelquefois du vin le soir.
   Vous : Je ne prends pas de vin le soir. Je préfère le thé.
3. **Christine :** J'aime les tempêtes de neige et les orages.
   Vous : Je n'aime pas les tempêtes de neige et j'ai peur des orages.
4. **Christine :** J'aime l'océan. Mes parents ont une maison à Malibu où je passe mes vacances.
   Vous : Tu as de la chance. Moi, j'ai grandi dans le Kansas. Je n'ai jamais vu l'océan, mais je connais bien les plaines du Midwest.
5. **Christine :** J'écoute les informations à la radio chaque soir.
   Vous : Je ne m'intéresse pas aux informations radiodiffusées. Je préfère lire les journaux ou les revues.
6. **Christine :** Comme j'habite sur le campus, j'ai des amis qui passent me voir tous les jours.
   Vous : Moi, j'ai un studio en ville. Je n'ai presque pas d'amis qui viennent me voir.

7. **Christine :** J'ai regardé une émission de Michel Oliver l'autre jour, et maintenant je sais faire des crêpes et de la mousse au chocolat.

      Vous : Je veux bien essayer tes crêpes, mais je ne tiens pas à manger de la mousse. Je suis un régime en ce moment.

8. **Christine :** Je lis un roman de Tolstoi en russe.

      Vous : Je n'ai pas encore lu de roman russe, ni en russe ni en anglais !

Conversation III

Répondez négativement aux questions qui vous seront posées par votre ami Olivier, puis continuez votre phrase selon les indications données dans votre cahier.

Exemple :

    Vous entendez Olivier demander : Prends-tu de la bière le matin ?

                Votre cahier indique : Non, je...

                                   Je prends (jus d'orange / et / céréales).

                          Votre dites : Non, je ne prends pas de bière.

                                   Je prends du jus d'orange et des céréales.

Situation 1 : Le petit déjeuner

1. **Olivier :** Prends tu des bananes flambées pour le petit déjeuner ?

      Vous : Non, je ne prends pas de bananes flambées pour le petit déjeuner. Je prends une omelette, du pain grillé et des confitures.

2. **Olivier :** Mets-tu du lait dans ton café ?

      Vous : Non, je ne mets pas de lait dans mon café. Je mets du sucre et de la crème.

3. **Olivier :** Est-ce que tu finis tes devoirs le matin en mangeant ?

      Vous : Non, je ne finis pas mes devoirs le matin en mangeant. Je finis mes devoirs avant de me coucher. Le matin, je lis des revues de sport ou des magazines.

Situation 2 : Le déjeuner

1. **Olivier :** Prends-tu du saumon poché pour le déjeuner ?

      Vous : Je ne prends pas de saumon poché pour le déjeuner. Je prends de la soupe et un sandwich ou de la pizza et de la salade.

2. **Olivier :** Mets-tu de la sauce hollandaise sur tes hamburgers ?

      Vous : Non, je ne mets pas de sauce hollandaise sur mes hamburgers. Je mets de la sauce tomate, de la moutarde, de la mayonnaise, des cornichons, de la laitue et des rondelles de tomates.

3. **Olivier :** Bois-tu du champagne avec ton déjeuner ?

      Vous : Non, je ne bois pas de champagne avec mon déjeuner. Je bois du lait, du jus de fruits, de la citronnade, de l'eau, du thé ou du café.

Situation 3 : Le dîner

1. **Olivier :** Prends-tu des céréales pour le dîner ?

      Vous : Non, je ne prends pas de céréales pour le dîner. Je prends de la viande ou du poisson et des légumes.

2. **Olivier :** Prends-tu des truffes au Grand Marnier pour le dessert ?

      Vous : Non, je ne prends pas de truffes au Grand Marnier pour le dessert. Je prends de la glace au chocolat, de la tarte aux pommes, des fruits frais et du gâteau aux carottes.

3. **Olivier :** Aimes-tu les éclairs au chocolat ?

      Vous : Non, je n'aime pas les éclairs au chocolat. Je préfère la tarte aux cerises, la glace à la vanille et les petits gâteaux secs.

TEXTES DE COMPRÉHENSION

Compréhension globale

Vocabulaire

tranches   *slices*
lardons   *pork fat back*
morceaux   *pieces*
casserole   *pot; oven-proof dish*
laurier   *bay leaf*

cuit   *cooked*
champignons   *mushrooms*
cuillerées à soupe   *tablespoons*
farine   *flour*

Vous écouterez d'abord la lecture d'une recette de cuisine traditionnelle française. Ensuite, répondez aux questions dans votre cahier.

Le Coq au vin

Aimez-vous faire la cuisine ? Eh bien, voici une recette simple pour préparer le coq au vin.

D'abord, il faut découper le poulet en morceaux et les faire mariner vingt-quatre heures au réfrigérateur dans un litre de vin rouge auquel vous ajoutez un peu d'huile d'olive, des oignons coupés en tranches et une carotte.

Ensuite prenez une grande poêle, ajoutez de l'huile et faites sauter les morceaux de poulet environ sept à dix minutes de chaque côté. Dans une seconde poêle, préparez des lardons (c'est-à-dire de petits morceaux de lard frais sautés dans un peu de beurre ou d'huile).

Quand le poulet est bien revenu, mettez-le dans une casserole et ajoutez la marinade, du sel, du poivre, les lardons et un bouquet garni (c'est-à-dire du persil, du thym et une feuille de laurier).

S'il n'y a pas assez de liquide pour couvrir le poulet, ajoutez du bon bouillon, du vin rouge ou un peu d'eau. Mettez la casserole dans un four moyen (350 degrés) pendant une heure ou jusqu'à ce que le poulet soit tendre mais pas trop cuit.

Entre-temps, nettoyez les champignons. S'ils sont grands, coupez-les en quatre. Préparez aussi une vingtaine de petits oignons blancs que vous pouvez faire sauter au beurre et puis cuire à petit feu avec un peu de bouillon. Ajoutez les champignons et les oignons au poulet et vérifiez la sauce. Si elle est trop liquide, ajoutez deux ou trois cuillerées à soupe de farine mélangée avec du beurre.

Servez votre coq au vin dans un joli plat garni de pommes de terre à la vapeur ou de riz, et du pain français. Un vin de Bourgogne, un pinot noir ou un merlot californien accompagnent très bien ce plat. Et n'oubliez pas une bouteille d'eau minérale ! Si vous offrez une bonne tarte aux pommes ou une mousse au chocolat comme dessert, vos invités. seront enchantés.

Compréhension, dictée et interprétation

Vocabulaire

équipe   *team*
enfouie   *buried*
glace   *ice*
renferme   *encloses; contains*
savants   *scholars; scientists*
la clé   *key*
purent   *were able* (passé simple de **pouvoir**)
put   *was able* (passé simple de **pouvoir**)
abris   *shelters*
sagesse   *wisdom*
fut creusé davantage   *was further dug out; excavated*
profondeur   *depth*
étendue   *breadth*
aménagement   *fitting up; arrangement;*
fleuves   *rivers*
disposer   *to have at one's disposition*

au-dessus   *above*
pareille à   *identical to*
enfouies   *buried*
devinrent (passé simple de **devenir**   *to become*)
des buissons   *bushes; shrubs*
poussant   *growing*
rendait visible   *made visible*
se déplaçaient   *moved along*
vers le bas   *downwards*
voûtes   *vaults*
polis   *polished*
durs   *hard*
couvercle   *cover*
fut sauvegardée   *was saved*
aménagée   *set up*
centre de loisirs   *recreation centers*

morceau *stretch*
ailleurs *elsewhere*
un cours d'eau *river*
Au-dessous *Below*
s'ordonnait *organized itself; kept in order*
clé *key*
géré *administered*
pliait *bent*
majeur *index finger*
enfonçait *thrust in; inserted*
emplacement prévu à cet effet *place designed for that purpose*
demandés *requested*
parvenant à *succeeding in*
épuiser *to exhaust*
annulé *cancelled*
droits *rights*
goûts *tastes*

mises en marche *activated*
cerveau *brain*
tâches *tasks*
réparti par fragments *divided into fragments*
superflu *luxury*
profondeur *depth*
ramifiait *branched out*
sans cesse *endlessly*
usines bourgeonnantes *budding factories*
résorbait *reabsorbed*
fabriquaient *manufactured*
des produits d'assemblage *assembly-line products*
à partir de *starting from*
presque rien *almost nothing*
ovule fécondé *fertilized egg*
presque *almost, "almostness"*
le rien *nothing, nothingness*
souterraine *underground*

En écoutant l'extrait d'un conte de René Barjavel, écrivez les mots qui manquent dans le texte reproduit dans votre cahier. Ensuite, répondez aux questions.

La Nuit des temps
René Barjavel

Dans ce roman, où Barjavel joue sur l'idée des temps passés et des temps futurs, une équipe de scientifiques basée au pôle Nord trouve, enfouie dans les profondeurs de glace, une capsule vieille de 900 000 ans qui renferme deux êtres vivants en état d'hibernation. Eléa, la femme, retrouve la vie la première. Elle communique avec les savants et leur explique comment était la vie des Gondas, les habitants du pays de Gondawa, il y a 900 000 ans. Il se trouve, cependant, que beaucoup d'aspects de cette civilisation enfouie étaient très en avance pour leur temps, plus avancés même que la société des chercheurs qui ont découvert cette ancienne civilisation enterrée au pôle Nord.

Narratrice : La clé était la clé de tout, avait dit Eléa.

Les savants et les journalistes entassés dans la Salle des Conférences purent s'en rendre compte au cours des séances suivantes. Eléa, devenue peu à peu maîtresse de ses émotions, put leur raconter et leur montrer sa vie et celle de Païkan, la vie d'un couple d'enfants devenant un couple d'adultes et prenant sa place dans la société.

Après la guerre d'une heure, le peuple de Gondawa était resté enterré. Les abris avaient démontré leur efficacité. Malgré le traité de Lampa, personne n'osait croire que la guerre ne recommencerait jamais. La sagesse conseillait de rester à l'abri et d'y vivre. La surface était dévastée. Il fallait tout reconstruire. La sagesse conseillait de reconstruire à l'abri.

Le sous-sol fut creusé davantage en profondeur et en étendue. Son aménagement engloba les cavernes naturelles, les lacs et les fleuves souterrains. L'utilisation de l'énergie universelle permettait de disposer d'une puissance sans limite et qui pouvait prendre toutes les formes. On l'utilisa pour recréer sous le sol une végétation plus riche et plus belle que celle qui avait été détruite au-dessus. Dans une lumière pareille à la lumière du jour, les villes enfouies devinrent des bouquets, des buissons, des forêts. Des espèces nouvelles furent créées, poussant à une vitesse qui rendait visible le développement d'une plante ou d'un arbre. Des machines molles et silencieuses se déplaçaient vers le bas et vers toutes les directions, faisant disparaître devant elles la terre et le roc. Elles rampaient au sol, aux voûtes et aux murs, les laissant derrière elles polis et plus durs que l'acier.

La surface n'était plus qu'un couvercle, mais on en tira parti. Chaque parcelle restée intacte fut sauvegardée, soignée, aménagée en centre de loisirs. Là, c'était un morceau de forêt qu'on repeuplait d'animaux ; ailleurs, un cours d'eau aux rives préservées, une vallée, une plage sur l'océan. On y construisit des bâtiments pour y jouer et s'y risquer à la vie extérieure que la nouvelle génération considérait comme une aventure.

Au-dessous, la vie s'ordonnait et se développait dans la raison et la joie. Les usines silencieuses et sans déchets fabriquaient tout ce dont les hommes avaient besoin.

La clé était la base du système de distribution.

Chaque vivant de Gondawa recevait chaque année une partie égale de crédit, calculée d'après la production totale des usines silencieuses. Ce crédit était inscrit à son compte géré par l'ordinateur central. Il était largement suffisant pour lui permettre de vivre et de profiter de tout ce que la société pouvait lui offrir. Chaque fois qu'un Gonda désirait quelque chose de nouveau, des vêtements, un voyage, des objets, il payait avec sa clé. Il pliait le majeur, enfonçait sa clé dans un emplacement prévu à cet effet et son compte, à l'ordinateur central, était aussitôt diminué de la valeur de la marchandise ou du service demandés.

Certains citoyens, d'une qualité exceptionnelle, tel Coban, directeur de l'Université, recevaient un crédit supplémentaire. Mais il ne leur servait pratiquement à rien, un très petit nombre de Gondas parvenant à épuiser leur crédit annuel. Pour éviter l'accumulation des possibilités de paiement entre les mêmes mains, ce qui restait des crédits était automatiquement annulé à la fin de chaque année. Il n'y avait pas de pauvres, il n'y avait pas de riches, il n'y avait que des citoyens qui pouvaient obtenir tous les biens qu'ils désiraient. Le système de la clé permettait de distribuer la richesse nationale en respectant à la fois l'égalité des droits des Gondas et l'inégalité de leurs natures, chacun dépensant son crédit selon ses goûts et ses besoins.

Une fois construites et mises en marche, les usines fonctionnaient sans main-d'œuvre et avec leur propre cerveau. Elles ne dispensaient pas les hommes de tout travail, car si elles assuraient la production, il restait à accomplir les tâches de la main et de l'intelligence. Chaque Gonda devait au travail la moitié d'une journée tous les cinq jours, ce temps pouvant être réparti par fragments. Il pouvait, s'il le désirait, travailler davantage. Il pouvait, s'il voulait, travailler moins ou pas du tout. Le travail n'était pas rétribué. Celui qui choisissait de moins travailler voyait son crédit diminué d'autant. À celui qui choisissait de ne pas travailler du tout, il restait de quoi subsister et s'offrir un minimum de superflu.

Les usines étaient posées au fond des villes, dans leur plus grande profondeur. Elles étaient assemblées, accolées, connexées entre elles. Chaque usine était une partie de toute l'usine qui se ramifiait sans cesse en nouvelles usines bourgeonnantes, et résorbait celles qui ne lui donnaient plus satisfaction.

Les objets que fabriquaient les usines n'étaient pas des produits d'assemblage, mais de synthèse. La matière première était la même partout : l'Énergie universelle. La fabrication d'un objet à l'intérieur d'une machine immobile ressemblait à la création, à l'intérieur d'une femme, de l'organisme incroyablement complexe d'un enfant, à partir de ce PRESQUE RIEN qu'est un ovule fécondé. Mais, dans les machines, il n'y avait pas de PRESQUE, il n'y avait que le RIEN. Et à partir de ce rien montait vers la ville souterraine, en un flot multiple, divers et ininterrompu, tout ce qui était nécessaire aux besoins et aux joies de la vie. Ce qui n'existe pas existe.

Chapitre 6   Les Pronoms

Programme de laboratoire
MISE EN PRATIQUE

Exercice 1

Vous allez entendre des débuts de dialogue. Prenez le rôle de la personne indiquée dans votre cahier. Utilisez un pronom d'objet direct ou indirect.

Exemple :

Vous entendez :	**Mme Pelletier :**	Je viens de faire un gâteau de riz pour Marc. L'as-tu vu récemment ?
	Pierre :	Non, je ne l'ai pas vu. Est-ce que tu as mis des fruits confits dans le gâteau ?
	Mme Pelletier :	Non, je n'en ai pas mis dedans. As-tu envie de goûter le gâteau ?
Votre cahier indique :	**Pierre :**	Oui, je (avoir envie de / goûter).
Vous dites :		Oui, j'ai envie de le goûter.

1. **Douglas :** Quelle chienne de vie ! J'ai des cours du matin au soir et des laboratoires de chimie trois fois par semaine. Je n'ai jamais une minute. Et toi, as-tu beaucoup de temps libre ?
   Yvette : Moi non plus, je n'en ai pas beaucoup.
2. **Martin :** Mes amis sont des fanas de ciné. Ils vont au cinéma presque tous les soirs.
   Élise : Mes amis y vont souvent aussi.
3. **Martin :** Ont-ils vu le film *Bleu* de Kieslowski ?
   Élise : Oui, ils l'ont vu la semaine dernière.
4. **Alice :** Mon premier recueil de poèmes vient de sortir. J'espère qu'il sera bien reçu.
   Victor : Combien de poèmes contient-il ?
   Alice : Il en contient une cinquantaine.
5. **Victor :** Y as-tu inclus les poèmes que je connais ?
   Alice : Oui, je les y ai inclus.
6. **Nicole :** La loi qu'on propose de passer au prochain vote va créer de graves ennuis pour les expatriés.
   Chantal : Oui, c'est évident. Nous devrions faire quelque chose.
   Nicole : Je pense que je vais écrire aux sénateurs de mon état immédiatement. Et toi, écriras-tu aux sénateurs de ton état ?
   Chantal : Oui, je leur écrirai.
7. **Henri :** Moi, je m'assieds toujours au fond de la classe dans l'espoir que le prof ne me posera pas de questions. Et toi, pourquoi te mets-tu toujours à côté de Frédéric ?
   Thomas : Je me mets à côté de lui parce qu'il me fait rire.

Exercice 2

*Dans la conversation téléphonique suivante, vous discutez avec un ami, Bertrand, d'une soirée. Répondez aux questions de Bertrand en utilisant les pronoms **me, te, nous, vous, la, le, les** selon le cas.*

Exemple :

Vous entendez Bertrand dire :	Est-ce que tu m'as téléphoné hier soir ?
Votre cahier indique :	Oui, ... (téléphoner).
Vous dites :	Oui, je t'ai téléphoné.

1. **Bertrand :** M'as-tu écrit l'autre jour ?
   Vous : Oui, je t'ai écrit.

2. **Bertrand :** Était-ce pour me rappeler la grande soirée ?
   Vous : Oui, c'était pour te la rappeler.
3. **Bertrand :** Est-ce que je peux amener mon amie Sylvie ?
   Vous : Oui, tu peux l'amener.
4. **Bertrand :** Est-ce que tu as demandé à Carla et à Justin de venir aussi ?
   Vous : Oui, je leur ai demandé de venir.
5. **Bertrand :** Apporteront-ils des boissons ?
   Vous : Oui, ils en apporteront.
6. **Bertrand :** Est-ce que je peux apporter des hors-d'œuvre ?
   Vous : Oui, tu peux en apporter.
7. **Bertrand :** À quelle heure est-ce qu'on nous servira le dîner ?
   Vous : On nous le servira à neuf heures.
8. **Bertrand :** Y aura-t-il du gâteau pour le dessert ?
   Vous : Non, il n'y en aura pas.
9. **Bertrand :** Servira-t-on des fruits ?
   Vous : Oui, on en servira.
10. **Bertrand :** Est-ce que je peux t'envoyer un chèque pour les billets d'entrée ?
    Vous : Oui, tu peux m'en envoyer un.

Exercice 3

Imaginez que vous êtes un(e) detective chargé(e) avec une collègue, Nathalie, de surveiller les activités de Jacques et de Julie qui sont partis en vacances ensemble. Mais comme ils ont tous les deux l'esprit de contradiction, ils n'ont pas fait les mêmes choses. Pour chacune des activités de Jacques que votre collègue Nathalie a observée, indiquez ce que Julie n'a pas fait. Utilisez des pronoms quand c'est possible.

Exemple :

Vous entendez Nathalie dire :   Jacques a fait de la pêche sous-marine.
Votre cahier indique :   Julie…
Vous dites :   Julie n'en a pas fait.

1. **Nathalie :** Jacques a déjeuné sur la terrasse.
   Vous : Julie n'y a pas déjeuné.
2. **Nathalie :** Jacques a lu le journal.
   Vous : Julie ne l'a pas lu.
3. **Nathalie :** Jacques a écrit des cartes postales à ses parents.
   Vous : Julie ne leur en a pas écrit.
4. **Nathalie :** Jacques a pris des bains de soleil.
   Vous : Julie n'en a pas pris.
5. **Nathalie :** Jacques est allé au cinéma tous les soirs.
   Vous : Julie n'y est pas allée.
6. **Nathalie :** Jacques a parlé à tous les touristes qu'il a rencontrés.
   Vous : Julie ne leur a pas parlé.
7. **Nathalie :** Jacques a pris du vin avec ses repas.
   Vous : Julie n'en a pas pris.
8. **Nathalie :** Jacques a regardé la télé pendant les repas.
   Vous : Julie ne l'a pas regardée.

Exercice 4

Employez deux pronoms dans l'exercice suivant. Répondez oui *ou* non *selon les indications données. Imaginez qu'un ami, Frédéric, vous parle.*

Exemple :

    Vous entendez Frédéric dire :   Je t'ai prêté ma veste en cuir l'autre jour ?
           Votre cahier indique :   Oui, ...
                  Vous dites :   Oui, tu me l'as prêtée.

1. **Frédéric :**   Est-ce que tu l'as montrée à Monique ?
    Vous :   Non, je ne la lui ai pas montrée.
2. **Frédéric :**   Savait-elle que tu me l'avais empruntée ?
    Vous :   Oui, elle savait que je te l'avais empruntée.
3. **Frédéric :**   Comme tu dois aller faire des courses cet après-midi, est-ce que tu peux m'acheter des crayons de couleur ?
    Vous :   Oui, je peux t'en acheter.
4. **Frédéric :**   Est-ce que tu m'enverras une carte postale de Paris ?
    Vous :   Oui, je t'en enverrai une.
5. **Frédéric :**   Est-ce que tu peux poster ces lettres pour moi ?
    Vous :   Oui, je peux les poster pour toi.

CONVERSATIONS DIRIGÉES

Conversation 1

Situation 1 : La vie quotidienne

Imaginez que vous parlez à deux amis, Marcel et Éveline. Marcel pose des questions à Éveline, puis à vous. Dans le dialogue suivant, vous jouerez le rôle de Michel qui répond toujours non *aux questions posées par Marcel. Utilisez les indications données dans votre cahier pour terminer les phrases de Michel.*

Exemple :

    Vous entendez :   **Marcel :**   Éveline, prends-tu des œufs au petit déjeuner ?
                     Éveline :   Oui, j'en prends parce que j'ai faim.
                     Marcel :   Et toi, Michel ?
    Votre cahier indique :   **Michel :**   Non, je ... (y être allergique).
           Vous dites :   Non, je n'en prends pas parce que j'y suis allergique.

1. **Marcel :**   Fais-tu des excursions à bicyclette le week-end ?
   Éveline :   Oui, j'en fais parce que j'aime faire des randonnées à la campagne.
   Marcel :   Et toi, Michel ?
   Michel :   Non, je n'en fais pas parce que je dois travailler pour payer mes études.
2. **Marcel :**   Vas-tu au cinéma le week-end ? Vois-tu des films français ?
   Éveline :   Oui, j'y vais, parce que j'ai besoin de me distraire.
   Marcel :   Et toi, Michel ?
   Michel :   Non, je n'y vais pas parce que je n'ai pas de temps.
3. **Marcel :**   Pendant tes cours, est-ce que tu prends des notes ?
   Éveline :   Oui, j'en prends parce que les commentaires du prof sont très intéressants.
   Marcel :   Et toi, Michel ?
   Michel :   Non, je n'en prends pas parce que le sujet ne m'intéresse pas.
4. **Marcel :**   Si je parle très vite, est-ce que tu me comprends ?
   Éveline :   Oui, je te comprends parce j'étudie le français depuis plusieurs années et j'ai passé du temps en France.
   Marcel :   Et toi, Michel ?
   Michel :   Non, je ne te comprends pas parce que je ne parle pas encore très bien le français.

5. **Marcel :**   Le téléphone a sonné à minuit hier soir. Mais je n'y ai pas répondu. Est-ce toi qui m'as téléphoné hier ?

   Éveline :   Oui, je t'ai téléphoné parce que je ne savais pas quel texte nous devions lire pour notre cours d'anglais.

   Marcel :   Et toi, Michel ?

   Michel :   Non, je ne t'ai pas téléphoné parce qu'à minuit je dormais.

6. **Marcel :**   Est-ce que tu écoutes la radio le matin ?

   Éveline :   Oui, je l'écoute parce que j'aime écouter les nouvelles.

   Marcel :   Et toi, Michel ?

   Michel :   Non, je ne l'écoute pas parce que je n'en ai pas.

7. **Marcel :**   Es-tu contente de tes voisins à la résidence ?

   Éveline :   Oui, j'en suis contente parce qu'ils sont sympathiques et ne font pas de bruit le soir.

   Marcel :   Et toi, Michel ?

   Michel :   Non, je n'en suis pas content parce qu'ils jouent de la musique jusqu'à une heure du matin.

8. **Marcel :**   Est-ce que tu invites ton amie chez toi ?

   Éveline :   Oui, je l'invite chez moi.

   Marcel :   Et toi, Michel ?

   Michel :   Oui, je l'invite le dimanche.

9. **Marcel :**   Est-ce que tu écris quelquefois à tes amis de lycée ?

   Éveline :   Oui, je leur écris quelquefois.

   Marcel :   Et toi, Michel ?

   Michel :   Non, je ne leur écris pas souvent.

10. **Marcel :**   As-tu payé la facture de ta carte de crédit ?

   Éveline :   Oui, je l'ai payée.

   Marcel :   Et toi, Michel ?

   Michel :   Non, je ne l'ai pas payée parce que mes parents ne m'ont pas envoyé d'argent.

Situation 2 : À la plage

Imaginez maintenant que vous projetez un voyage au bord de la mer. Répondez aux questions qu'on vous posera en utilisant des pronoms. Imaginez que c'est une amie, Suzanne, qui vous parle.

Exemple :

Vous entendez Suzanne demander : As-tu préparé des sandwichs ?

Vous répondez : Oui, j'en ai préparé.

1. **Suzanne :**   Est-ce que tu as apporté de la limonade ?

   Vous :   Oui, j'en ai apporté.

2. **Suzanne :**   As-tu apporté ta serviette de bain ?

   Vous :   Oui, je l'ai apportée.

3. **Suzanne :**   As-tu remarqué les nuages noirs ?

   Vous :   Oui, je les ai remarqués.

4. **Suzanne :**   Crois-tu que nous aurons de la pluie ?

   Vous :   Oui, je crois que nous en aurons.

5. **Suzanne :**   Vas-tu te baigner tout de suite ?

   Vous :   Non, je ne vais pas me baigner tout de suite.

6. **Suzanne :**   As-tu mis les revues dans ton sac de plage ?

   Vous :   Non, je ne les y ai pas mises.

7. **Suzanne :**   Est-ce que Sylvie a apporté de la crème solaire ?

   Vous :   Oui, elle en a apporté.

8. **Suzanne :**   As-tu donné à manger au chien avant de partir ?

   Vous :   Oui, je lui ai donné à manger.

9. **Suzanne :**   Vas-tu rester longtemps à la plage ?

   Vous :   Non, je ne vais pas y rester longtemps.

Conversation II

Vocabulaire

mouvements d'échauffement *warm-up exercises*
haltères *weights*
poids *weight*

Imaginez que vous êtes dans la salle de gymnastique. Répondez aux questions qu'on vous posera en utilisant des pronoms. Imaginez que c'est un ami, Jean-Philippe, qui vous parle.

Exemple :

Vous entendez Jean-Philippe demander :   Aimes-tu la nouvelle salle de gymnastique ?
Vous répondez :   Oui, je l'aime beaucoup.

1. **Jean-Philippe :** Aimes-tu faire de la musculation ?
   Vous : Oui, j'aime en faire.
2. **Jean-Philippe :** Est-ce que tu sais utiliser cette machine ?
   Vous : Non, je ne sais pas l'utiliser.
3. **Jean-Philippe :** Est-ce que tu veux essayer les barres parallèles ?
   Vous : Oui, je veux les essayer.
4. **Jean-Philippe :** As-tu envie d'aller au sauna ?
   Vous : Oui, j'ai envie d'y aller.
5. **Jean-Philippe :** As-tu besoin de faire quelques mouvements d'échauffement ?
   Vous : Non, je n'ai pas besoin d'en faire.
6. **Jean-Philippe :** Est-ce que tu peux soulever ces haltères ?
   Vous : Oui, je peux les soulever.
7. **Jean-Philippe :** Est-ce que tu penses parler au moniteur aujourd'hui ?
   Vous : Non, je ne pense pas lui parler.
8. **Jean-Philippe :** Crois-tu avoir perdu du poids ?
   Vous : Oui, je crois en avoir perdu.

Conversation III

Répondez affirmativement aux questions qu'on vous posera en utilisant des pronoms. C'est une amie, Danielle, qui vous parle.

Exemple :

Vous entendez Danielle demander : As-tu lu le journal ce matin ?
Vous répondez : Oui, je l'ai lu.

1. **Danielle :** Est-ce que je t'ai prêté mon sac de couchage ?
   Vous : Oui, tu me l'as prêté.
2. **Danielle :** Est-ce que tu m'as rendu mon sac de couchage ?
   Vous : Oui, je te l'ai rendu.
3. **Danielle :** Est-ce que tu prêtes tes cassettes à tes amis ?
   Vous : Oui, je les leur prête.
4. **Danielle :** Est-ce que tes amis te rendent tes cassettes ?
   Vous : Oui, ils me les rendent.
5. **Danielle :** Est-ce que tu m'as apporté un pot de confitures ?
   Vous : Oui, je t'en ai apporté un.
6. **Danielle :** Est-ce que je t'ai donné une de mes photos ?
   Vous : Oui, tu m'en as donné une.
7. **Danielle :** Est-ce que tes amis te parlent de leurs difficultés ?
   Vous : Oui, ils m'en parlent.
8. **Danielle :** Est-ce que tes parents t'envoient de l'argent ?
   Vous : Oui, ils m'en envoient.

9. **Danielle :** Est-ce que tu écris des lettres à ton cousin ?
    Vous : Oui, je lui en écris.
10. **Danielle :** Est-ce que ton cousin t'envoie aussi des lettres ?
    Vous : Oui, il m'en envoie aussi.
11. **Danielle :** Est-ce que nous devons remettre nos devoirs au professeur ?
    Vous : Oui, nous devons les lui remettre.
12. **Danielle :** Le professeur va-t-il nous rendre nos devoirs demain ?
    Vous : Oui, il va nous les rendre demain.

Conversation IV

Vocabulaire

Le plein   *a full tank*
pneus   *tires*
range   *pull over*
Nous voilà quittes pour notre peur   *We got off with a fright*

Imaginez que vous circulez à New York en voiture avec votre ami Alain. Réagissez à chacune de ses phrases selon les indications données dans votre cahier. Utilisez l'impératif et des pronoms.

Exemple :

Vous entendez Alain dire : Je crois que nous sommes perdus. As-tu une carte ?
Votre cahier indique : Oui, j'en ai une. (s'arrêter) et (regarder) la carte ensemble.
Vous dites : Oui, j'en ai une. Arrêtons-nous et regardons-la ensemble.

1. **Alain :** Je crois que j'ai besoin de prendre de l'essence.
    Vous : Alors, arrête-toi au prochain poste et achètes-en.
2. **Alain :** Le plein revient à douze dollars et soixante-seize centimes, mais je n'ai pas d'argent sur moi.
    Vous : Voilà ma carte de credit. Donne-la au garagiste.
3. **Alain :** J'ai l'impression qu'il n'y a pas assez d'air dans les pneus.
    Vous : Alors, vérifie-les. Tiens, voilà le garagiste qui revient. Demande-lui de les vérifier.
4. **Alain :** Le garagiste dit que nous avons besoin de nouveaux pneus.
    Vous : N'en achète pas ici. Je connais une boîte où ils seront moins chers.
5. **Alain :** Bon. En route.... As-tu l'adresse de la maison ?
    Vous : Pas sur moi. J'ai laissé mon carnet d'adresses à l'appartement. Retournons-y.
6. **Alain :** Euh... je crois qu'une voiture à feux clignotants nous suit.
    Vous : Pas de veine ! C'est la police. Ralentis !
7. **Alain :** Trop tard. Il faut que je me range.
    Vous : Prépare une bonne excuse. Le flic a l'air d'une brute.
    Le policier : Vos papiers, s'il vous plaît !
8. **Alain :** Alors, tu les as ?
    Vous : Tiens, voilà les papiers. Donne-les à l'agent.
    Le policier : Pourquoi roulez-vous avec vos feux de détresse allumés ?
    Alain : Mes feux ? Mais je ne savais pas. Vous comprenez, monsieur l'agent, c'est une voiture que je conduis pour la première fois. Je la connais mal. J'ai dû... enfin vous... les feux...
    Le policier : Ne vous énervez pas. Éteignez-les et tout ira bien.
9. **Alain :** Nous voilà quittes pour notre peur. Alors, en route !
    Vous : Après ce qui vient d'arriver, laisse-moi conduire !

Conversation V

Répondez aux questions avec un pronom possessif. Imaginez que plusieurs amis vous posent des questions.

Exemple :

Vous entendez Henri dire : Quelqu'un a garé sa camionnette devant ma maison. Et toi, quelqu'un a garé sa camionnette devant ta maison ?

Votre cahier indique : Non, personne ne (garer) sa camionnette...

Vous dites : Personne n'a garé sa camionnette devant la mienne.

1. **Georges :** J'ai mis de la crème sur mon gâteau. Et toi ?
    Vous : Je n'ai pas mis de crème sur le mien.
2. **Caroline :** J'enferme souvent mes clés dans la voiture. Et toi ?
    Vous : Oui, moi aussi, j'enferme souvent les miennes dans la voiture.
3. **Xavier :** J'ai fini ma traduction du poème. Et Annette ?
    Vous : Elle a fini la sienne aussi.
4. **Alexandre :** J'ai repeint ma chambre en vert. Et toi, de quelle couleur as-tu repeint ta chambre ?
    Vous : J'ai repeint la mienne en bleu.
5. **Bernard :** Mon ami et moi, nous avons garé notre voiture devant le théâtre. Et toi et tes amis, où avez-vous garé votre voiture ?
    Vous : Nous avons garé la nôtre devant l'hôtel de ville.
6. **Sabine :** Mon amie et moi, nous avons revendu notre appartement. Et Carole et Françoise ?
    Vous : Carole et Françoise n'ont pas revendu le leur.

TEXTES DE COMPRÉHENSION

Compréhension globale

Vocabulaire

méchante *nasty, wicked*
loueront *rent*
couverture de cheval *horse blanket*

Le texte que vous entendrez est adapté d'un fabliau de Bernier, un auteur du Moyen Âge. Le titre en vieux français « La Housse partie » veut dire « La Couverture partagée ». Écoutez le texte. Ensuite, répondez aux questions.

« La Couverture partagée » (« La Housse partie »)
Bernier

Narratrice : Un vieil homme vivait depuis douze ans chez son fils à qui il avait donné toute sa fortune le jour de son mariage. Le fils aimait son père dont la présence ne le gênait pas, mais la femme du jeune homme était orgueilleuse et méchante et voulait absolument que le vieillard quitte la maison. Intimidé par les menaces de sa femme, le jeune homme a parlé à son père.

Le jeune homme : Il faut que tu partes. Tu trouveras bien des amis en ville qui te donneront une chambre. Tu ne peux plus rester avec nous.

Le père : Est-ce que des amis me loueront un appartement si mon fils me le refuse ? Enfin, d'accord. Je m'en irai, mais avant que je ne parte, donne-moi au moins une couverture pour me protéger contre le froid.

Narratrice : Le jeune homme appelle son fils et lui demande d'aller chercher une couverture de cheval. Le petit obéit mais, avant d'offrir la couverture à son grand-père, prend de grands ciseaux et la coupe en deux. Quand le père irrité reproche à son fils son manque de générosité, celui-ci répond :

Le fils du jeune homme : Je ne lui donnerai pas l'autre moitié de la couverture parce que je la garde pour vous, mon père. Si un jour la couverture est à moi, vous n'en aurez pas davantage. (Puisque grand-père vous a donné toute sa fortune, je compte hériter la vôtre.) Vous obtiendrez de moi seulement ce que vous lui avez donné. Vous le laissez mourir dans la misère. Si je vis longtemps, je vous chasserai un jour de ma maison et vous mourrez pauvre.

Narratrice : Le père a compris la leçon de son fils et s'est repenti. Le grand-père est resté dans la maison. On lui a même offert une belle chambre et de bons vêtements chauds.

Compréhension, dictée et interprétation

Vocabulaire

je viens de vous heurter   *I just banged into you*
exprès   *on purpose*
cohue   *crowd*
frôlée du coude   *brushed against me with your elbow*
conduire   *to drive*
haricot   *bean*
asperge   *asparagus*
tu as (t'as) failli entrer dans ma voiture   *you almost ran into my car*
code de la route   (*In France, when two cars enter an intersection, priority is given to the car coming from the right:* **priorité à droite**)
ton permis de conduire   *your driver's licence*
L'as-tu trouvé dans une pochette-surprise ?   *Did you win it in the lottery?*
ordures   *garbage pails*
betteraves   *beets*
champignons   *mushrooms*
brouette   *wheelbarrow*
ton carrosse   *your buggy*
tête de lard   *pighead; fathead*
brouillard   *fog*
Crétin   *Idiot*
carotte gelée   *frozen carrot*

pâlissez   *grow pale*
Avouez-le   *Admit it*
Vous aurais-je écrasé l'orteil ?   *Might I have crushed your toe?*
par distraction   *inadvertently*
je viens d'enfoncer   *I have just plunged*
maladroit   *clumsy; awkward*
physionomie, gueule   (*slang*) *face; mug*
je vais te corriger   *to reprimand; to chastise*
te donner une fessée   *to give you a spanking*
Je vais t'apprendre à vivre !   *I'm going to teach you a thing or two!*
Au secours   *Help*
Ils se tuent !   *They are killing each other!*
crevé   *put out*
vous vous évanouissez   *you are fainting*
je fais semblant   *I am pretending*
tomber dans les pommes   *to faint*
Aux passants   *To passers-by*
soutenir   *to hold up*
se tuer   *to kill each other*
passante   *passer-by*
ou bien sinon   *or else*

Vous écouterez maintenant un extrait des Exercices de conversation et de diction françaises pour étudiants américains. *En écoutant le texte, écrivez les mots qui manquent dans le texte reproduit dans votre cahier : Ensuite, répondez aux questions.*

Exercices de conversation et de diction françaises pour étudiants américains
« Leçon sur la politesse »
Eugène Ionesco

Les accidents de voitures produisent des discussions animées entre les chauffeurs. Ici, Ionesco les transpose dans le domaine des piétons qui se bousculent sur les trottoirs des villes. Notez les sens de l'absurde et du comique de l'auteur.

Le monsieur : Oh, madame, pardon et mille excuses, si je viens de vous heurter (si je vous ai heurtée) au passage. Je ne l'ai pas fait exprès. La faute en est à la cohue. Vous ai-je fait mal ?

La dame : Pas du tout, monsieur, ce n'est rien, <u>ne vous excusez pas</u> et ne me demandez pas pardon, vous m'avez tout juste un peu frôlée du coude.

Premier chauffeur, au second chauffeur : Alors, quoi, tu ne sais donc pas conduire ? Espèce d'imbécile (de haricot, d'asperge), tu as (t'as) failli entrer dans ma voiture avec la tienne (avec ta trottinette).

Deuxième chauffeur, au premier : Pourquoi <u>me tutoyez-vous</u>, Monsieur ? Je ne vous connais pas. Tu viens de la gauche, je viens de la droite. C'est à moi de passer. On n'est pas en Angleterre (on n'est pas chez les Engliches). Tu ne connais pas le code de la route. Par-dessus le marché, tu discutes. Ça ne connaît même pas le code de la route et ça discute. Où donc as-tu eu (est-ce que t'as eu) ton permis de conduire ? L'as-tu trouvé dans une pochette-surprise ?

Premier chauffeur : Et toi, dans la poubelle aux ordures ? <u>Au bistrot du coin</u> ? Dans la salade de betteraves ? Dans les champignons ? On voit que tu as hérité de ton grand-père son permis de pousser la brouette. <u>Je ne l'ai même pas touchée, ta voiture</u> (ta bagnole, ton carrosse).

Deuxième chauffeur : Non, mais tu aurais pu, tête de lard (ou bien, espèce de brouillard).

Premier chauffeur : Crétin (pourriture, gâteux, carotte gelée, etc.).

Le monsieur, à la dame : Oh madame, madame, je vois que vous pâlissez. <u>Je vous ai fait mal.</u> <u>Avouez-le</u>. Ah ! je suis impardonnable, madame, madame.

La dame : Ce n'est rien, je vous assure, il m'arrive de pâlir, sans raison, de temps à autre.

Le monsieur : Madame, oh madame, vous avez mal au pied ! <u>Vous aurais-je écrasé</u> l'orteil ?

La dame : Non, monsieur, qu'imaginez-vous donc ? <u>Je me le suis écrasé</u> <u>moi-même</u> en pensant à autre chose (par distraction).

Le monsieur : Madame, oh, madame, je m'aperçois que je viens d'enfoncer ma canne dans votre œil. Pardon ; que je suis maladroit !

La dame : Pas du tout, monsieur, c'est mon parapluie.

Premier chauffeur, au deuxième : Je vais te casser la figure (physionomie, gueule). Je vais te corriger (te donner une fessée).

Deuxième chauffeur, au premier : <u>Je vais t'apprendre à vivre</u> !

Une passante : Au secours ! la police ! <u>Ils se tuent</u> !

Le monsieur, à la dame : Oh, madame, votre œil est crevé. Oh, madame, je vous ai vraiment fait mal... oh, madame, <u>vous vous évanouissez</u> ! ...

La dame : Pas du tout, je rêve, je fais semblant.

Le monsieur : Mon Dieu, elle s'évanouit. Elle tombe dans mes bras (dans les pommes). (Aux passants :) <u>Aidez-moi à la soutenir</u> et appelons l'ambulance.

Une passante : Empêchez les deux chauffeurs de se battre, <u>ils vont se tuer</u> !

L'agent, à la passante : Mêlez-vous de ce qui vous regarde, madame, ou bien (sinon) je vous arrête.

Chapitre 7   Les Verbes pronominaux

Programme de laboratoire

MISE EN PRATIQUE

Exercice 1

Les étudiants d'une résidence universitaire sont toujours très occupés. Écoutez le récit de leurs activités par un journaliste et indiquez si vous ou vos camarades faites les mêmes choses qu'eux ou non. Suivez les indications données dans votre cahier.

Exemple :

Vous entendez le journaliste dire :	Christian se lève à 6 heures du matin.
Votre cahier indique :	Moi non, je (se lever) à 6 heures du matin.
Vous dites :	Moi non, je ne me lève pas à 6 heures du matin.

1. **Le journaliste :**   Les étudiants prennent une douche froide le matin pour se réveiller avant d'aller au cours.
   Vous :   Moi aussi, je prends une douche froide le matin pour me réveiller avant d'aller au cours.
2. **Le journaliste :**   Tout le monde se dépêche pour être à l'heure au cours.
   Vous :   Sauf Irène, elle ne se dépêche jamais.
3. **Le journaliste :**   Dans les résidences universitaires, il n'est pas rare de voir les camarades de chambre se disputer.
   Vous :   Moi, je ne me dispute jamais avec mes camarades de chambre.
4. **Le journaliste :**   Les étudiants se plaignent principalement du bruit.
   Vous :   Toi aussi, tu te plains du bruit.
5. **Le journaliste :**   Après les cours, les étudiants se promènent souvent dans le parc Montsouris.
   Vous :   J'aime aussi me promener dans le parc Montsouris.
6. **Le journaliste :**   Puis, ils se hâtent de rentrer à la résidence universitaire.
   Vous :   Je pense que tu te trompes, ils ne se hâtent pas de rentrer à la résidence universitaire.
7. **Le journaliste :**   Souvent on se retrouve dans un bar pour s'amuser un peu.
   Vous :   Tu as raison, nous nous retrouvons souvent dans un bar pour nous amuser un peu.
8. **Le journaliste :**   Et on essaye de ne pas se coucher trop tard pour pouvoir se lever à l'heure le matin.
   Vous :   Tous les étudiants essayent de ne pas se coucher trop tard pour pouvoir se lever à l'heure le matin.

Exercice 2

Vocabulaire

le coup de foudre   *love at first sight*

Imaginez que David, un de vos amis, vient de vous envoyer une lettre à propos d'Émilie et de Rémi, deux amis d'enfance que vous avez perdus de vue. Écoutez d'abord la lettre de David.

David :   Émilie et Rémi se sont rencontrés au lycée. Dès qu'ils se sont vus, cela a été le coup de foudre. Ils ne se parlaient pas, mais ils se regardaient souvent du coin de l'œil. Un jour, Émilie s'est blessée et Rémi l'a aidée à aller à l'infirmerie.

Ils se sont revus plusieurs fois. Ils sont allés au restaurant, au cinéma et se sont vus tous les jours. Les parents d'Émilie se sont étonnés de ne plus voir leur fille travailler aussi assidûment qu'auparavant ; ils se sont inquiétés. Ils se sont rendu compte qu'elle passait beaucoup de temps au téléphone et qu'elle sortait beaucoup le soir. Alors ils se sont souvenus de leurs années au lycée avec nostalgie.

Rémi et Émilie se sont vus pendant toutes leurs années au lycée. Puis Rémi a raté son baccalauréat, Émilie a réussi et elle s'est inscrite à l'université. Rémi s'est engagé dans la marine. Il est parti autour du monde pendant un an et demi. Ils s'écrivaient trois fois par semaine. Pendant ce temps, Émilie se dépêchait de finir sa maîtrise. Deux ans plus tard, ils se sont mariés et je ne me souviens pas d'avoir assisté à un plus beau mariage.

Imaginez maintenant qu'une amie, Christiane, qui connaît aussi Émilie et Rémi, vous demande des précisions sur la lettre que vous venez de recevoir. Formulez des phrases avec des verbes pronominaux en utilisant les indications données dans votre cahier.

1. **Christiane :** Comment Émilie et Rémi se sont-ils rencontrés ?
   Vous : Ils se sont rencontrés au lycée.
2. **Christiane :** Quand est-ce que cela a été le coup de foudre entre eux ?
   Vous : Dès qu'ils se sont vus, cela a été le coup de foudre.
3. **Christiane :** Est-ce qu'ils étaient amis, est-ce qu'ils discutaient ensemble ?
   Vous : Non, ils ne se parlaient pas, mais ils se regardaient souvent du coin de l'œil.
4. **Christiane :** Comment se sont-ils parlé pour la première fois ?
   Vous : Un jour Émilie s'est blessée et Rémi l'a aidée à aller à l'infirmerie.
5. **Christiane :** Que s'est-il passé ensuite ?
   Vous : Ils se sont revus plusieurs fois.
6. **Christiane :** Comment ont réagi les parents d'Émilie ?
   Vous : Ils se sont étonnés de ne plus voir leur fille travailler aussi assidûment qu'auparavant, et ils se sont inquiétés.
7. **Christiane :** De quoi se sont-ils rendu compte ?
   Vous : Ils se sont rendu compte qu'elle passait beaucoup de temps au téléphone et qu'elle sortait beaucoup le soir. Alors, ils se sont souvenus de leurs années au lycée avec nostalgie.
8. **Christiane :** Qu'a fait Émilie après son baccalauréat ?
   Vous : Après son baccalauréat, Émilie s'est inscrite à l'université.
9. **Christiane :** Qu'a fait Rémi après le lycée ?
   Vous : Rémi s'est engagé dans la marine. Il est parti autour du monde pendant un an et demi.
10. **Christiane :** Comment avaient-ils des nouvelles l'un de l'autre ?
    Vous : Ils s'écrivaient trois fois par semaine.
11. **Christiane :** Que faisait Émilie pendant ce temps ?
    Vous : Pendant ce temps, Emilie se dépêchait de finir sa maîtrise.
12. **Christiane :** Que s'est-il passé deux ans après ?
    Vous : Deux ans après, ils se sont mariés.

CONVERSATIONS DIRIGÉES

Conversation 1

Imaginez qu'un ami, Bernard, vous pose des questions sur la vie quotidienne. Répondez à ses questions selon les indications de votre cahier.

Exemple :

Vous entendez Bernard dire : À quelle heure te couches-tu ?
Votre cahier indique : Je (se coucher / minuit)
Vous dites : Je me couche à minuit.

Situation 1 : Les activités quotidiennes

1. **Bernard :** À quelle heure te lèves-tu ?
   Vous : Je me lève à 9 heures du matin.
2. **Bernard :** Est-ce que tu te dépêches pour aller à tes cours le matin ?
   Vous : Oui, je me dépêche pour aller à mes cours.
3. **Bernard :** Quand tu fais ta toilette, est-ce que tu te brosses les cheveux ?
   Vous : Je me brosse les cheveux quand je fais ma toilette.
4. **Bernard :** Quand tu vas à tes cours, est-ce que tu t'assieds toujours à la même place ?
   Vous : Oui, je m'assieds toujours à la même place.

5. **Bernard :**   Est-ce que tu t'endors pendant les conférences ?
   Vous :   Non, je ne m'endors pas pendant les conférences.
6. **Bernard :**   Que fais-tu pour te détendre le week-end ?
   Vous :   Pour me détendre, je fais du Tai Chi.

Situation 2 : Souvenirs d'enfance

Maintenant, imaginez qu'une amie, Chantal, vous pose des questions sur vos souvenirs d'enfance. Répondez selon les indications de votre cahier.

1. **Chantal :**   Te disputais-tu quelquefois avec tes parents quand tu étais jeune ?
   Vous :   Oui, je me disputais quelquefois avec mes parents quand j'étais jeune.
2. **Chantal :**   Est-ce que tu te moquais de tes frères ?
   Vous :   Non, je ne me moquais pas de mes frères.
3. **Chantal :**   Est-ce que tes camarades de classe se moquaient de toi ?
   Vous :   Oui, mes camarades de classe se moquaient de moi.
4. **Chantal :**   Est-ce que tes parents se fâchaient contre toi ?
   Vous :   Non, mes parents ne se fâchaient pas contre moi.
5. **Chantal :**   Est-ce que tu t'entendais bien avec tes instituteurs ?
   Vous :   Non, je ne m'entendais pas bien avec mes instituteurs.
6. **Chantal :**   Comment vous et vos amis vous amusiez-vous le week-end ?
   Vous :   Pour nous amuser, nous faisions des parties de pêche.

Situation 3 : En retard

Maintenant, imaginez que vous et vos amis êtes arrivés avec deux heures de retard pour un dîner important. Votre hôte, Mme Tisserand, vous pose des questions auxquelles vous répondez selon les indications de votre cahier.

1. **Mme Tisserand :**   Vous êtes-vous perdus en route ?
   Vous :   Oui, nous nous sommes perdus en route.
2. **Mme Tisserand :**   S'est-il mis à pleuvoir ?
   Vous :   Oui, il s'est mis à pleuvoir.
3. **Mme Tisserand :**   Pourquoi ne vous êtes-vous pas arrêtés dans une station-service pour nous prévenir ?
   Vous :   Nous nous sommes arrêtés dans une station-service, mais le téléphone était en dérangement.
4. **Mme Tisserand :**   Vous ne vous êtes pas trop ennuyés pendant le voyage ?
   Vous :   Non, nous ne nous sommes pas ennuyés, mais nous nous sommes beaucoup inquiétés à cause de notre retard.

Conversation II

Vocabulaire

Trêve de fantaisie !   *No more whims!*

Martin et Mariette organisent un voyage à la Côte d'Azur auquel vous allez participer. Malheureusement, vous et vos amis n'êtes pas toujours d'accord. Dans la conversation suivante, utilisez les indications de votre cahier pour ajouter votre perspective à la conversation.

Situation : Projet de voyage Paris–Côte d'Azur

Exemple :

Vous entendez :   **Martin :**   Je regarderai la télé avant de me coucher ce soir.
   Mariette :   Moi non, je ne regarderai pas la télé avant de me coucher. Il faut que je dise au revoir à mes amis.
Votre cahier indique :   Moi non plus, je ne regarderai pas la télé avant de me coucher. Je (se promettre) de finir le roman que j'ai commencé il y a un mois.
   Vous dites :   Moi non plus, je ne regarderai pas la télé avant de me coucher. Je me suis promis de finir le roman que j'ai commencé il y a un mois.

1. **Martin :** Nous nous lèverons à l'aube pour partir avant la circulation.
    Mariette : Non, nous ne nous lèverons pas à l'aube. Je ne me couche jamais avant minuit ou une heure du matin.
    Vous : Moi non plus. Je refuse de me lever avant dix heures du matin.
2. **Martin :** Nous ne ferons pas notre toilette ; je ne me raserai pas.
    Mariette : Et on partira en sentant comme des cochons ! Si tu me permets une suggestion, lave-toi la veille. Comme ça, nous ne perdrons pas de temps le matin.
    Vous : Pendant que vous discutez d'hygiène personnelle, moi, je vais m'occuper de choses sérieuses. Les valises ne sont pas faites.
3. **Mariette :** Ne t'agite pas comme ça ! Nous n'emportons presque rien. Des bikinis, des shorts, quelques T-shirts.
    Vous : Justement, rien ! Je n'ai rien à me mettre.
4. **Martin :** Si tu te dépêches-tu peux encore arriver au magasin avant la fermeture.
    Vous : Comment veux-tu que je fasse ça en un quart d'heure ? Je n'aime pas m'y prendre à la dernière minute, tu le sais bien.
5. **Martin :** Comme tu veux. Revenons à notre itinéraire. Nous nous arrêterons en route pour le petit déjeuner. Je connais un bon endroit.
    Mariette : Non, nous ne nous arrêterons pas. Nous prendrons un café avant de monter en voiture.
    Vous : Ni l'un ni l'autre. J'ai un thermos dont nous pouvons nous servir. Nous boirons le café en route.
6. **Martin :** Et mes tartines à la confiture ? Tu sais bien que je ne me déplace pas d'un pas le matin sans manger.
    Mariette : Pour une fois tu peux bien t'en passer.
    Vous : Ah, non ! Dans la vie il ne faut pas se priver. Emportons des œufs durs et des sandwiches au pâté pour le déjeuner.
7. **Martin :** Pourquoi est-ce que je me contenterais d'un casse-croûte, quand nous pouvons descendre dans des relais gastronomiques ? Nous pouvons nous servir de l'itinéraire de mes parents. Ils font souvent le trajet pour raisons d'affaires et connaissent tous les bons endroits.
    Mariette : Tu parles ! Comme si on avait les mêmes moyens ! Avec quel argent s'offrira-t-on les hostelleries de grand luxe ?
    Vous : Tu as raison. J'ai déjà du mal à me tirer d'affaire avec ce que je gagne. Et n'oublie pas que je n'ai rien à me mettre sur le dos !
8. **Martin :** Bon, ça marche pour les auberges de jeunesse. Au moins, on ne s'ennuiera pas. Pour notre première étape, nous devrions nous arrêter à Fontainebleau pour nous promener dans la forêt.
    Mariette : [ironique] Et puis chasser des papillons ! On se promènera quand on arrivera à destination.
    Vous : Pour une fois je suis d'accord. Les gens qui se baladent sur la Croisette sont quand même plus drôles que les écureuils faisant des provisions de noix pour l'hiver.
9. **Martin :** On voit bien que la nature te laisse indifférente. Il y a pourtant tant d'endroits pittoresques où l'on peut se promener, surtout quand nous serons dans le Midi.
    Mariette : Par exemple ?
    Martin : [*de plus en plus transporté*] Je connais un domaine privé près de Cannes avec un parc où se dressent d'immenses cyprès qui mènent à des grottes obscures peuplées de statues antiques. Nous nous assiérons sur un banc de marbre, dans un endroit calme, loin de la foule et nous contemplerons la mer au loin et le reflet des arbres dans l'eau limpide des bassins...
    Mariette : Mais tu te moques de nous ! Je ne m'intéresse aucunement à la méditation. Je propose qu'on s'installe dans un cabaret ; qu'on se commande une bonne bouteille de vin et que...
    Vous : Trêve de fantaisie ! Si nous continuons à nous disputer, nous ne partirons jamais.
    Martin : [découragé] Je me rends compte un peu tard que j'aurais mieux fait de prendre le train !

Conversation III

Élizabeth parle au téléphone à son mari Christian qui vient de partir en voyage d'affaires ; elle lui fait des reproches. Le mari se défend comme il peut. Jouez le rôle de Christian en utilisant les indications données entre parenthèses.

Exemple :

Vous entendez Élizabeth dire :   Tu as oublié les sandwiches que j'avais préparés pour toi.

Votre cahier indique :   Je (s'en souvenir) dans l'avion ; c'est bien dommage.

Vous dites :   Je m'en suis souvenu dans l'avion ; c'est bien dommage.

1. **Élizabeth :** Tu ne t'es pas souvenu de fermer les fenêtres.
   Christian : En effet, mais je me suis souvenu d'éteindre le chauffage.
2. **Élizabeth :** Tu ne t'es pas aperçu qu'il y avait une fuite d'eau dans la salle de bains.
   Christian : Je m'en suis rendu compte, mais je n'ai pas eu le temps de la réparer avant de partir en voyage.
3. **Élizabeth :** J'ai pensé que j'irais chez mes parents pendant ton absence.
   Christian : Ne t'ennuieras-tu pas ? Je ne comprends pas pourquoi ils se sont installés dans une ferme perdue en Bretagne.
4. **Élizabeth :** Il faut bien que j'y aille seule. Tu ne t'es jamais senti à l'aise à la campagne ; du moins, c'est ce que tu me dis chaque fois qu'on parle d'aller voir papa et maman.
   Christian : En fait, il ne s'agit pas de la campagne. Tu sais bien que je ne me suis jamais entendu avec ton père. Nous nous disputons à chaque visite. À mon avis, les commis-voyageurs valent autant que les fermiers. Je ne vois pas pourquoi il se moque de moi simplement parce que je préfère la ville à la campagne.
5. **Élizabeth :** Ah, elle est bien bonne, celle-là ! Ne te souviens-tu pas de notre dernière visite ? Quelle scène ! Je ne te croyais pas capable de faire des remarques aussi désobligeantes.
   Christian : Je ne me souviens pas de grand'chose. Tu sais bien que j'avais pris un verre de trop. J'avais les idées troubles. Je ne me suis pas aperçu que tu me faisais signe de me taire. Je me suis emporté, c'est vrai, mais c'est bien la première fois que cela m'est arrivé.

TEXTES DE COMPRÉHENSION

Compréhension globale

Vocabulaire

Je me suis pourtant fait une omelette   *And yet I made myself an omelette*
si je me dépêche   *if I hurry*
Nous nous entendions   *We got along*

Écoutez le texte. Ensuite, répondez aux questions.

«Histoire de Lise»

Narratrice : Lise, une jeune femme d'environ vingt-cinq ans, était assise sur un banc dans le jardin du Luxembourg. De temps à autre, elle se levait pour mieux voir les gens qui entraient dans le parc. Puis, tout à coup, elle s'est demandé :

Lise : Est-ce que je me suis maquillée et peignée avant de quitter le bureau pour déjeuner ?

Narratrice : Et elle a vite sorti son miroir de poche pour se rassurer. Puis, elle a regardé sa montre.

Lise : Seulement midi cinq... et je meurs de faim. Est-ce que j'ai oublié de prendre mon petit déjeuner ce matin ? Je me suis pourtant fait une omelette, mais je ne me souviens pas de l'avoir mangée. Je ne sais pas non plus si les enfants sont bien partis pour l'école. Ils se sont levés à sept heures. Non, c'était hier. Je le sais parce qu'ils ont fait tant de bruit dans la cuisine que cela m'a réveillée.
(speaker on tape mumbles here)

Narratrice : Lise regardait autour d'elle de plus en plus troublée.

Lise : Mais où est Marcel ? Nous nous sommes pourtant donné rendez-vous devant la fontaine à midi. Ou était-ce devant le Louvre ? Mon Dieu ! Il m'attend sans doute ; si je me dépêche... peut-être en taxi... non, c'est trop tard. Que va-t-il penser cette fois-ci ? Voilà au moins la sixième fois qu'il m'attend en vain ! Quand nous nous retrouverons ce soir, il va encore se mettre en colère. Si seulement il ne devenait pas violent ! Comme il a changé en six ans ! Nous nous entendions si bien au début de notre mariage. Maintenant, il se plaint du matin au soir, et moi, il y a des jours où je ne me souviens presque plus qui je suis. Qu'est-ce que nous allons devenir si ça continue ?

Compréhension, dictée et interprétation

Vocabulaire

Platesbandes = plates bandes   *border plants*
j'avais conquis les bonnes grâces   *I had gained the favor*
propreté   *cleanliness; hygiene*
propre   *clean*
en dedans   *on the inside*
pâte   *dough*
fabricant   *manufacturer*
je me débarbouille   *I wash my face*
linge   *linens; undergarments*
bottines   *ankle boots*
Ça creuse l'estomac   *It whets the appetite*
œufs à la coque   *soft boiled eggs*
poussière   *dust*
je me fais donner un dernier coup de peigne   *I have my hair combed one last time*
potage   *soup*

épluchée   *peeled*
cuisinière   *cook*
fabricant   *manufacturer*
nappe   *tablecloth*
couteaux   *knives*
tranche   *slice*
bout   *piece*
Ça me donnait mal au cœur   *It made me nauseous*
ça n'était pas propre   *(idiomatic expression) that was not on the up and up, not appropriate*
fraises des bois   *wild strawberries*
cueillies   *picked*
bois   *forests*
j'ai éclaté   *I exploded*
mal élevé   *impolite*
pardessus   *coat*

L'Homme propre
Charles Cros

En écoutant le monologue de Charles Cros, écrivez les mots qui manquent dans le texte reproduit dans votre cahier. Ensuite, répondez aux questions.

L'homme propre : Je n'ai pas dîné parce que j'ai eu la bêtise d'accepter à dîner chez Oscar.

Oh ! je ne dîne jamais en ville, je souffre trop ; mais la marquise des Platesbandes et sa fille devaient dîner chez Oscar. L'autre jour j'avais conquis les bonnes graces de la marquise en lui donnant la recette d'une eau antipelliculaire qui est de tradition dans ma famille.

Je dis donc à Oscar : Elle est charmante, mademoiselle des Platesbandes. Alors le voilà qui organise ce fameux dîner de ce soir. C'est un garçon intelligent, paraît-il, mais il n'est pas... il n'a pas l'habitude, le culte de la propreté. Moi, je n'ai pas une imagination extraordinaire ; mais au moins je suis propre !

Ce matin, je m'éveille. Je pense : dîner chez Oscar. Enfin !

Je prends mon bain. Comme tous les jours j'ai mon heure de pédicure, mon heure de manucure, ma demi-heure de coiffure du matin. Et je déjeune. Quatre œufs à la coque ; j'aime ça parce que personne ne touche les œufs en dedans. Je mange du pain fait à la mécanique... personne ne touche à la pâte : au sortir du four on me le met dans une serviette et on me l'apporte. Je bois de l'eau filtrée sur ma table, un petit filtre, excellent système... (Je vous donnerai l'adresse du fabricant.)

Après déjeuner, je me lave les mains, je me débarbouille, je change de linge, je mets des bottines fraîches, je me relave les mains et je sors. Je vais chez Auguste me faire brosser la tête : vous savez ?... le shampooing. Je vais au shampooing tous les jours, de trois à quatre heures.

Ça creuse l'estomac, le shampooing, quand on n'a pris que des œufs à la coque. Je rentre donc ; je me lave les mains, je me débarbouille... (la poussière, en route). Je change de linge, de costume, je mets des bottines fraîches, je me relave les mains et je sors. Chez

Auguste <u>je me fais donner</u> un dernier coup de peigne et en route ! Chez Oscar ! puisque le dîner était pour six heures.

Bonsoir madame, bonsoir Oscar, bonsoir madame la marquise, bonsoir mademoiselle, bonsoir tout le monde. Je demande <u>à me laver les mains</u> (la poussière).

Dans le potage je trouve une petite carotte nouvelle — j'aime assez les carottes — épluchée à la main ! (La main de la cuisinière !)

Chez moi on épluche les légumes à la machine, en tournant comme ça... (Je vous donnerai le nom du fabricant.)

Je ne touche pas au potage. On fait passer le pain, <u>coupé à la main</u>, sur une assiette. Je ne dis rien. J'en prends un morceau ; je le fais tomber dans ma serviette, qui était propre, c'est vrai. (C'est la seule chose propre qu'il y avait à table.) —Ah si, il y avait encore la nappe et les couteaux qui paraissaient propres. <u>Je coupe une petite tranche</u> en dessus de mon pain, une petite tranche en dessous, et je pèle la croûte tout autour. J'avais, comme ça, un petit noyau de mie assez propre. (C'était du pain fait à la mécanique ; j'avais averti.)

Oscar a eu l'air de remarquer mon petit travail et il a commencé à me faire un nez.

Eh ! bien, je n'ai mangé que ce bout de mie de pain. Tout ce qu'on a servi me faisait penser à la cuisinière qui avait ficelé l'aloyau, troussé la dinde, écossé les flageolets.

Ça me donnait mal au cœur, rien que de voir manger tout ça aux autres.

<u>Je n'ai bu qu'un peu de Bordeaux</u>, parce qu'on le fabrique assez proprement. À Bordeaux, ils ne foulent plus le vin comme ça ... (geste des pieds). Ils font ça à la machine...

À chaque assiette qu'on emportait pleine de devant moi, Oscar devenait de plus en plus sombre : il sentait <u>que tout ça n'était pas propre</u>.

Oh ! j'ai eu de la patience ! Mais quand j'ai vu la marquise et sa fille (sa fille ! manger des fraises des bois <u>sans les laver</u>, des fraises cueillies dans les bois — ce n'est pas propre, les bois — et cueillies avec les mains... — ce n'est pas propre, les mains. Quand j'ai vu ça, <u>je me suis levé de table</u>, j'ai éclaté, j'ai dit à Oscar : Non ! tu n'es pas propre, rien n'est propre chez toi, pas même les invités !

Oscar a pâli, <u>s'est levé, m'a montré la porte</u> pendant que la marquise faisait respirer un flacon à sa fille en lui disant :

Tu avais raison ! Ce monsieur est décidément très mal élevé.

J'ai haussé les épaules, j'ai quitté la salle, j'ai demandé de quoi me laver les mains, mais Oscar me suivait ; <u>il m'a mis mon pardessus sur la tête</u> et a lancé mon chapeau sur le palier. La porte s'est fermée et... (un temps, plusieurs grimaces).

... Mais qu'est-ce que j'ai ? Ah ! c'est mon estomac... Je m'en vais ; il faut que je rentre changer de bottines, <u>me laver les mains, et manger</u>...

Manger quoi à cette heure-ci ? Ah ! bah ! encore quatre œufs à la coque, au moins <u>personne n'y touche en dedans</u>. Oh ! vous savez, si je pars, ce n'est pas tant la faim, que... (il chiquenaude son habit)... enfin ce n'est pas propre ici ! Bonsoir.

Chapitre 8   La Négation

Programme de laboratoire

MISE EN PRATIQUE

Exercice 1

M. Colin a eu un petit accident au rond-point des Champs-Élysées. Il est interrogé par un agent, qui cherche à savoir ce qui s'est passé. Vous jouerez le rôle de M. Colin et utiliserez la négation dans vos réponses.

Exemple :

Vous entendez l'agent dire :   Alors, que s'est-il passé exactement ?

Votre cahier indique :   Je m'excuse, avec le choc, je (ne pas encore / retrouver) mes esprits.

Vous dites :   Je m'excuse, avec le choc, je n'ai pas encore retrouvé mes esprits.

1. **L'agent :** À quelle vitesse circuliez-vous ?
    Vous : Je n'en ai aucune idée. Mais je ne circulais pas vite.
2. **L'agent :** Procédons au contrôle de routine. Je vais mesurer votre taux d'alcoolémie. Veuillez souffler dans le ballon.
    Vous : Mais, je n'ai rien bu ! Je n'aime pas les boissons alcoolisées.
3. **L'agent :** Tout est normal… Racontez-moi donc l'accident.
    Vous : Je n'ai pas eu le temps d'éviter le camion qui venait d'en face. Je ne l'ai pas vu.
4. **L'agent :** Vous voulez dire que le camion a pris le rond-point des Champs-Élysées en sens inverse ?
    Vous : Oui, je n'ai jamais vu une chose pareille !
5. **L'agent :** Vous avez une chance incroyable d'être encore vivant.
    Vous : Je pensais qu'il n'y avait rien à craindre en voiture. Je n'ai jamais eu peur au volant avant aujourd'hui.
6. **L'agent :** Une dernière chose, avez-vous vos papiers pour la déclaration d'accident ?
    Vous : Je n'ai pas encore reçu ma nouvelle carte d'assurance.

Exercice 2

Hughes a mis une petite annonce dans un journal pour trouver un colocataire de son petit appartement. Daniel a répondu à la petite annonce. Hughes pose des questions à Daniel sur ses habitudes. Daniel y répond négativement. Vous jouerez le rôle de Daniel et utiliserez les indications données dans votre cahier pour formuler les réponses.

Exemple :

Vous entendez Hughes demander :   Comptez-vous préparer vos repas ?

Votre cahier indique :   Non, je (ne pas faire) la cuisine.

Vous dites :   Non, je ne fais pas la cuisine.

1. **Hughes :** Est-ce que vous avez l'habitude de sortir tard le soir ?
    Daniel : Non, je ne sors presque jamais tard le soir.
2. **Hughes :** Je cherche quelqu'un de calme pour vivre dans cet appartement. Vous comprenez... Je suis illustrateur et j'ai besoin de silence.
    Daniel : Je ne fais jamais de bruit excepté quand je joue du trombone.
3. **Hughes :** Vous jouez du trombone ? Remarquez, si c'est durant la journée, cela ne pose pas de problème.
    Daniel : Justement, je ne joue que la nuit. Je ne suis jamais inspiré avant trois heures du matin.
4. **Hughes :** Bien, c'était une chose importante. Je voulais aussi vous dire, je déteste les animaux. Je les trouve bruyants et encombrants.
    Daniel : Je ne pense pas que cela pose un problème. Mon berger des Pyrénées est très calme et docile.
5. **Hughes :** Je vois... Autre chose, est-ce que vous fumez ?
    Daniel : Je ne fume pas la cigarette, mais je fume le cigare.

6. **Hughes :**   Je ne pense pas que vous puissiez convenir, vous jouez du trombone la nuit, vous fumez le cigare et vous avez un gros chien ; décidément, c'est trop pour moi !

   Daniel :   Je ne comprends pas. Je ne vois pas où est le problème.

Exercice 3

Écoutez. Ensuite, répondez aux questions au négatif. Paul et son frère aîné Julien font leurs études. Paul est au lycée et passera son bac dans deux mois. Julien est à la Sorbonne et prépare un doctorat d'État. Leur sœur Nicole est journaliste et travaille pour France-Soir.

1. Paul a-t-il déjà reçu son baccalauréat ?
   Vous :   Non, il n'a pas encore reçu son baccalauréat.
2. Julien est-il au lycée ?
   Vous :   Non, il n'est plus au lycée.
3. La thèse de doctorat de Julien est-elle déjà terminée ?
   Vous :   Non, elle n'est pas encore terminée.
4. Nicole est-elle encore étudiante ?
   Vous :   Non, elle n'est plus étudiante.
5. Julien travaille-t-il à *France Soir* ?
   Vous :   Non, il ne travaille pas à *France Soir.*

Exercice 4

Écoutez d'abord le texte suivant.

Trois Américains en visite à Paris n'arrivent pas à s'entendre sur ce qu'ils veulent voir. Thomas, musicien, veut aller à l'Opéra de Paris et voir une représentation de Carmen. Lise, qui adore la peinture, veut aller au Louvre et au Centre Pompidou. John, qui ne connaît pas Paris, voudrait se promener au Quartier Latin.

Maintenant, refaites les phrases que vous entendrez en utilisant la négation indiquée.

Exemple :

Vous entendez :	Thomas veut visiter le Quartier Latin et Montmartre.
Votre cahier indique :	Non, Thomas (ne... / ni... / ni... / vouloir visiter...)
Vous dites :	Non, Thomas ne veut visiter ni le Quartier Latin ni Montmartre.

1. Thomas, Lise et John veulent faire la même chose.
   Vous :   Non, ils ne veulent pas faire la même chose.
2. Thomas, Lise et John sont toujours d'accord.
   Vous :   Non, ils ne sont jamais d'accord.
3. John est déjà venu à Paris.
   Vous :   Non, il n'est jamais venu à Paris.
4. John veut aller au Louvre et au Centre Pompidou.
   Vous :   Non, John ne veut aller ni au Louvre ni au Centre Pompidou.

CONVERSATIONS DIRIGÉES

Conversation 1

Écoutez d'abord la conversation entre Daniel et Pauline. Ensuite, intervenez en disant le contraire de ce que dit Pauline. Utilisez les indications données dans votre cahier.

Exemple :

Vous entendez Daniel dire :	À quelle heure te couches-tu ?
Vous entendez Pauline répondre :	Je me couche toujours à dix heures.
Votre cahier indique :	Oh moi, je... (se coucher) avant une heure du matin.
Vous dites :	Oh moi, je ne me couche jamais avant une heure du matin.

1. **Daniel :** Quelle sorte de concerts aimes-tu le mieux ?
   Pauline : J'aime les récitals de violon.
   Vous : Moi non, je n'aime pas la musique classique. Je préfère les concerts de musique punk.
2. **Daniel :** As-tu déjà fait du ski à Vail ?
   Pauline : Oui, je suis allé plusieurs fois à Vail.
   Vous : Moi non, je n'ai pas fait de ski à Vail.
3. **Daniel :** Prends-tu du sucre et du lait dans ton thé ?
   Pauline : Oui, je prends du sucre et du lait dans mon thé.
   Vous : Moi non, je ne prends ni sucre ni lait dans mon thé.
4. **Daniel :** Quelles danses aimes-tu ?
   Pauline : J'aime la valse et la polka.
   Vous : Je n'aime ni la valse ni la polka.
5. **Daniel :** Est-ce que quelqu'un est venu te voir hier soir ?
   Pauline : Oui, mon frère cadet est venu me voir.
   Vous : Personne n'est venu me voir hier soir.
6. **Daniel :** Écris-tu des articles pour le quotidien du campus ?
   Pauline : Oui, j'écris des éditoriaux.
   Vous : Moi non, je n'écris rien pour le quotidien du campus.
7. **Daniel :** Voudrais-tu devenir cosmonaute ?
   Pauline : Oui, je voudrais devenir cosmonaute.
   Vous : Moi non, je ne voudrais pas devenir cosmonaute.
8. **Daniel :** Est-ce que quelque chose est arrivé à ta voiture ?
   Pauline : Oui, mon moteur est en panne.
   Vous : Non, rien n'est arrivé à ma voiture.
9. **Daniel :** Est-ce que tu as lu Pascal et Descartes en français ?
   Pauline : Oui, j'ai lu Pascal et Descartes dans mon cours de philosophie.
   Vous : Non, je n'ai lu ni Pascal ni Descartes dans mon cours de philosophie.
10. **Daniel :** As-tu parlé de mon invention à quelqu'un ?
    Pauline : Oui, je l'ai mentionnée à tous mes amis.
    Vous : Non, je ne l'ai mentionnée à personne.
11. **Daniel :** Écris-tu souvent à tes parents ?
    Pauline : Oui, je leur écris presque tous les week-ends.
    Vous : Moi non, je ne leur écris pas tous les week-ends.

Conversation II

Vocabulaire

ADN *DNA*

Imaginez que vous êtes à table avec des amis qui racontent leurs activités. Vous êtes la seule personne qui ait une vie terne où il ne se passe jamais rien. Pour chacune des affirmations que vous entendrez, faites une phrase négative selon les indications données dans votre cahier.

Exemple :

Vous entendez Fabienne dire :	J'ai entendu un bruit dehors, alors j'ai regardé par la fenêtre et j'ai vu quelque chose de bizarre.
Votre cahier indique :	Tiens, c'est curieux. J'ai aussi regardé par la fenêtre et je... (ne rien voir) de bizarre.
Vous dites :	Tiens, c'est curieux. J'ai aussi regardé par la fenêtre et je n'ai rien vu de bizarre.
Vous entendez Bertrand dire :	En sortant de la bibliothèque, j'ai vu quelqu'un de suspect.
Votre cahier indique :	En sortant de la bibliothèque, je (ne voir personne).
Vous dites :	En sortant de la bibliothèque, je n'ai vu personne de suspect.

1. **Fabienne :** Je suis restée dans ma chambre et j'ai lu toute la journée.
   Vous : Je n'ai rien fait.

2. **Bertrand :**   Je suis allé au café et j'ai parlé à tous mes amis.
   Vous :   Je suis allé(e) au café et je n'ai parlé à personne.
3. **Fabienne :**   J'ai relu le chapitre sur l'ADN et j'ai très bien compris.
   Vous :   J'ai relu le chapitre sur l'ADN et je n'ai rien compris.
4. **Bertrand :**   La conférence du professeur était très claire.
   Vous :   La conférence du professeur n'était pas du tout claire.
5. **Fabienne :**   J'aime la salade et les fruits.
   Vous :   Je n'aime ni la salade ni les fruits.
6. **Bertrand :**   J'ai pris du riz et du poulet pour mon dîner.
   Vous :   Je n'ai pris ni riz ni poulet pour mon dîner.
7. **Fabienne :**   Mes parents m'envoient encore régulièrement de l'argent.
   Vous :   Mes parents ne m'envoient plus d'argent.
8. **Bertrand :**   Mes parents me téléphonent toujours le week-end.
   Vous :   Mes parents ne me téléphonent jamais.
9. **Fabienne :**   J'ai déjà choisi une carrière.
   Vous :   Je n'ai pas encore choisi de carrière.
10. **Bertrand :**   La compagnie Megatruc m'a offert un poste permanent.
    Vous :   La compagnie Megatruc ne m'a rien offert de permanent.
11. **Fabienne :**   Tous mes amis m'écrivent quand ils sont en vacances.
    Vous :   Aucun de mes amis ne m'écrit quand ils sont en vacances.
12. **Bertrand :**   Mes amis ont toujours des aventures incroyables.
    Vous :   Mes amis n'ont jamais d'aventures incroyables.
13. **Fabienne :**   J'ai très envie de vous parler.
    Vous :   Je n'ai pas du tout envie de vous parler.
14. **Bertrand :**   Plusieurs universités m'ont offert une bourse.
    Vous :   Aucune université ne m'a offert de bourse.
15. **Fabienne :**   J'irai quelque part, au Canada, au Mexique ou au Pérou cet été.
    Vous :   Je n'irai nulle part cet été.
16. **Bertrand :**   Je vais rencontrer beaucoup de nouveaux amis.
    Vous :   Je ne vais rencontrer personne.
17. **Fabienne :**   Quelqu'un m'a parlé de l'incident hier soir.
    Vous :   Personne ne m'a parlé de l'incident.
18. **Bertrand :**   J'ai bien compris pourquoi les étudiants ont fait une émeute.
    Vous :   Moi, je n'ai pas du tout compris pourquoi les étudiants ont fait une émeute.

Conversation III

Imaginez qu'un ami, Maurice, vous pose les questions suivantes. Répondez négativement aux questions en utilisant les indications de votre cahier.

Exemple :

Vous entendez Maurice dire :   Bois-tu quelquefois du saké le matin ?
Votre cahier indique :   Non, je... (ne... jamais / boire / saké).
Vous dites :   Non, je ne bois jamais de saké le matin.

1. **Maurice :**   Est-ce que quelqu'un t'a invité au cinéma récemment ?
   Vous :   Personne ne m'a invité au cinéma récemment.
2. **Maurice :**   Est-ce que quelque chose de drôle est arrivé au professeur ?
   Vous :   Rien de drôle n'est arrivé au professeur.
3. **Maurice :**   As-tu déjà lu un roman en norvégien ?
   Vous :   Non, je n'ai jamais lu de roman en norvégien.
4. **Maurice :**   Est-ce que Jérôme t'a encore parlé de ses soucis financiers ?
   Vous :   Non, il ne m'a plus parlé de ses soucis financiers.
5. **Maurice :**   Est-ce que tu as déjà vu un film de la Nouvelle Vague ?
   Vous :   Non, je n'ai pas encore vu de film de la Nouvelle Vague.
6. **Maurice :**   Est-ce que tu as raconté cette histoire invraisemblable à quelqu'un ?
   Vous :   Non, je n'ai raconté cette histoire invraisemblable à personne.

7. **Maurice :** Est-ce que quelques-uns de tes amis connaissent cette blague ?
      Vous : Non, aucun de mes amis ne connaît cette blague.
8. **Maurice :** Est-ce que tu prends des vitamines tous les jours ?
      Vous : Non, je ne prends pas de vitamines tous les jours.

Conversation IV

Imaginez qu'une amie, Marianne, vous pose les questions suivantes. Répondez négativement.

Exemple :

   Vous entendez Marianne dire :   Lis-tu quelquefois des romans de science-fiction ?
   Votre cahier indique :   Moi non, je... (lire)...
   Vous dites :   Moi non, je ne lis jamais de romans de science-fiction.

1. **Marianne :** Quand je vais au cours, j'apprends quelque chose. Et toi ?
      Vous : Moi non, je n'apprends rien.
2. **Marianne :** Tout le monde veut sortir avec moi. Et toi ?
      Vous : Moi non, personne ne veut sortir avec moi.
3. **Marianne :** Les amis de mes parents m'invitent à toutes leurs soirées. Et toi ?
      Vous : Moi non, les amis de mes parents ne m'invitent à aucune de leurs soirées.
4. **Marianne :** Je sais déjà ce que je veux faire dans la vie. Et toi ?
      Vous : Moi non, je ne sais pas encore ce que je veux faire dans la vie.
5. **Marianne :** Après mes études, j'irai partout dans le monde. Et toi ?
      Vous : Moi non, après mes études, je n'irai nulle part.
6. **Marianne :** Je deviendrai sénateur ou gouverneur. Et toi ?
      Vous : Moi non, je ne deviendrai ni sénateur ni gouverneur.
7. **Marianne :** Je ferai quelque chose d'important. Et toi ?
      Vous : Moi non, je ne ferai rien d'important.
8. **Marianne :** Tout le monde parlera de moi. Et toi ?
      Vous : Moi non, personne ne parlera de moi.

TEXTES DE COMPRÉHENSION

Compréhension globale

Vocabulaire

lycéens *high school students*	crayon *pencil*
ils n'avaient guère vu *they had hardly noticed*	magnétophone *tape recorder*
au fond de *at the back of*	posé sur ses genoux *on his lap*
droit devant lui *straight ahead of him*	promenait sa main sur les pages *was running his hands over the pages*
inconnu *stranger*	
pourtant *nevertheless*	aveugle *blind*
boulier *abacus*	

Écoutez le texte. Ensuite, répondez aux questions.

Nicolas

C'était la rentrée... le premier jour des classes. Tous les jeunes lycéens étaient contents de se retrouver après l'été, mais ils n'avaient aucune envie de travailler. Tout occupés qu'ils étaient à parler de leurs vacances, ils n'avaient guère vu un nouvel étudiant qui était assis au fond de la classe et qui regardait droit devant lui, un sourire aux lèvres. L'inconnu, que rien de spécial ne distinguait des autres, semblait pourtant différent.

   Le professeur a commencé la leçon de mathématiques. Le nouveau venu, qui s'appelait Nicolas, a sorti un boulier de sa serviette. Ses camarades, qui n'avaient jamais vu cet ancien instrument de calcul, ont regardé Nicolas avec étonnement. Pourquoi ce jeune homme n'employait-il ni crayon ni papier comme eux ? Leur étonnement était grand quand Nicolas a levé la main pour répondre correctement. Pendant la leçon d'histoire, personne n'a remarqué un magnétophone miniature que Nicolas avait posé sur ses genoux.

La cloche a sonné pour la récréation. Tout le monde est sorti sauf Nicolas. Celui-ci, resté à sa place, promenait sa main sur les pages d'un livre qu'il ne regardait pas du tout. Les camarades de classe de Nicolas n'apprendraient que plus tard que leur nouvel ami était aveugle.

Compréhension, dictée et interprétation

Vocabulaire

émerveillement   *astonishment*
chaisière   *chair attendant*
je prêtais l'oreille   *I lent an ear*
étoffes déchirées   *torn fabrics*
objets hors d'usage   *obsolete*
caillou   *pebble*
moulin à café   *coffee grinder*
afin de   *in order to*
indéchiffrable   *unreadable; undeciferable*
gants   *gloves*
Bohémiens   *Gypsies*
flacon   *flask, bottle*
étiquette   *label*
répandu   *spread*
taches d'encre   *ink blots*
âme   *soul*
poids   *weight*
voués à   *devoted to*
m'eût passé son arme à travers le corps
     would have thrust his sword through my body

grimaces   *grins; wry faces; grimaces*
garder   *to keep*
Sauter à pieds joints   *To jump keeping one's feet together*
argot   *slang*
ma biche   *my darling, my dear*
Rêve-qui-peut   « *Dreamer's dream on* » (*Note* : Aragon joue ici sur l'expression « Sauve-qui-peut ! » *Every man for himself!*)
pour ne rien être   (*Note* : Aragon joue sur l'expression « parler pour ne rien dire »   *to talk through one's hat*)
Avoir plusieurs fois failli mourir   *To have almost died several times*
feinte   *sham*
grève de la faim   *hunger strike*
se profile   *stands out in profile*
croise   *intersect; meet and pass by*
essuie   *wipes*

Vous écouterez maintenant un poème de Louis Aragon, extrait de son recueil Les poètes. *Aragon fut un des fondateurs du mouvement surréaliste. En écoutant le poème, écrivez les mots qui manquent dans le texte reproduit dans votre cahier. Ensuite, répondez aux questions.*

Les Poètes : « Poème sans titre »
Louis Aragon (1897–1982)

Je peux me consumer de tout l'enfer du monde
Jamais je ne perdrai cet émerveillement
Du langage
Jamais je ne me réveillerai d'entre les mots
Je me souviens du temps <u>où je ne savais pas lire</u>
Et le visage de la peur était la chaisière aux Champs-Élysées
Il n'y avait à la maison <u>ni l'électricité ni le téléphone</u>
En ce temps-là je prêtais l'oreille aux choses usuelles
Pour saisir leurs conversations
J'avais des rendez-vous avec des étoffes déchirées
J'entretenais des relations avec des objets hors d'usage
<u>Je ne me serais pas adressé</u> à un caillou comme à un moulin à café
J'inventais des langues étrangères afin
De ne <u>plus me comprendre moi-même</u>
Je cachais derrière l'armoire une correspondance indéchiffrable
Tout cela se perdit comme un secret le jour
Où <u>j'appris à dessiner les oiseaux</u>

Qui me rendra le sens du mystère
Oh qui me rendra l'enfance du chant
Quand la première phrase venue
Est neuve <u>comme une paire de gants</u>

Je me souviens de la première automobile à la Porte Maillot
Il fallait courir pour la voir
C'était un peu comme cela pour tout
J'aimais certains noms d'arbres comme des enfants
Que les Bohémiens m'auraient volés
J'aimais un flacon pour son étiquette bleue
J'aimais le sel répandu sur le vin renversé
J'aimais les taches d'encre à la folie
J'aurais donné mon âme pour un vieux ticket de métro

Je répétais sans fin des phrases entendues
Qui n'avaient jamais pour moi le même sens ni le même poids
Il y avait des jours entiers voués à des paroles apparemment
Insignifiantes
Mais sans elles la sentinelle m'eût passé son arme à travers le corps
Ô qui n'a jamais échangé ses yeux contre ceux du miroir
Et payé le droit d'enjamber son ombre avec des grimaces
Celui-là ne peut me comprendre ni
Qu'on peut garder dans sa bouche une couleur
Tenir une absence par la main
Sauter à pieds joints par dessus quatre heures de l'après midi
Nous n'avons pas le même argot
Je n'ai pas oublié le parfum de la désobéissance
Jusqu'à aujourd'hui je peux le sentir quand je m'assieds sur les bancs
Jusqu'à aujourd'hui je peux appeler une bicyclette ma biche
Pour faire enrager les passants
Je n'ai pas oublié le jeu de Rêve-qui-peut
Que personne autre que moi n'a joué
Je n'ai pas oublié l'art de parler pour ne rien être
On a bien pu m'apprendre à lire il n'est pas certain
Que je lise ce que je lis
J'ai bien pu vivre comme tout le monde et même
Avoir plusieurs fois failli mourir
Il n'est pas certain que tout cela ne soit pas une feinte
Une sorte de grève de la faim

Il y a celui qui se profile
Il y a l'homme machinal
Celui qu'on croise et qui salue
Celui qui ouvre un parapluie
Qui revient un pain sous le bras
Il y a celui qui essuie
Ses pieds à la porte en rentrant
Il y a celui que je suis,

Bien sûr et que je ne suis pas

Chapitre 9   Le Genre, le nombre et les adjectifs

Programme de laboratoire
MISE EN PRATIQUE

Exercice 1

Imaginez qu'Isabelle est une amie d'enfance que vous n'avez pas vue depuis longtemps. Elle habite maintenant dans un appartement à Paris. Vous habitez dans une maison en province. Au cours d'une conversation téléphonique, vous discutez de votre logement. Engagez la conversation selon les indications données dans votre cahier. Quand aucun adjectif n'est précisé, utilisez celui de la phrase entendue.

Exemple :

Vous entendez Isabelle dire :   Tu sais, ici, ce n'est pas le grand luxe, j'ai un tout petit appartement.

Votre cahier indique :   Moi non plus, ce n'est pas le grand luxe, je (avoir / tout petit / maison).

Vous dites :   Moi non plus, ce n'est pas le grand luxe, j'ai une toute petite maison.

1. **Isabelle :**   Mais heureusement, c'est un appartement neuf et bien meublé.
   Vous :   Dans mon cas aussi, c'est une maison neuve et bien meublée.
2. **Isabelle :**   J'aime beaucoup mon appartement, je trouve qu'il est très beau. Pour moi, c'est le meilleur appartement de la ville.
   Vous :   Je ne suis pas dans la même situation, je n'aime pas beaucoup ma maison. Pour moi, ce n'est pas la meilleure maison de la ville.
3. **Isabelle :**   Ce qui est très dommage, c'est que j'ai un tout petit balcon.
   Vous :   J'ai un peu plus de chance, j'ai une grande terrasse.
4. **Isabelle :**   Par contre, ce qui est très pratique, c'est que j'ai un grand salon ensoleillé.
   Vous :   Moi, c'est pareil, j'ai une grande bibliothèque ensoleillée.
5. **Isabelle :**   Le seul problème est que cet appartement est assez bruyant.
   Vous :   Comme tu peux t'en douter, à la campagne ce n'est pas la même chose. Ma maison n'est pas bruyante.
6. **Isabelle :**   Le décor de mon appartement est très moderne et minimaliste. Par exemple, j'ai un buffet transparent en Plexiglas.
   Vous :   Ma maison est plus traditionnelle, par exemple, j'ai une commode ancienne.

Exercice 2

Imaginez que vous avez une sœur, Catherine, avec laquelle vous avez peu de choses en commun. Vous n'êtes jamais d'accord. Engagez la conversation selon les indications données dans votre cahier et en utilisant l'adjectif de la phrase entendue.

Exemple :

Vous entendez Catherine dire :   Qu'est-ce que tu veux faire ce soir ? Il y a un film intéressant à la télévision.

Votre cahier indique :   Non, pas la télévision ! Il (y avoir / une pièce de théâtre... au Châtelet).

Vous dites :   Non, pas la télévision ! Il y a une pièce de théâtre intéressante au Châtelet.

Première partie

1. **Catherine :**   Je réfléchissais à ce qu'on pourrait offrir à maman pour son anniversaire. Comme elle adore le vert, j'ai pensé lui acheter un gilet vert.
   Vous :   Tu as raison, elle aime le vert, mais j'ai pensé lui acheter une écharpe verte.
2. **Catherine :**   Pour le festival de Cannes, Catherine Deneuve a obtenu un prix. C'est vraiment une actrice exceptionnelle !
   Vous :   Non, je ne trouve pas, mais Daniel Auteuil est un acteur exceptionnel.

3. **Catherine :** Je trouve que *La Peste* de Camus est une pièce de théâtre passionnante.
   Vous : Non, je ne trouve pas, mais c'est un roman passionnant.
4. **Catherine :** Yoji Yamamoto est une dessinatrice de mode japonaise.
   Vous : Non, tu te trompes, ce n'est pas une femme, c'est un dessinateur de mode japonais.

Deuxième partie

Imaginez que Catherine vous parle. Dans vos réponses, utilisez le contraire de l'adjectif qu'elle utilise. Pour vous aider, les adjectifs utilisés dans l'exercice et leurs contraires sont imprimés dans votre cahier. Faites attention au genre des noms.

Exemple :

Vous entendez Catherine dire : Je vais commander une assiette froide.
Votre cahier indique : Moi, je vais commander... potage...
Vous dites : Moi, je vais commander un potage chaud.

1. **Catherine :** J'adore faire mes courses dans les grands magasins.
   Vous : Moi, je préfère faire mes courses dans les petites boutiques.
2. **Catherine :** Je vais m'acheter un meuble ancien.
   Vous : Moi, je vais m'acheter une nouvelle télévision.
3. **Catherine :** J'adore les vins forts.
   Vous : Moi, je préfère les boissons légères.
4. **Catherine :** Je trouve que les jours sont longs en été.
   Vous : Au contraire, je trouve que les journées sont courtes en été.

Exercice 3

Écoutez le texte suivant où une femme, Zoé, discute de l'aspect international de sa famille. Ensuite, mettez les phrases que vous entendrez au féminin.

Zoé : Je suis française, mais je me sens internationale. Mon mari est américain, il travaille maintenant pour une grande multinationale. Mon frère a épousé une chercheuse allemande. Ma cousine est norvégienne. Ma mère est italienne, mon grand-père est russe. J'ai une amie d'enfance, que je considère comme ma sœur, qui est vietnamienne, et ma future belle-sœur est antillaise. Les réunions de famille sont toujours très animées et on y parle plus de quatre langues !

Maintenant, réagissez aux commentaires suivants en les rectifiant selon le texte que vous venez d'entendre.

Exemple :

Vous entendez : Il paraît que Zoé est américaine.
Votre cahier indique : Non, son mari...
Vous dites : Non, son mari est américain.

1. Sa sœur a épousé un chercheur allemand ?
   Vous : Non, son frère a épousé une chercheuse allemande.
2. Son cousin est norvégien ?
   Vous : Non, sa cousine est norvégienne.
3. Son père est italien ?
   Vous : Non, sa mère est italienne.
4. Sa grand-mère est russe ?
   Vous : Non, son grand-père est russe.
5. Elle a un ami d'enfance vietnamien ?
   Vous : Non, elle a une amie d'enfance vietnamienne.
6. Son futur beau-frère est antillais ?
   Vous : Non, sa future belle-sœur est antillaise.

Exercice 4

Imaginez que vous avez une correspondante, Anne, qui vous a invité(e) à venir passer une semaine à Paris. Vous vous rencontrez pour la première fois et vous comparez vos pays, vos cultures et vos centres d'intérêt. En utilisant le comparatif ou le superlatif, répondez aux questions selon les indications données dans votre cahier.

Exemple :

Vous entendez Anne dire :	L'Angleterre est un très beau pays, n'est-ce pas ?
Votre cahier indique :	Oui, mais (France / plus / beau / pays).
Vous dites :	Oui, mais la France est un plus beau pays.

1. **Anne :** Comment as-tu-traversé la Manche ? As-tu pris le ferry ou le tunnel ?
   Vous : J'ai pris le ferry, c'est plus long que le tunnel, mais le tunnel est plus cher que le ferry.
2. **Anne :** On dit que l'Angleterre est un pays pluvieux et qu'il y a toujours du brouillard.
   Vous : L'Angleterre est un pays aussi pluvieux que la France, mais il est vrai qu'il y a plus de brouillard qu'en France.
3. **Anne :** On dit qu'il y a beaucoup de grands couturiers à Paris.
   Vous : C'est vrai, à Paris, il y a les plus grands couturiers du monde.
4. **Anne :** Je voudrais visiter le Louvre. Quels sont les chefs-d'œuvre importants à y voir ?
   Vous : La Joconde est sans doute le tableau le plus célèbre du monde.
5. **Anne :** Et la Vénus de Milo ?
   Vous : À mon avis, la Vénus de Milo est la plus belle statue grecque.
6. **Anne :** Et si tu avais à comparer le Louvre et la National Gallery de Londres, que dirais-tu ?
   Vous : Je pense que la National Gallery est aussi grande que le Louvre.
7. **Anne :** Il n'y a pas de grandes différences alors ?
   Vous : Si, le Louvre est plus renommé. C'est peut-être le musée le plus beau du monde.
8. **Anne :** Je fais de la danse, tu m'as écrit que ta sœur suivait des cours de danse aussi.
   Vous : Je suis sûre que tu danses mieux qu'elle.
9. **Anne :** Est-ce vrai qu'elle suit des cours depuis six ans ?
   Vous : C'est vrai hélas, mais elle est toujours la plus maladroite des élèves de son cours.

CONVERSATIONS DIRIGÉES

Conversation I

Robert parle de plusieurs membres de sa famille en ne mentionnant que les hommes. Danielle, au contraire, ne parle que des femmes. Vous jouerez le rôle de Danielle en utilisant les indications données dans votre cahier.

Exemple :

Vous entendez Robert dire :	Mon père est infirmier dans un grand hôpital.
Votre cahier indique :	**Danielle :** Tiens ! Quelle coïncidence ! Ma… est… dans une clinique privée.
Vous dites :	Tiens ! Quelle coïncidence ! Ma mère est infirmière dans une clinique privée.

1. **Robert :** Mon cousin est steward à Air France.
   Danielle : Ma cousine est hôtesse à KLM.
2. **Robert :** Mon père est psychologue dans une clinique à New York.
   Danielle : Ma mère est psychologue dans une clinique à Boston.
3. **Robert :** Mon frère est ambassadeur à Tokyo.
   Danielle : Ma sœur est ambassadrice à Beijing.
4. **Robert :** Mon ami Paul a accusé tous ses amis d'être menteurs.
   Danielle : Mon amie Pauline a accusé toutes ses amies d'être menteuses.
5. **Robert :** Selon mon oncle, Gérard Depardieu est le meilleur acteur français.
   Danielle : Selon ma tante, Catherine Deneuve est la meilleure actrice française.
6. **Robert :** Mon frère Grégoire ne s'entend pas du tout avec son beau-frère.
   Danielle : Ma sœur Viviane ne s'entend pas du tout avec sa belle-sœur.

7.   **Robert :**   Mon neveu est un excellent violoniste.
      Danielle :   Ma nièce est une excellente violoniste.
8.   **Robert :**   Mon chien est jaloux de moi.
      Danielle :   Ma chienne n'est pas jalouse de moi.
9. a) **Robert :**   Mon cousin est insupportable à l'école.
      Danielle :   Ma cousine est un ange à l'école.
   b) **Robert :**   Ses instituteurs ne savent pas quoi faire de lui.
      Danielle :   Ses institutrices sont toujours satisfaites d'elle.
10.   **Robert :**   J'ai un vieil ami qui m'a envoyé une carte postale du Zaïre.
      Danielle :   J'ai une vieille amie qui m'a envoyé un souvenir du Sénégal.

Conversation II

Vocabulaire

affolée	*frantic*	accoutrement	*attire; outfit*
Le Sèche-Cheveux	*The Hair Dryer*	en solde	*on sale*
baignoire	*bathtub*	soie	*silk*
chirurgienne esthétique	*plastic surgeon*	affaire	*deal*

Vous assistez à une grande réunion de famille. Pendant le repas, il y a un tel bruit qu'il est difficile de suivre la conversation. Écoutez d'abord ce que disent les invités autour de vous, puis ajoutez votre opinion ou votre commentaire.

Exemple :

Vous entendez :   **Invitée 1 :**   Je fais du golf tous les samedis. Mon club est merveilleux.
                  Invité 2 :   Moi, je préfère regarder les courses olympiques.
Votre cahier indique :   Personnellement, je trouve les courses olympiques (fascinant).
                  Vous dites :   Personnellement, je trouve les courses olympiques fascinantes.

1. **Invitée 1 :**   J'aime les longs week-ends.
   Invité 2 :   Moi, j'aime les longues croisières.
   Vous :   Personnellement, je trouve les croisières ennuyeuses. C'est bon pour les gens à la retraite.
2. **Invitée 1 :**   Le vin blanc est très fruité et bien frais.
   Invité 2 :   L'eau minérale, par contre, n'est pas assez fraîche.
   Vous :   Moi, je pense que la soupe est délicieuse, mais un peu relevée pour mon goût.
3. **Invitée 1 :**   Ma côtelette d'agneau est parfaite.
   Invité 2 :   La mienne n'est pas assez cuite. Elle est toute saignante.
   Vous :   Les pommes de terre sont sublimes.
4. **Invitée 1 :**   Le plateau de fromage est impressionnant.
   Invité 2 :   Le brie est exquis. Moi, je le préfère onctueux.
   Vous :   J'aime les pommes avec le fromage. Celles-ci sont vraiment croquantes.
5. **Invitée 1 :**   Mon mari est sportif. Il fait du tennis et du volley-ball tous les week-ends.
   Invité 2 :   Ma nièce lui ressemble. Elle est fanatique de golf. Elle n'est pas studieuse du tout et a du mal à se concentrer. Il faut que je lui donne des leçons particulières, sinon...
   Vous :   Justement, ça me fait penser aux enfants des Chaumont qui sont malades depuis quelque temps. Liliane est hyperactive et sa sœur est boulimique. La mère est complètement affolée et ne sait pas quoi faire.
6. **Invitée 1 :**   Mon cousin est acteur. Il joue dans un nouveau film en ce moment.
   Invité 2 :   Tiens ! Ma femme est actrice aussi. Elle préfère le théâtre. Elle joue en ce moment dans une pièce sensationnelle intitulée *Le Sèche-Cheveux*.
   Vous :   Ah, j'en ai entendu parler. Il s'agit de deux jeunes filles jalouses qui tuent leur ami en jetant un sèche-cheveux dans une baignoire pleine d'eau.
7. **Invitée 1 :**   Mon frère est avocat.
   Invité 2 :   Ma sœur aussi est avocate.
   Vous :   Dans ma famille il n'y a que des docteurs. Ma sœur est chirurgienne esthétique dans une grande clinique à New York.

8. **Invitée 1 :** Gérard porte souvent un pantalon vert.

   Invité 2 : Et avec ça, il met toujours une chemise rose.

   Vous : Moi aussi, je l'ai vu dans cet accoutrement. Il portait des chaussures blanches ce jour-là. Il avait l'air très artiste !

9. **Invitée 1 :** J'ai acheté un nouveau manteau hier.

   Invité 2 : Moi, j'ai enfin trouvé une veste grise de Cardin très chic qui va à merveille avec mon pantalon en cuir.

   Vous : On a enfin mis en solde une chemise blanche de Façonnable dont j'avais envie depuis très longtemps. Elle est en soie naturelle. À quinze dollars, j'ai fait une bonne affaire.

10. **Invitée 1 :** Mon oncle est canadien. Et ta tante ?

    Invité 2 : Elle est chinoise d'origine, mais elle est née à San Francisco.

    Vous : Ma cousine est italienne, mais elle a passé sa jeunesse à Moscou parce que sa mère y était ambassadrice à l'époque.

Conversation III

Une amie, Joëlle, vous pose des questions. Répondez selon les indications données dans votre cahier.

Exemple :

Vous entendez Joëlle demander :   As-tu autant de temps libre qu'au semestre dernier ?

Votre cahier indique :   Non, j'ai moins... qu'au semestre dernier.

Vous dites :   Non, j'ai moins de temps libre qu'au semestre dernier.

1. **Joëlle :** Est-ce que tu as vu plus de films qu'au semestre dernier ?

   Vous : J'ai vu autant de films qu'au semestre dernier.

2. **Joëlle :** Quelles activités scolaires te prennent le plus de temps ?

   Vous : Les activités qui me prennent le plus de temps sont mes devoirs de maths et d'histoire.

3. **Joëlle :** Quel est ton cours le moins difficile ?

   Vous : Mon cours le moins difficile est mon cours de langue.

4. **Joëlle :** Dans quel cours as-tu les meilleurs résultats ?

   Vous : J'ai les meilleurs résultats dans mon cours de biochimie.

5. **Joëlle :** Quel est ton professeur le mieux organisé ?

   Vous : Mon professeur le mieux organisé est mon professeur de physique.

Maintenant, votre ami Julien vous pose des questions à propos des loisirs.

1. **Julien :** As-tu plus de temps libre qu'au semestre dernier ?

   Vous : Oui, j'ai plus de temps libre qu'au semestre dernier.

2. **Julien :** Est-ce que tu es moins découragé que l'année dernière ?

   Vous : Oui, je suis moins découragé que l'année dernière.

3. **Julien :** Vas-tu plus souvent au cinéma ?

   Vous : Non, je ne vais pas aussi souvent au cinéma.

4. **Julien :** Sors-tu plus souvent que l'année dernière ?

   Vous : Oui, je sors plus souvent que l'année dernière.

Maintenant, votre ami Étienne vous pose des questions sur la vie quotidienne.

1. **Étienne :** Dépenses-tu plus d'argent que tes amis pour ton logement et ta nourriture ?

   Vous : Oui, je dépense plus d'argent que mes amis pour mon logement et pour ma nourriture.

2. **Étienne :** Est-ce que tes amis sont plus sympathiques, moins sympathiques ou aussi sympathiques que l'année dernière ?

   Vous : Mes amis sont aussi sympathiques que l'année dernière.

3. **Étienne :** Quels sont tes meilleurs souvenirs du semestre dernier ?

   Vous : Mes meilleurs souvenirs sont les fêtes que nous avons organisées.

4. **Étienne :** Dans quel magasin trouve-t-on les vêtements les moins chers ?

   Vous : On trouve les vêtements les moins chers à Économippes quand il y a des soldes.

Conversation IV

Vocabulaire

échecs *chess*   dames *checkers*

Pour chacune des phrases que vous entendrez, faites une phrase de comparaison de supériorité. Suivez les indications données dans votre cahier.

Exemple :

Vous entendez : Le professeur de chimie est ennuyeux.
Votre cahier indique : Le professeur de philologie... (plus)
Vous dites : Le professeur de philologie est plus ennuyeux.

1. Ce roman de Simenon est bon.
   ***Vous* :** Celui-là est meilleur.
2. Cette situation est mauvaise.
   ***Vous* :** Celle-là est pire.
3. Un lapin court vite.
   ***Vous* :** Un léopard court plus vite.
4. Un bracelet en or coûte cher.
   ***Vous* :** Un bracelet en argent coûte moins cher.
5. Moi, je travaille bien de huit heures à dix heures le matin. Je travaille beaucoup.
   ***Vous* :** Moi, je travaille de huit heures à onze heures. Je travaille davantage.
6. Barbra Streisand chante bien.
   ***Vous* :** Dans un style différent, Dolly Parton chante aussi bien que Barbra Streisand.
7. La pâtisserie française est riche.
   ***Vous* :** La pâtisserie américaine est moins riche que la pâtisserie française.
8. Les échecs sont un jeu difficile.
   ***Vous* :** Le jeu de dames est moins difficile que les échecs.
9. La BMW est une auto peu économique.
   ***Vous* :** La Renault 2CV (deux chevaux) est plus économique que la BMW.
10. Les jours sont longs en été.
    ***Vous* :** Les jours en hiver sont moins longs qu'en été.

Conversation V

Écoutez la conversation entre Gilberte et Norbert. Ensuite, faites une phrase de comparaison à partir des indications données dans votre cahier.

Exemple :

Vous entendez: **Gilberte :** Combien de camarades de chambre as-tu ?
                Norbert : Deux.
                Gilberte : Moi, j'en ai trois.
Votre cahier indique : Gilberte a...
Vous dites : Gilberte a plus de camarades de chambre que Norbert.

1. **Gilberte :** Combien de cousins as-tu ?
   Norbert : J'en ai cinq.
   Gilberte : Moi, je viens d'une grande famille. J'en ai dix.
   ***Vous* :** Norbert a moins de cousins que Gilberte.
2. **Gilberte :** Combien d'heures par jour étudies-tu ?
   Norbert : Trois ou quatre heures.
   Gilberte : Moi, je passe une heure à la bibliothèque maximum.
   ***Vous* :** Gilberte étudie moins d'heures que Norbert.
3. **Gilberte :** Combien de lettres reçois-tu chaque semaine ?
   Norbert : Une ou deux.
   Gilberte : J'en trouve une chaque jour dans ma boîte.
   ***Vous* :** Gilberte reçoit plus de lettres que Norbert.

4. **Gilberte :** Combien d'heures dors-tu chaque nuit ?
   Norbert : Huit heures plus ou moins.
   Gilberte : T'en as de la chance ! Je me couche à deux heures du matin et je me suis levée à l'aube.
   Vous : Norbert dort plus d'heures que Gilberte.
5. **Gilberte :** Combien de films as-tu vus ce semestre ?
   Norbert : Un ou deux.
   Gilberte : Moi, je vais au cinéma tous les dimanches.
   Vous : Gilberte va plus au cinéma que Norbert.
6. **Gilberte :** Combien de compacts-disques as-tu ?
   Norbert : Six ou sept.
   Gilberte : Moi aussi.
   Vous : Gilberte a autant de compacts-disques que Norbert.

Conversation VI

Faites des phrases avec un superlatif de supériorité.

Exemple :

    Vous entendez :   Christian est sympathique.
    Votre cahier indique :   Christian... (sympathique / amis).
    Vous dites :   Christian est le plus sympathique de ses amis.

1. Evelyne est très intelligente.
   Vous : Evelyne est la plus intelligente de la classe.
2. Didier est un coureur rapide.
   Vous : Didier est le coureur le plus rapide de l'équipe.
3. Mon frère est paresseux.
   Vous : Mon frère est le plus paresseux de la famille.

Maintenant, faites des phrases avec un superlatif d'infériorité.

4. Serge est un jeune homme conformiste.
   Vous : Serge est le jeune homme le moins conformiste de la fraternité.
5. Ces fromages sont chers.
   Vous : Ces fromages sont les fromages les moins chers de France.
6. Ce sont des tableaux appréciés.
   Vous : Ce sont les tableaux les moins appréciés du musée.

TEXTES DE COMPRÉHENSION

Compréhension globale

Vocabulaire

mourut (passé simple de **mourir** *to die*)	bête *animal*
braconnier *poacher*	muraille *high wall*
auparavant *previously; prior; before*	vitre *pane of glass*
garde forestier *forest-ranger*	fauves *wild animals*
l'œil fou *with a crazed eye*	a éclaté *burst out; exploded*
fusil *rifle; gun*	avait tiré *had shot*
foyer *hearth*	fracas *din; loud noise*
judas *peep hole*	coup de fusil *rifle shot*
a fait un bond de sa chaise *lept out of his chair*	a enfin osé *finally dared*
s'est éveillé *awoke*	brisée d'une balle *smashed by a bullet*
dressé sur ses pattes *standing erect on his legs*	avait creusé *had dug*
effrayante *terrifying*	palissade *fence*
sans bouger *without moving*	cour *yard*
épouvantable *terrifying*	

Écoutez d'abord le texte. Ensuite, répondez aux questions de votre cahier.

La Peur
Guy de Maupassant

Le texte que vous écouterez est librement adapté d'un conte de Guy de Maupassant. Il illustre bien le talent de l'auteur à accumuler les détails nécessaires pour créer une atmosphère de terreur. Maupassant fut intrigué toute sa vie par la psychologie de l'angoisse et les sentiments de persécution chez certains névrosés dont la conscience n'est pas tranquille. Il mourut lui-même au bord de la folie.

Au début du conte, le narrateur explique que par une nuit de tempête, dans une forêt obscure, un voyageur et son guide sont arrivés à une maison habitée par un garde forestier, sa femme et ses deux enfants. Le garde, qui avait tué un braconnier il y avait deux ans, se croyait depuis lors hanté par le fantôme de sa victime. Une atmosphère d'inquiétude régnait dans la maison... L'histoire continue ainsi :

Narrateur : Le garde forestier, un vieil homme à cheveux blancs, à l'œil fou, le fusil chargé dans la main nous attendait debout au milieu de la cuisine. Il m'a brusquement dit :

Le garde forestier : Voyez-vous, Monsieur, j'ai tué un homme il y a deux ans, cette nuit. L'autre année il est revenu m'appeler. Je l'attends encore ce soir.

Narrateur : Puis il a ajouté d'un ton qui m'a fait sourire :

Le garde forestier : Aussi, nous ne sommes pas tranquilles.

Narrateur : Je l'ai rassuré comme j'ai pu, heureux d'être venu, justement ce soir-là, et d'assister au spectacle de cette terreur superstitieuse. Près du foyer, un vieux chien, presqu'aveugle et moustachu, dormait le nez dans ses pattes. Au dehors, la tempête acharnée battait la petite maison, et, par une fenêtre, une sorte de judas placé près de la porte, je voyais soudain un fouillis d'arbres bousculés par le vent à la lueur de grands éclairs. Tout à coup, le vieux garde a fait un bond de sa chaise, a saisi son fusil, et a crié.

Le garde forestier : Le voilà ! Le voilà ! Je l'entends !

Narrateur : Les fils ont pris leurs haches. Le chien endormi s'est éveillé brusquement et, levant sa tête, dressé sur ses pattes comme hanté, d'une vision, il s'est mis à hurler vers quelque chose d'invisible, d'inconnu, d'affreux sans doute. Le garde, livide, a crié :

Le garde forestier : Il le sent ! Il le sent ! Il était là quand je l'ai tué.

Narrateur : Cette vision de l'animal était effrayante à voir.

Alors, pendant une heure, le chien a hurlé sans bouger ; il a hurlé comme dans l'angoisse d'un rêve ; et la peur, et l'épouvantable peur entrait en moi ; la peur de quoi ? Le sais-je ? C'était la peur, voilà tout.

Et le chien s'est mis à tourner autour de la pièce, en sentant les murs et gémissant toujours. Cette bête nous rendait fous ! Alors, le paysan qui m'avait amené s'est jeté sur elle, et, ouvrant une porte donnant sur une petite cour, a jeté l'animal dehors.

Il s'est tu aussitôt ; et nous sommes restés plongés dans un silence plus terrifiant encore. Et soudain tous ensemble, nous avons eu une sorte de sursaut ; un être glissait contre le mur du dehors vers la forêt ; puis il est passé contre la porte, puis on n'a plus rien entendu pendant deux minutes. Puis il est revenu, frôlant toujours la muraille ; puis soudain une tête est apparue contre la vitre du judas, une tête blanche avec des yeux lumineux comme ceux des fauves. Et un son est sorti de sa bouche, un son indistinct, un murmure plaintif.

Alors un bruit formidable a éclaté dans la cuisine. Le vieux garde avait tiré... et je vous jure qu'au fracas du coup de fusil que je n'attendais pas, j'ai eu une telle angoisse que je me suis senti prêt à mourir de peur. Nous sommes restés là jusqu'à l'aurore, incapables de bouger, ou de dire un mot.

Le lendemain, quand le garde forestier a enfin osé sortir de la maison, il a trouvé son vieux chien mort devant la porte, la gueule brisée d'une balle. Le chien avait creusé un trou sous la palissade et était sorti de la cour où on l'avait mis.

Compréhension, dictée et interprétation

Vocabulaire

dédaigneux   *haughty; disdainful*
antiquaire   *antique collector*
prends garde à toi   *beware of yourself*
loin de se douter   *far from suspecting*
haut du corps   *upper body*
sein   *breast*
paume en dedans   *the palm turned inward*
pouce   *thumb*
étendus   *stretched out*
ployés   *bent*
hanche   *hip*
suave   *soft; exquisite*
moulées   *moulded*
chevelure   *head of hair*
relevée   *pushed up*
Quant à   *As for*
parviendrai   *succeed*
traits   *features; traits*
méchanceté   *naughtiness; wickedness*
traits   *features*
relevée des coins   *turned up at the edges*
narines   *nostrils*
gonflées   *puffed out; swollen; bulging*
cruauté   *cruelty*
éprouvait   *felt*
pénible   *distressing*
pût   *was able; could* (imparfait du subjonctif de
   pouvoir = **puisse**)
se complaire   *to take pleasure in*
pourtant   *however*

avait ôté   *had taken off*
gênait   *bothered*
lui enfiler la bague au doigt   *to slip the ring on her finger*
le but   *purpose*
dut   *had to* (passé simple de **devoir**)
but   *drunk* (passé simple de **boire**)
à flot   *in abundance, in torrents*
avait recourbé   *had curled, bent*
épouvante   *terror*
chagrin   *grief*
rideaux tirés   *curtains drawn*
ruelle   *passage between a bed and the wall*
muraille   *wall*
Au bout d'un instant   *An instant later*
poids   *weight*
fit (passé simple de **faire**)
glace   *ice*
s'enfonça   *dove; burst*
étouffé   *stiffled*
se leva sur son séant   *sat up in bed*
parut (passé simple de **paraître**)
étreignait   *embraced; clasped*
perdit (passé simple de **perdre**)
demeura évanouie   *remained in a faint*
étendus en avant   *streched out forward*
coq   *rooster*
mourut (passé simple de **mourir**   *to die*)
clôt (indicatif présent de **clore**   *to close*)
sort   *fate*

En écoutant le texte La Venus d'Ille, *écrivez les mots qui manquent dans le texte reproduit dans votre cahier. Ensuite, répondez aux questions.*

La Vénus d'Ille
Prosper Mérimée

Dans le conte, La Vénus d'Ille, *Mérimée raconte la découverte, dans la région de Perpignan, d'une statue ancienne extrêmement belle mais à la fois troublante par son regard dédaigneux et cruel. Le riche antiquaire à qui la statue appartient va marier son fils à une jeune fille de bonne famille. Ce mariage de convenance sera interrompu par l'intervention de la statue—La Vénus—qui, de toute apparence, semble dotée de pouvoirs sinistres. Au bas de la statue figure une inscription latine dont la traduction est :« Si elle t'aime, prends garde à toi. »*

Écoutez d'abord la description de la statue telle qu'elle est présentée par le narrateur de l'histoire de La Vénus d'Ille, *un archéologue venu de Paris pour visiter les environs d'Ille et qui assiste au mariage du fils de son hôte, M. de Peyrehorade. Ce dernier, tout heureux qu'il est d'avoir trouvé une antiquité romaine, est loin de se douter des complications qu'elle va produire.*

Narrateur : C'était bien une Vénus, et d'une merveilleuse beauté. Elle avait le haut du corps nu ; comme les anciens représentaient d'ordinaire les grandes divinités ; la main droite, levée à la hauteur du sein, était tournée, la paume en dedans, le pouce et les deux premiers doigts étendus, les deux autres légèrement ployés. L'autre main, rapprochée de la hanche, soutenait la draperie qui couvrait la partie inférieure du corps. L'attitude de cette statue rappelait celle du Joueur de mourre qu'on désigne, je ne sais trop pourquoi, sous le nom de Germanicus. Peut-être avait-on voulu représenter la déesse jouant au jeu de mourre.

Quoi qu'il en soit, il est impossible de voir quelque chose de plus parfait que le corps de cette Vénus ; rien de plus suave, de plus voluptueux que ses contours ; rien de plus élégant et de plus noble que sa draperie. Je m'attendais à quelque ouvrage du Bas Empire ; je voyais un chef-d'œuvre du meilleur temps de la statuaire.

Ce qui me frappait surtout, c'était l'exquise vérité des formes, en sorte qu'on aurait pu les croire moulées sur nature, si la nature produisait d'aussi parfaits modèles.

La chevelure, relevée sur le front, paraissait avoir été dorée autrefois. La tête, petite comme celle de presque toutes les statues grecques, était légèrement inclinée en avant. Quant à la figure, jamais je ne parviendrai à exprimer son caractère étrange, et dont le type ne se rapprochait de celui d'aucune statue antique dont il me souvienne. Ce n'était point cette beauté calme et sévère des sculpteurs grecs, qui, par système, donnaient à tous les traits une majestueuse immobilité. Ici, au contraire, j'observais avec surprise l'intention marquée de l'artiste de rendre la malice arrivant jusqu'à la méchanceté. Tous les traits étaient contractés légèrement : les yeux un peu obliques, la bouche relevée des coins, les narines quelque peu gonflées : Dédain, ironie, cruauté, se lisaient sur ce visage d'une incroyable beauté cependant. En vérité, plus on regardait cette admirable statue, et plus on éprouvait le sentiment pénible qu'une si merveilleuse beauté pût s'allier à l'absence de toute sensibilité.

—Si le modèle a jamais existé, dis-je à M. de Peyrehorade, et je doute que le ciel ait jamais produit une telle femme, que je plains ses amants ! Elle a dû se complaire à les faire mourir de désespoir. Il y a dans son expression quelque chose de féroce, et pourtant je n'ai jamais vu rien de si beau.

Avant la cérémonie du mariage, le jeune marié, voulant participer à une partie de pelote basque, avait ôté son anneau de mariage qui le gênait dans son jeu. Comme la statue de Vénus se trouvait près de lui, il en profita pour lui enfiler la bague au doigt dans le but de ne pas la perdre.

Une autre bague, qu'il tenait d'une de ses maîtresses, dut lui servir d'alliance pendant la cérémonie. Les noces furent joyeuses. On dansa, et on but du vin à flot. Tout le monde était en gaîté excepté le jeune marié, qui, lorsqu'il avait voulu récupérer la bague de la statue n'avait pas pu. La statue avait recourbé son doigt, comme si la Vénus avait bien décidé de ne pas lui rendre la bague. Vers minuit les jeunes mariés se retirèrent dans la chambre nuptiale, mais leur nuit de noces fut remplie d'épouvante. Le lendemain matin on a retrouvé le marié mort, étranglé, dans son lit et la mariée tout à fait folle de chagrin et d'épouvante de ce qu'elle avait vu. Le texte de Mérimée reprend ainsi :

Narrateur : Elle était couchée, ... depuis quelques minutes, les rideaux tirés, lorsque la porte de sa chambre s'ouvrit, et quelqu'un entra. Alors Mme Alphonse (la mariée) était dans la ruelle du lit, la figure tournée vers la muraille. Elle ne fit pas un mouvement, persuadée que c'était son mari. Au bout d'un instant, le lit cria comme s'il était chargé d'un poids énorme. Elle eut grand'peur mais n'osa pas tourner la tête. Cinq minutes, dix minutes peut-être... elle ne peut se rendre compte du temps, se passèrent de la sorte. Puis elle fit un mouvement involontaire, ou bien la personne qui était dans le lit en fit un, et elle sentit le contact de quelque chose de froid comme la glace, ce sont ses expressions. Elle s'enfonça dans la ruelle, tremblant de tous ses membres. Peu après, la porte s'ouvrit une seconde fois, et quelqu'un entra qui dit : « Bonsoir, ma petite femme. » Bientôt après, on tira les rideaux. Elle entendit un cri étouffé. La personne qui était dans le lit, à côté d'elle, se leva sur son séant et parut étendre les bras en avant. Elle tourna la tête alors... et vit, dit-elle, son mari à genoux auprès du lit, la tête à la hauteur de l'oreiller, entre les bras d'une espèce de géant verdâtre qui l'étreignait avec force. Elle dit, et m'a répété vingt fois, pauvre femme ! ... elle dit qu'elle a reconnu... devinez-vous ? La Vénus de bronze, la statue de M. de Peyrehorade... Depuis qu'elle est dans le pays, tout le monde en rêve. Mais je reprends le récit de la malheureuse folle. À ce spectacle, elle perdit connaissance, et probablement depuis quelques instants elle avait perdu la raison. Elle ne peut en aucune façon dire combien de temps elle demeura évanouie. Revenue à elle, elle revit le fantôme, ou la statue, comme elle dit toujours, immobile, les jambes et le bas du corps dans le lit, le buste et les bras étendus en avant, et entre ses bras son mari, sans mouvement. Un coq chanta. Alors la statue sortit du lit, laissa tomber le cadavre et sortit. Mme Alphonse se pendit à la sonnette et vous savez le reste.

M. de Peyrehorade, le père du marié, mourut peu de temps après son fils. On fit fondre la statue pour en faire la cloche de l'église, mais... et c'est ainsi que Mérimée clôt son conte.

Narrateur : Il semble qu'un mauvais sort poursuive ceux qui possèdent ce bronze. Depuis que cette cloche sonne à Ille, les vignes ont gelé deux fois.

Vocabulaire : «La Beauté »

sein *breast*
s'est meurtri *has bruised itself*
muet *silent*
trône *to sit enthroned*
cygnes *swans*

hais *hate*
pleure *cry*
ris *laugh*
j'emprunte *I borrow*
fiers *proud*

Vocabulaire : « Hymne à la beauté »

abîme *abyss*
Verse *Pours*
couchant *sunset*
orageux *stormy*
philtre *love potion*
amphore *antique vase with two handles; amphora*
lâche *cowardly*
gouffre *abyss*
astres *stars; heavenly bodies*
jupons *underskirts; petticoat*
sèmes *sow*
au hasard *at random*
bijoux *jewels*
Meurtre *Murder*

breloques *charms, trinkets*
ventre *tummy*
orgueilleux *proud*
éphémère *day fly; may fly*
ébloui *blinded; dazzled*
Crépite *Sputters*
pantelant *panting; gasping*
tombeau *tomb*
enfer *hell*
souris *smile*
fée *fairy*
velours *velvet*
lueur *gleam; glimmer*
lourds *heavy*

Après avoir écouté les deux poèmes de Baudelaire — « La Beauté » et « Hymne à la beauté » — pour en apprécier la musique, les rythmes et les images, décrivez les similitudes que vous voyez entre la « Vénus » de Mérimée et la « Beauté » dont parle Baudelaire.

Les Fleurs du mal : « La Beauté »
Charles Baudelaire

Je suis belle, ô mortels ! comme un rêve de pierre,
Et mon sein où chacun s'est meurtri tour à tour,
Est fait pour inspirer au poète un amour
Éternel et muet ainsi que la matière.

Je trône dans l'azur comme un sphinx incompris ;
J'unis un cœur de neige à la blancheur des cygnes ;
Je hais le mouvement qui déplace les lignes,
Et jamais je ne pleure et jamais je ne ris.

Les poètes devant mes grandes attitudes,
Qu'on dirait que j'emprunte aux plus fiers monuments,
Consumeront leurs jours en d'austères études ;
Car j'ai, pour fasciner ces dociles amants
De purs miroirs qui font les étoiles plus belles :
Mes yeux, mes larges yeux aux clartés éternelles !

Les Fleurs du mal : « Hymne à la beauté »
Charles Baudelaire

Viens-tu du ciel profond ou sors-tu de l'abîme,
Ô Beauté ? Ton regard, infernal et divin,
Verse confusément le bienfait et le crime,
Et l'on peut pour cela te comparer au vin.

Tu contiens dans ton œil le couchant et l'aurore ;
Tu répands des parfums comme un soir orageux ;
Tes baisers sont un philtre et ta bouche une amphore
Qui font le héros lâche et l'enfant courageux.
Sors-tu du gouffre noir ou descends-tu des astres ?
Le Destin charmé suit tes jupons comme un chien ;
Tu sèmes au hasard la joie et les désastres,
Et tu gouvernes tout et ne réponds de rien.

Tu marches sur des morts, Beauté, dont tu te moques ;
De tes bijoux l'Horreur n'est pas le moins charmant,
Et le Meurtre, parmi tes plus chères breloques,
Sur ton ventre, orgueilleux danse amoureusement.

L'éphémère ébloui vole vers toi, chandelle,
Crépite, flambe et dit : Bénissons ce flambeau !
L'amoureux pantelant incliné sur sa belle
A l'air d'un moribond caressant son tombeau.

Que tu viennes du ciel ou de l'enfer, qu'importe,
Ô Beauté ! monstre énorme, effrayant, ingénu !
Si ton œil, ton souris, ton pied, m'ouvrent la porte
D'un Infini que j'aime et n'ai jamais connu ?

De Satan ou de Dieu, qu'importe ? Ange ou Sirène,
Qu'importe, si tu rends, —fée aux yeux de velours,
Rythme, parfum, lueur, ô mon unique reine ! —
L'univers moins hideux et les instants moins lourds ?

Chapitre 10   Le Subjonctif

Programme de laboratoire
MISE EN PRATIQUE

Exercice 1

Aline est une étudiante un peu déprimée à l'approche des examens. Vous êtes sa meilleure amie. Imaginez qu'elle vous appelle et que vous essayez de lui remonter le moral. Engagez la conversation selon les indications données dans votre cahier.

Exemple :

Vous entendez Aline dire : Ça ne va pas aujourd'hui.
Votre cahier indique : Je suis désolée que ça (ne pas aller) aujourd'hui.
Vous dites : Je suis désolée que ça n'aille pas aujourd'hui.

1. **Aline :** Je ne sais pas ce que j'ai, je suis déprimée.
   Vous : Il ne faut pas que tu sois déprimée.
2. **Aline :** Je n'ai qu'une envie, c'est de dormir.
   Vous : Il ne faut pas que tu dormes, il vaut mieux que tu viennes te promener au parc avec moi un moment.
3. **Aline :** Tu sais, j'ai fait un effort. Ce matin, je suis allée faire des courses.
   Vous : Je suis contente que tu aies fait un effort et que tu sois allée faire des courses.
4. **Aline :** Mais je n'ai pas eu le courage de me faire à manger.
   Vous : Je regrette que tu n'aies pas eu le courage de te faire à manger.
5. **Aline :** Je n'ai pas le courage non plus de finir ce livre et d'écrire ce devoir pour demain.
   Vous : Il faut que tu finisses ce livre et que tu écrives ce devoir pour demain.
6. **Aline :** Ce n'est pas la peine, je ne vais pas passer dans la classe supérieure. Je suis nulle.
   Vous : Il faudrait que tu reprennes confiance en toi.
7. **Aline :** J'ai aussi ce devoir de biologie à réviser. Je ne vais jamais m'en sortir !
   Vous : Je doute que se lamenter soit la solution.
8. **Aline :** Est-ce que tu vas m'aider ?
   Vous : Il est probable que je resterai ici ce soir pour t'aider.
9. **Aline :** Merci, je crois que j'ai besoin de parler à quelqu'un et tu es ma meilleure amie. Je vais te faire un peu de thé.
   Vous : Je suis ravie que tu retrouves ton dynamisme.
10. **Aline :** Par quoi veux-tu qu'on commence à travailler ? Les révisions de biologie ?
    Vous : Je ne crois pas que ce soit une bonne idée. Je suis très mauvaise en biologie.
11. **Aline :** Le thé est prêt. Je reviens tout de suite, je vais chercher mes livres de mathématiques et on pourra commencer par ça !
    Vous : Je suis étonnée qu'elle change d'humeur si vite.

Exercice 2

Dans la conversation suivante, Vincent et son ami Michel discutent les projets de vacances de Vincent. Vous jouerez le rôle de Michel.

Exemple :

Vous entendez Vincent dire : Veux-tu que nous allions en Australie ?
Votre cahier indique : Non, il est impossible que je (y / aller).
Vous dites : Non, il est impossible que j'y aille.

1. **Vincent :** Cet été, je veux aller faire du ski nautique.
   Michel : Je ne crois pas que ce soit une bonne idée.

2. **Vincent :** Pourquoi ? Ce n'est pas un sport dangereux, pas plus que le football.
   Michel : Je suis étonné que tu sois de cet avis.
3. **Vincent :** Je pensais aussi m'inscrire à un stage de saut en parachute.
   Michel : Je ne suis pas convaincu que tu possèdes les qualités physiques nécessaires pour ce sport.
4. **Vincent :** Et si j'allais faire de la plongée sous-marine aux Caraïbes ?
   Michel : Il est possible que tu attrapes une maladie tropicale là-bas.
5. **Vincent :** De toute façon, j'ai envie de partir vers les pays chauds et j'ai fait des économies.
   Michel : Je suis ravi que tu aies de l'argent pour te payer des vacances.
6. **Vincent :** Euh... C'est-à-dire... Je me demandais si tu ne pourrais pas m'aider un peu... une centaine de francs, par exemple.
   Michel : Je suis surpris que tu me demandes une telle chose deux semaines avant les vacances.
7. **Vincent :** Pourquoi, est-ce vraiment un tel problème ?
   Michel : Je ne crois pas que je puisse te prêter de l'argent.
8. **Vincent :** Je crois que j'ai trouvé la solution, je vais travailler dans un supermarché quelque temps pour me payer des vacances.
   Michel : Je suis ravi que tu aies trouvé une solution pratique.

CONVERSATIONS DIRIGÉES

Conversation 1

Imaginez qu'un de vos amis, André, va chez le psychiatre, le célèbre Dr. Électrochoc, parce qu'il se sent déprimé depuis quelque temps. Le docteur, dont vous jouerez le rôle, est bienveillant et réagit à chacune de ses plaintes.

Exemple :

Vous entendez André dire :   J'ai peur des avions.
Votre cahier indique :   **Dr. Électrochoc :**   C'est dommage que vous (avoir peur) des avions.
Vous dites :   C'est dommage que vous ayez peur des avions.

1. **André :** Ma vie est un désastre, je vous dis.
   Dr. Électrochoc : Il n'est pas évident que la situation soit si grave. Pouvez-vous me donner quelques précisions ?
2. **André :** On va me mettre à la porte de l'université. Mes amis m'ont tous abandonné. Le matin quand je me lève, je me sens fatigué et je n'ai absolument envie de rien.
   Dr. Électrochoc : Il est regrettable que vous vous sentiez si déprimé.
3. **André :** Je suis tout le temps fatigué. Je dors entre seize et vingt heures par jour.
   Dr. Électrochoc : Il est anormal que vous dormiez tant. Faites-vous un peu d'exercice pendant la journée ?
4. **André :** Autrefois, je faisais un peu de natation après mes cours.
   Dr. Électrochoc : Il faudrait que vous repreniez ces bonnes habitudes.
5. **André :** Vous n'y songez pas ! De toute façon je n'ai pas le temps. J'échoue à tous mes examens en ce moment.
   Dr. Électrochoc : Cela ne m'étonne pas que vous ayez de mauvaises notes. Il ne vous reste pas beaucoup de temps pour étudier si vous dormez seize heures par jour. Comment est votre appétit ?
6. **André :** Je n'ai pas souvent faim. Je prends un sandwich de temps à autre, mais je ne dîne que rarement, si bien que j'ai perdu dix kilos.
   Dr. Électrochoc : Il est inquiétant que vous perdiez l'appétit à ce point-là. Il faudrait que vous essayiez de manger davantage, même si vous n'avez pas faim. Vous allez finir par vous débiliter. Est-il possible que quelqu'un puisse préparer de bons repas pour vous mettre en appétit ? (*Commentaire :* On pourrait également dire « Il est inquiétant que vous ayez perdu l'appétit à ce point-là. »)
7. **André :** Je ne pense pas que cela change grand'chose. Et puis, je ne connais personne qui supporte ma présence.
   Dr. Électrochoc : Pourquoi ? Il est inconcevable que vous soyez si insupportable.

8.   **André :**   Quelle question, voyons ! Je vous l'ai déjà dit. Rien ne me plaît. Rien ne m'amuse. Je ne ris jamais. Je ne vais nulle part. Alors, quoi d'étonnant si mes amis m'abandonnent tous ?

Dr. Électrochoc :   Je suis navré que vos symptômes paraissent si intenses.

9.   **André :**   Et puis mes amis ne viennent jamais me voir.

Dr. Électrochoc :   Je regrette que vos amis ne viennent jamais vous voir. Ils pourraient au moins essayer de vous remonter le moral.

10.   **André :**   Docteur, est-ce que vous pensez pouvoir m'aider ?

Dr. Électrochoc :   Il est probable que cela prendra beaucoup de temps, mais je ne suis pas convaincu que ce soit impossible.

11.   **André :**   Oh, j'ai oublié de mentionner que j'ai de violentes migraines et des palpitations chaque fois que je mets les pieds dans une salle de classe. Mes professeurs ressemblent tous à des ogres. Et la nuit, je rêve qu'ils me poursuivent avec d'énormes stylos rouges remplis de sang ! Alors je me lève et j'essaie d'écrire toute la nuit, mais rien ne sort de ma pauvre tête.

Dr. Électrochoc :   Il n'est pas bon que vous passiez des nuits blanches comme cela.

12.   **André :**   Que voulez-vous que j'y fasse ?

Dr. Électrochoc :   Et puis, d'après vos rêves, j'ai bien peur que vous ne soyez pas en très bon contact avec la réalité.

13.   **André :**   Qu'est-ce que cela veut dire ?

Dr. Électrochoc :   Il est douteux que vos professeurs soient tous des ogres.

14.   **André :**   Je vous garantis qu'ils le sont !

Dr. Électrochoc :   Ne vous alarmez pas ! Quant à vos rêves, nous les examinerons de plus près pendant nos discussions. Je crois qu'il faudrait que vous commenciez votre traitement tout de suite.

15.   **André :**   Si vous le dites.

Dr. Électrochoc :   Il est essentiel que vous me disiez tout ce qui vous est arrivé depuis votre plus jeune âge.

16.   **André :**   D'accord. Et le traitement durera combien de temps ?

Dr. Électrochoc :   Il est douteux que vos symptômes disparaissent immédiatement.

17.   **André :**   Et qu'est-ce que je peux faire en attendant ?

Dr. Électrochoc :   En attendant, je peux vous prescrire des calmants qui vous assureront des nuits plus tranquilles.

18.   **André :**   Et ce sera tout ?

Dr. Électrochoc :   Il faudra aussi que vous preniez un médicament contre la dépression.

19.   **André :**   Et quand est-ce que je serai guéri, d'après vous ?

Dr. Électrochoc :   Il est possible que vous puissiez reprendre vos cours dans deux ou trois mois.

Conversation II

À déjeuner, le docteur Électrochoc confie ses impressions à une de ses collègues, le docteur Librium. Tantôt la collègue approuve et tantôt elle contredit le docteur. Vous prendrez le rôle du docteur Librium.

Exemple :

Vous entendez le docteur Électrochoc dire :   Je crois que c'est un cas très urgent.
Votre cahier indique :   **Dr. Librium :**   Je ne crois pas que ce (être) un cas très urgent.
Vous dites :   Je ne crois pas que ce soit un cas très urgent.

1. **Dr. Électrochoc :**   Je crois que ce jeune homme est paranoïaque.
    Dr. Librium :   Je ne crois pas que ce jeune homme soit paranoïaque.
2. **Dr. Électrochoc :**   Je sais qu'il s'est plaint de moi.
    Dr. Librium :   Je ne pense pas qu'il se soit plaint de vous.
3. **Dr. Électrochoc :**   Il me semble qu'il ne viendra pas à son prochain rendez-vous.
    Dr. Librium :   Je souhaite qu'il vienne à son prochain rendez-vous.
4. **Dr. Électrochoc :**   Je suis sûr qu'il m'a menti.
    Dr. Librium :   Il est douteux qu'il vous ait menti.
5. **Dr. Électrochoc :**   Il est probable qu'il faudra l'enfermer.
    Dr. Librium :   Il est peu probable qu'il faille l'enfermer.
6. **Dr. Électrochoc :**   J'espère qu'il se remettra complètement.
    Dr. Librium :   Cela m'étonnerait qu'il se remette complètement.

Conversation III

Vocabulaire

ce mec-là   *that guy, that fellow*

Votre ami André vient se plaindre à vous du psychiatre qu'il vient de consulter. Vous réagissez à chacune de ses constatations.

Exemple :

Vous entendez André dire :   Ce docteur Électrochoc est un charlatan.
Votre cahier indique :   Je ne suis pas étonné(e) que ce docteur (être) un charlatan. Avec un nom comme le sien, je me méfierais de lui.
Vous dites :   Je ne suis pas étonné(e) que ce docteur soit un charlatan. Avec un nom comme le sien, je me méfierais de lui.

1. **André :** Son diagnostic ne m'a rien appris et il a parlé d'un traitement prolongé.
   Vous : Je regrette que son diagnostic ne t'ait rien appris et qu'il ait parlé d'un traitement prolongé.
2. **André :** Il se fait payer cent trente dollars de l'heure.
   Vous : Je me suis bien douté qu'il se faisait payer cent trente dollars de l'heure.
3. **André :** Je ne me suis pas senti mieux après la visite.
   Vous : C'est dommage que tu ne te sois pas senti mieux après la visite, mais il ne faut pas que tu te décourages.
4. **André :** Son cabinet est meublé avec mauvais goût. Il me fait penser aux bureaux de mes professeurs, que je ne vois plus d'ailleurs.
   Vous : Cela m'étonne que tu ne voies pas tes professeurs. Quant à son cabinet, il est dommage que tu ne t'y sentes pas à l'aise. Mais cela m'étonnerait que ce soit à cause des meubles.
5. **André :** Cet Électrochoc a un sourire bizarre. Ses yeux scintillent quand il me parle et semblent lancer des dards.
   Vous : Je ne trouve pas que ta description corresponde vraiment à la réalité. Es-tu sûr que tu n'exagères pas ?
6. **André :** Non, non. Pas du tout. À quoi bon ? Mais je ne t'ai pas tout dit. Il boit du café pendant les consultations et fume la pipe.
   Vous : Il est curieux qu'il boive et qu'il fume pendant les consultations.
7. **André :** Si tu veux mon opinion, je crois bien que c'est lui qui est fou. Il va me faire subir un traitement et me faire frire le cerveau.
   Vous : Je doute que le docteur soit fou. N'est-il pas diplômé de la Clinique Menninger ?
8. **André :** Tu veux rire ! Je parie que ce mec-là a raté son bachot. Il ne m'inspire pas du tout confiance. Je n'irai peut-être pas au prochain rendez-vous.
   Vous : Écoute, tu fais comme tu veux, mais ce serait une mauvaise idée que tu n'ailles pas au prochain rendez-vous. C'est toujours difficile au début. Il faut persévérer.
9. **André :** Bon ! À bientôt, sans doute.
   Vous : D'accord. J'espère que tu me tiendras au courant de tes progrès.

TEXTES DE COMPRÉHENSION

Compréhension globale

Vocabulaire

convinrent *agreed*
déférer *to hand over; confer*
ils jetèrent tous les yeux *they all cast their eyes*
À Dieu ne plaise *God forbid*
assujettis *subjugated*
ai-je tant vécu *have I lived so long*
s'écria *shouted out*

chef   leader; chief
pour lors *for now*
pourvu que *provided that*
que prétendez-vous que je fasse ?   *What do you require me to do?*
sang *blood*
glacé *frozen*

Écoutez le texte extrait de Montesquieu. Ensuite, répondez aux questions de votre cahier.

Lettres Persanes : « Les Troglodytes »
Montesquieu

Dans son ouvrage Les Lettres Persanes (1721), Charles-Louis de Secondat, baron de Montesquieu, utilise le stratagème d'une correspondance entre deux Persans de son invention pour faire la critique de la société et des mœurs de son temps. Un de ces Persans, Usbec, parle dans une série de lettres d'un peuple imaginaire, les Troglodytes, qui après avoir vécu sous le joug de la violence, accepte enfin de vivre en paix suivant les lois de la raison et de la vertu. Cependant, les Troglodytes dont le nombre a grossi croient nécessaire de se choisir un roi.

Narrateur : [Les Troglodytes] convinrent qu'il fallait déférer la couronne à celui le plus juste, et ils jetèrent tous les yeux sur un vieillard vénérable par son âge et par une longue vertu. Il n'avait pas voulu se trouver à cette assemblée ; il s'était retiré dans sa maison, le cœur serré de tristesse.
    Lorsqu'on lui envoya des députés pour lui apprendre le choix qu'on avait fait de lui :

Le vieillard : À Dieu ne plaise, dit-il, que je fasse ce tort aux Troglodytes, qu'on puisse croire qu'il n'y a personne parmi eux de plus juste que moi ! Vous me déférez la couronne, et, si vous le voulez absolument, il faudra bien que je la prenne. Mais comptez que je mourrai de douleur d'avoir vu en naissant les Troglodytes libres et de les voir aujourd'hui assujettis.

Narrateur : À ces mots, il se mit à répandre un torrent de larmes.

Le vieillard : Malheureux jour ! Et pourquoi ai-je tant vécu ?

Narrateur : Puis il s'écria d'une voix sévère :

Le vieillard : Je vois bien ce que c'est, ô Troglodytes ! Votre vertu commence à vous peser. Dans l'état où vous êtes, n'ayant point de chef, il faut que vous soyez vertueux malgré vous : sans cela vous ne sauriez subsister, et vous tomberiez dans le malheur de vos premiers pères. Mais ce joug vous paraît trop dur ; vous aimez mieux être soumis à un prince et obéir à ses lois, moins rigides que vos mœurs. Vous savez que, pour lors, vous pourrez contenter votre ambition, acquérir des richesses et languir dans une lâche volupté, et que, pourvu que vous évitiez de tomber dans les grands crimes, vous n'aurez pas besoin de la vertu.

Narrateur : Il s'arrêta un moment, et ses larmes coulèrent plus que jamais.

Le vieillard : Eh ! que prétendez-vous que je fasse ? Comment se peut-il que je commande quelque chose à un Troglodyte ? Voulez-vous qu'il fasse une action vertueuse parce que je la lui commande, lui qui la ferait tout de même sans moi et par le seul penchant de la nature ? Ô Troglodytes ! je suis à la fin de mes jours ; mon sang est glacé dans mes veines ; je vais bientôt revoir vos sacrés aïeux. Pourquoi voulez-vous que je les afflige, et que je sois obligé de leur dire que je vous ai laissés sous un autre joug que celui de la Vertu ?

Compréhension, dictée et interprétation

Vocabulaire

Cicéron	*Cicero*	traitent du	*deal with*
Platon	*Plato*	Quant à	*As for*
goût	*taste*	métaux	*metals*

En écoutant le texte, écrivez les mots qui manquent dans le texte reproduit dans votre cahier : Ensuite, répondez aux questions.

Lettre de Gargantua à son fils Pantagruel
François Rabelais

Le texte que vous entendrez est une adaptation très libre d'une lettre que Gargantua écrit à son fils Pantagruel, dans laquelle, en bon père, il l'encourage à faire de bonnes études. Cette lettre se trouve dans le huitième chapitre de Pantagruel, écrit par François Rabelais en 1532.

Gargantua : Mon cher fils,

Il n'y a pas de satisfaction, plus grande pour un vieux père que celle de savoir que ses enfants, qui sont faits à son image, vivront après lui et préserveront l'immortalité de son nom par une vie exemplaire. J'écris donc <u>afin que tu vives vertueusement</u> et que tu te réjouisses d'avoir ainsi vécu.

Il est certain que les possibilités d'études sont bien plus grandes de nos jours qu'elles ne l'étaient du temps de Cicéron et de Platon. Il faudrait donc que tu en profites.

Je voudrais que <u>tu saches les langues parfaitement</u>, d'abord le grec, puis le latin, puis l'hébreu. Il est important que ton style <u>soit formé sur les bons auteurs</u>.

Quand tu étais jeune, j'ai insisté <u>pour que tu apprennes les arts libéraux</u>, la géométrie, l'arithmétique et la musique. Je pense que tu y as pris goût. Il faudrait <u>que tu saches aussi l'astronomie</u> : mais je ne veux pas que <u>tu perdes ton temps</u> à étudier l'astrologie.

Il serait bon aussi que <u>tu apprennes par cœur</u> tous les beaux textes qui traitent du droit civil et que <u>tu puisses m'en parler avec intelligence</u>.

Quant à la nature, il est important que tout te soit connu. <u>Je souhaite qu'il n'y ait ni mer, ni rivière, ni fontaine</u> dont tu ne connaisses les poissons. Il faudra aussi que <u>tu saches reconnaître tous les oiseaux de l'air</u> tous les arbres et tous les métaux de la terre, toutes les pierreries précieuses de l'Orient. Il serait bon aussi que <u>tu relises tous les livres de médecine</u>. Il te faudrait également étudier l'anatomie pour comprendre parfaitement l'homme.

Je ne veux pas que <u>tu négliges la Bible</u>, le Nouveau Testament en grec et l'Ancien en hébreu. Il convient que <u>tu serves Dieu</u>, que tu l'aimes et que <u>tu le craignes</u>.

Sois toujours bon. Révère tes professeurs ; fuis la mauvaise compagnie. Quand tu auras tout le savoir que l'on peut acquérir, je veux que <u>tu reviennes à moi, pour que je te donne ma bénédiction</u> avant de mourir.

Mon fils, que la paix et la grâce de Notre Seigneur <u>soit avec toi</u>. Amen.

Ton père,

GARGANTUA

Chapitre 11   Les Propositions relatives

Programme de laboratoire

MISE EN PRATIQUE

Exercice 1

Écoutez le petit texte suivant, puis combinez les phrases que vous entendrez en une seule phrase en formant des propositions relatives et en suivant les indications données dans votre cahier.

Les étudiants de ma résidence universitaire ont des talents très variés. Marie, ma camarade de chambre, joue de la harpe. C'est une musicienne très douée et elle est aussi très studieuse. Elle obtient toujours les meilleures notes. Elle sort avec un jeune homme. Ce jeune homme parle quatre langues.

Il est né en Allemagne. Il ne se souvient pas de ce pays. Il a quitté ce pays trop tôt. Ses parents sont originaires d'un village perché dans les collines de Toscane, alors il parle italien couramment. Ensuite, il a fait un stage en France dans une entreprise multinationale basée à Paris. Il a fait du bon travail. L'entreprise a été satisfaite de son travail et l'a envoyé à Barcelone pour couvrir les Jeux olympiques en tant qu'interprète.

Ce jeune homme parle l'italien, l'allemand, le français et l'espagnol. Il semble prêt pour le grand marché européen.

Maintenant, combinez les phrases.

Exemple :

Vous entendez Grégoire dire : J'ai vu le film *Bleu*. On parle beaucoup de ce film en ce moment.

Votre cahier indique : J'ai vu le film *Bleu*. (parler / beaucoup) en ce moment.

Vous dites : J'ai vu le film *Bleu* dont on parle beaucoup en ce moment.

1. **Grégoire :**   Les étudiants habitent ma résidence universitaire. Les étudiants ont des talents variés.
   Vous :   Les étudiants qui habitent ma résidence universitaire ont des talents variés.
2. **Grégoire :**   Marie est ma camarade de chambre. Marie est très studieuse.
   Vous :   Marie, qui est ma camarade de chambre, est très studieuse.
3. **Grégoire :**   Les notes de Marie sont toujours les meilleures. Marie est aussi une musicienne très douée.
   Vous :   Marie, dont les notes sont toujours les meilleures, est aussi une musicienne très douée.
4. **Grégoire :**   Marie sort avec un jeune homme. Ce jeune homme parle quatre langues.
   Vous :   Le jeune homme avec lequel Marie sort parle quatre langues.
5. **Grégoire :**   Il est né en Allemagne. Il ne se souvient pas de ce pays. Il a quitté ce pays trop tôt.
   Vous :   Il est né en Allemagne. Il ne se souvient pas de ce pays qu'il a quitté trop tôt.
6. **Grégoire :**   Ses parents sont originaires d'un village italien. Le village est perché dans les collines de Toscane.
   Vous :   Le village d'où ses parents sont originaires est perché dans les collines de Toscane.
7. **Grégoire :**   Il a fait un stage en France dans une entreprise. L'entreprise est une multinationale basée à Paris.
   Vous :   L'entreprise dans laquelle il a fait son stage est une multinationale basée à Paris.
8. **Grégoire :**   Il a fait du bon travail. Son travail a satisfait l'entreprise.
   Vous :   Le travail qu'il a fait a satisfait l'entreprise.
9. **Grégoire :**   L'entreprise l'a envoyé à Barcelone. Il a couvert les Jeux olympiques en tant qu'interprète.
   Vous :   L'entreprise l'a envoyé à Barcelone où il a couvert les Jeux olympiques en tant qu'interprète.
10. **Grégoire :**   Ce jeune homme parle l'italien, l'allemand, le français et l'espagnol. Il semble prêt pour le grand marché européen.
    Vous :   Ce jeune homme qui parle l'italien, l'allemand, le français et l'espagnol semble prêt pour le grand marché européen.

Exercice 2

Écoutez le passage suivant, puis combinez les phrases en formant une proposition relative.

Ma voisine Éliane est très amateur de musique rock. Elle a une collection fabuleuse de compacts-disques. Quand nous organisons des fêtes, elle apporte des disques. Nous les écoutons et nous dansons aussi. Julien et Gilbert ont vingt et un ans. Ils achètent de la bière et préparent aussi des nachos et des pizzas. Ils sont bons cuisiniers. Marie, ma camarade de chambre, offre de jouer de la harpe, mais les étudiants ne semblent pas intéressés !

Maintenant, combinez les phrases.

Exemple :

> Vous entendez :   Éliane a une collection fabuleuse de compacts-disques.
> Votre cahier indique :   Éliane est très amateur de musique rock.
> *Vous dites* :   Éliane, qui a une collection fabuleuse de compacts-disques, est très amateur de musique rock.

1. Nous écoutons des disques.
   ***Vous* :**   Nous écoutons les disques qu'Éliane nous apporte.
2. Julien et Gilbert sont excellent cuisiniers.
   ***Vous* :**   Julien et Gilbert, qui sont excellents cuisiniers, préparent des pizzas.
3. Avez-vous déjà goûté les pizzas ?
   ***Vous* :**   Avez-vous déjà goûté les pizzas que Julien et Gilbert ont préparées ?
4. Les étudiants ne s'intéressent pas à la harpe.
   ***Vous* :**   La harpe, à laquelle les étudiants ne s'intéressent pas, est un joli instrument.
5. La harpe est utilisée dans la musique classique.
   ***Vous* :**   La harpe, l'instrument dont Marie joue, est utilisée dans la musique classique.

Exercice 3

Dans chacune des situations suivantes, vous jouerez le rôle indiqué. Combinez les deux phrases en une, formant une proposition relative.

Exemple :

> Vous êtes au parc avec un enfant.
> Vous entendez l'enfant dire :   Voilà une grande statue.
> Votre cahier indique :   Le sculpteur de cette statue est très connu. Il s'appelle Rodin.
> *Vous dites* :   Voilà une grande statue dont le sculpteur est très connu. Il s'appelle Rodin.

Situation 1

Un acheteur et un vendeur sont dans une salle de vente d'automobiles. Vous serez le vendeur.

1. **L'acheteur :**   Voilà une jolie voiture rouge. Quelle en est la marque ?
   Le vendeur :   C'est une Lancia que nous venons de recevoir d'Italie.
2. **L'acheteur :**   Le moteur de cette voiture est-il très puissant ?
   Le vendeur :   Oui, c'est une voiture dont le moteur est très puissant.
3. **L'acheteur :**   Est-ce que les sièges de cette voiture sont confortables ?
   Le vendeur :   Ce sont des sièges qui sont recouverts de cuir naturel.
4. **L'acheteur :**   Est-ce que les freins sont bons ?
   Le vendeur :   C'est une voiture dont les freins sont excellents.
5. **L'acheteur :**   La voiture utilise-t-elle beaucoup d'essence ?
   Le vendeur :   C'est une voiture qui consomme 30 litres aux cent (kilomètres). (*Commentaire* : En France la consommation d'essence d'une voiture se mesure par le nombre de litres nécessaires pour couvrir une distance de cent kilomètres.)
6. **L'acheteur :**   Et quel en est le prix ?
   Le vendeur :   C'est une voiture dont le prix est très raisonnable. 75.000 dollars, taxes comprises.
7. **L'acheteur :**   Est-ce que vous me prenez pour un milliardaire ?
   Le vendeur :   Mais non. Le prix que j'ai mentionné est pour le modèle décapotable.

8. **L'acheteur :**   Et ce modèle-ci ?
   Le vendeur :   Ah, c'est un modèle que je peux vous vendre à vingt pour cent de moins.

Situation 2

Un médecin parle à son malade. Vous serez le médecin.

1. **Le malade :**   Quelle est la cause de cette maladie ?
   Le médecin :   C'est une maladie dont la cause est inconnue.
2. **Le malade :**   Les conséquences de cette maladie sont-elles graves ?
   Le médecin :   C'est une maladie dont les conséquences peuvent être très graves.
3. **Le malade :**   Y a-t-il un traitement spécifique à suivre ?
   Le médecin :   Il y a de nouveaux médicaments que je peux vous prescrire.
4. **Le malade :**   Est-ce que je vais guérir de cette maladie ?
   Le médecin :   C'est une condition dont on guérit assez rapidement.

Situation 3

Deux amis, Yves et Gilberte, bavardent quelques jours après les élections. Vous serez Yves.

1. **Gilberte :**   Que penses-tu du sénateur Grosbois ?
   Yves :   C'est un homme politique dont les opinions sont très respectées.
2. **Gilberte :**   N'y a-t-il pas eu quelques scandales dans sa vie privée ?
   Yves :   C'est un homme dont la vie est exemplaire.
3. **Gilberte :**   Il paraît qu'il vient de proposer une législation pour modifier le système des impôts.
   Yves :   En effet, ce sont des mesures qui aideront les pauvres et ne favoriseront personne.

Situation 4

Deux étudiants, Jean-Claude et Christophe, bavardent après être allés au théâtre voir une pièce d'avant-garde. Vous serez Christophe.

1. **Jean-Claude :**   Est-ce que tu as vu d'autres pièces de ce dramaturge ?
   Christophe :   C'est un dramaturge dont j'ai vu toutes les pièces.
2. **Jean-Claude :**   Il paraît que la critique est très hostile.
   Christophe :   En effet. Les revues que j'ai lues attaquent la pièce sur tous les fronts.
3. **Jean-Claude :**   Sais-tu si la pièce a été traduite en anglais ?
   Christophe :   C'est une pièce qu'on a traduite en plusieurs langues.

Exercice 4

Imaginez que vous parlez à Isabelle vers la fin de l'année scolaire. Vous allez partir faire un stage à l'étranger et vous venez de vous débarrasser de tout ce dont vous n'aviez plus besoin. Répondez aux questions d'Isabelle en remplaçant les noms en italique écrits dans votre cahier par des pronoms démonstratifs.

Exemple :

Vous entendez Isabelle dire :   Quels vêtements emportes-tu ?
Votre cahier indique :   J'emporte les vêtements / je / acheter en solde [passé composé].
Vous dites :   J'emporte ceux que j'ai achetés en solde.

1. **Isabelle :**   As-tu vendu tous tes livres ?
   Vous :   J'ai vendu ceux dont je n'ai plus besoin.
2. **Isabelle :**   Te reste-t-il des compacts-disques ?
   Vous :   Quelques-uns. Tu peux prendre ceux que je n'ai pas vendus.
3. **Isabelle :**   Et ta vieille bicyclette ?
   Vous :   Je la garde. C'est celle que mes parents m'ont offerte.
4. **Isabelle :**   Nous écriras-tu de chaque pays que tu visiteras ?
   Vous :   Oui, bien sûr. Je vous enverrai des cartes de tous ceux que je visiterai.
5. **Isabelle :**   Est-ce que tu vas emporter un album de photos ?
   Vous :   Oui, je vais emporter celui que tu m'as donné.

CONVERSATIONS DIRIGÉES

Conversation I

Combinez la phrase que vous entendrez et celle qui est écrite dans votre cahier.

Exemple :

> Vous entendez : J'ai une vieille voiture.
> Votre cahier indique : Je l'ai achetée à un très bon prix.
> *Vous dites :* J'ai une vieille voiture que j'ai achetée à un très bon prix.

1. Gérard a acheté une voiture.
   Vous : Il a acheté une voiture dont les freins étaient défectueux.
2. Françoise va préparer un dessert.
   Vous : Françoise va préparer un dessert que tout le monde aime.
3. Fais attention ! Le couteau est vieux et rouillé.
   Vous : Fais attention ! Le couteau dont tu te sers est vieux et rouillé.
4. Ils sont descendus dans un tout petit village.
   Vous : Ils sont descendus dans un tout petit village qui se trouvait près d'une rivière.
5. Est-ce que tu as le temps de me montrer ta nouvelle voiture ?
   Vous : Est-ce que tu as le temps de me montrer la nouvelle voiture que tes parents t'ont offerte ?
6. Les émissions à la télévision sont instructives.
   Vous : Les émissions que nous regardons à la télévision sont instructives.
7. Je vais acheter le bois.
   Vous : Je vais acheter le bois dont il a besoin pour construire une étagère.
8. «Un jour, Memnon a conçu le projet insensé d'être parfaitement sage. Il n'y a guère d'hommes à qui cette folie n'ait quelquefois passé par la tête. »
   Voilà des phrases.
   Vous : Voilà des phrases qui illustrent bien le style de Voltaire.
9. Mes parents habitent une petite maison.
   Vous : Mes parents habitent une petite maison dont ils sont contents et qui ne leur coûte pas trop cher.
10. L'omelette et la ratatouille étaient délicieuses.
    Vous : L'omelette et la ratatouille que tu as préparées pour le déjeuner étaient délicieuses.
11. Je parlerai des poèmes de Baudelaire.
    Vous : Je parlerai des poèmes de Baudelaire dont je me souviens le mieux.
12. Cette pièce de théâtre de Sartre met en scène des personnages.
    Vous : Cette pièce de théâtre de Sartre met en scène des personnages dont le caractère est instable.

Conversation II

Combinez la phrase que vous entendrez et celle qui est écrite dans votre cahier en utilisant où, d'où, par où.

Exemple :

> Vous entendez : Le village est pittoresque.
> Votre cahier indique : Nous y passons nos vacances. [où]
> *Vous dites :* Le village où nous passons nos vacances est pittoresque.

1. Le restaurant coûte cher.
   Vous : Le restaurant où nous allons coûte cher.
2. Il faisait froid le lundi.
   Vous : Il faisait froid le jour où je suis arrivé.
3. Le village se trouve dans les Alpes.
   Vous : Le village d'où je viens se trouve dans les Alpes.
4. Les routes sont dangereuses.
   Vous : Les routes par où il passe pour aller à son travail sont dangereuses.

5. Les années 60 ont été une période mouvementée.
    Vous :   Les années 60 ont été une période mouvementée où on contestait beaucoup l'autorité.
6. Il y a un trou dans le mur.
    Vous :   Il y a un trou dans le mur par où les souris peuvent passer.

Conversation III

Combinez la phrase que vous entendrez et la phrase écrite dans votre cahier en utilisant laquelle, lequel, de laquelle, duquel, à laquelle, *etc.*

Exemple :

Vous entendez :   Voilà trois suggestions.
Votre cahier indique :   Vous pouvez penser à ces suggestions. [auxquelles]
Vous dites :   Voilà trois suggestions auxquelles vous pouvez penser.

1. Nous avons trouvé un restaurant ouvert.
    Vous :   Nous avons trouvé un restaurant ouvert sans lequel nous serions morts de faim.
2. Comme nous voulions refinancer notre hypothèque, notre agent immobilier nous a présenté plusieurs options.
    Vous :   Comme nous voulions refinancer notre hypothèque, notre agent immobilier nous a présenté plusieurs options entre lesquelles nous devions choisir.
3. Connaissez-vous ces étudiants en blouson noir ?
    Vous :   Connaissez-vous ces étudiants en blouson noir auxquels Nathalie parle ?
4. Connaissez-vous Mme Duvilliers ? C'est une dame très érudite.
    Vous :   Connaissez-vous Mme Duvilliers ? C'est une dame très érudite pour laquelle j'ai beaucoup d'admiration.
5. Toutes ces maisons anciennes sont devenues invendables.
    Vous :   Toutes ces maisons anciennes devant lesquelles on a construit une nouvelle autoroute sont devenues invendables.
6. Échappant à l'agent qui le tenait par le bras, Julien a descendu en courant la rue.
    Vous :   Echappant à l'agent qui le tenait par le bras, Julien a descendu en courant la rue au bout de laquelle ses amis l'attendaient.

TEXTES DE COMPRÉHENSION

Compréhension globale

Vous écouterez d'abord un poème de Jacques Prévert composé de phrases incomplètes, mais qui dans leur ensemble racontent une histoire.

Paroles : « Le Message »
Jacques Prévert

La porte que quelqu'un a ouverte
La porte que quelqu'un a refermée
La chaise où quelqu'un s'est assis
Le chat que quelqu'un a caressé
Le fruit que quelqu'un a mordu
La lettre que quelqu'un a lue
La chaise que quelqu'un a renversée
La porte que quelqu'un a ouverte
La route où quelqu'un court encore
Le bois que quelqu'un traverse
La rivière où quelqu'un se jette
L'hôpital où quelqu'un est mort.

Compréhension, dictée et interprétation

Vocabulaire

vitrines *glass cabinets*
armoires *closets*
regorgent d'objets *are overflowing with objects*
convenable *proper*
ravi *delighted*
s'en charger *to take care of it*
colis *package*
étiquettes *labels*
en coller une *stick one on*
se décoller *to come unglued*
cafetières *coffeepots*
voisinant avec *neighboring; positioned next to*
coquetiers *egg cups*
salières *salt containers*
seau à champagne *champagne bucket*
seau *bucket*
j'y tiens beaucoup *I am very fond of it*
l'argenterie *silverware*
après s'être entortillée *after having entwined herself*
robe de chambre *dressing gown*
escabeau *footstool*
entassés *piled up*
bougeoirs *candlesticks*
On ne se sert plus guère *One scarcely uses*
bougies *candles*
Lalique *maker of fine crystal*
l'emporter *take it with him*
laid *ugly*
par-dessus le marché *(idiom) on top of it all*
fourrager *rummage around*
argent *silver*
jardinière *flower stand*
encrier de bronze *bronze inkwell*
boîte en écaille *tortoise-shell box*
tendit *handed*
toux *cough*
sentir *smell*

écrin de cuir rouge *red leather case*
il fait un effet fou *it looks tremendous, spectacular*
boîte *box*
s'ajustait *fit*
dans le creux du satin blanc bouillonné qui garnissait l'écrin
    in the shirred white satin hollow that lined the case
c'est fait exprès *it is made on purpose*
ne plaisait guère *did not especially please*
ravis *delighted*
soigneusement *carefully*
nettoyé *cleaned*
empaqueté *packaged*
vœux *wishes*
tarder *to delay*
remerciements émus *heartfelt thanks*
ne s'attendaient pas *were not expecting*
mousse *moss; foam*
frisée *curly*
Crois-tu qu'il se paye notre tête ? *Do you think that
    he is making fun of us?*
oserait *would dare*
mélangé *mixed up*
confondu *mixed up*
argenterie *silverware*
porto *Port wine*
à part *separate*
je tombe des nues *(idiom) I am thunderstruck, literally: I am
    falling from the clouds*
gâté *spoiled*
Boucher *Boucher, François 1703–1770, célèbre peintre du
    dix-huitième siècle*
Je parcours *I have visited extensively*
de tel *of the sort*
bredouillant *stammering*
mouchoir *handkerchief*
chaleur *heat*
vous remonter *revive yourself*

En écoutant le conte de Michelle Maurois intitulé Le Cadeau de mariage, *écrivez les mots qui manquent dans le texte reproduit dans votre cahier. Ensuite, répondez aux questions.*

Le Cadeau de mariage
Michelle Maurois

Monsieur et Madame Martin-Leduc viennent d'apprendre le mariage d'Irène La Madière. Celle-ci est une cliente importante de la banque où M. Martin-Leduc travaille. Il faut donc que les Martin-Leduc offrent un beau cadeau de mariage, ce qui n'est pas facile. D'abord, la somme d'argent dont ils disposent est limitée et puis, tous les magasins dans lesquels Mme Martin-Leduc est allée n'avaient que des objets trop chers. Alors, M. Martin-Leduc a proposé d'offrir un objet de leur maison, quelque chose dont ils ne se servaient plus. Ensemble ils cherchent dans leurs vitrines et dans leurs armoires qui regorgent d'objets qu'ils ont reçus en héritage, un objet qui pourrait servir de cadeau parfait.

Le texte de Michelle Maurois reprend :

Mme Martin-Leduc : Il y aurait bien des objets qu'on pourrait donner ici, tu ne crois pas, Léon ? Dans l'héritage de la tante Léopold, il y a beaucoup de choses <u>dont nous ne nous servons pas</u>...

M. Martin-Leduc : On n'arrivera jamais à faire un paquet qui ait l'air convenable.

Mme Martin-Leduc : Ça, je m'en charge. J'ai du papier glacé blanc d'avant-guerre et de la vraie ficelle.

M. Martin-Leduc : Et par qui le faire porter ? Ils connaissent nos domestiques.

Mme Martin-Leduc : Le fils du concierge sera ravi de s'en charger.

M. Martin-Leduc : Quand un magasin livre un colis, il y a la marque de la maison.

Mme Martin-Leduc : Tu vois, Léon, comme je pense à tout : j'ai gardé toutes les étiquettes du mariage de Marc, pensant que ça pourrait servir... on n'a qu'à en coller une.

M. Martin-Leduc : Et s'ils veulent changer le cadeau ?

Mme Martin-Leduc : Ils n'oseront pas changer notre cadeau !

M. Martin-Leduc : Si tu crois qu'ils nous inviteront chez eux, ma pauvre Rose ! Non, si nous envoyons quelque chose d'ici, j'aime encore mieux ne pas mettre d'étiquette : elle aura pu se décoller en route.

Narratrice : Monsieur Martin-Leduc inspectait la vitrine d'argenterie où s'alignaient des plats, des cafetières de tous les styles, voisinant avec d'innombrables gobelets, coquetiers et menus objets d'argent.

M. Martin-Leduc : Il y a là dix ou douze salières, Rose... oh ! J'ai trouvé, ce seau à champagne... nous en avons des quantités dans la vitrine !

Mme Martin-Leduc : Tu n'y penses pas, mon ami ! D'abord, ce seau vient de mon côté, j'y tiens beaucoup, c'est un souvenir de ma pauvre grand-mère d'Amiens.

M. Martin-Leduc : Celle que tu n'as jamais connue ?

Mme Martin-Leduc : Justement... c'est tout ce qui me reste d'elle... et puis, l'argenterie est un placement. Tu dis toi-même qu'il faudrait dépenser une fortune pour en acheter, c'est la même chose.

M. Martin-Leduc : Non, pas tout à fait !

Mme Martin-Leduc : Attends, Léon !

Narratrice : Et Madame Martin-Leduc, après s'être entortillée dans une vieille robe de chambre alla chercher un escabeau qu'elle traîna dans le corridor et ouvrit le haut d'une armoire. Là, étaient entassés des souvenirs et des cadeaux de trois générations de Martin et de Leduc.

Mme Martin-Leduc : Voilà des bougeoirs en cristal. Viens voir, Léon !

M. Martin-Leduc : Des bougeoirs ! On ne se sert plus guère de bougies de nos jours : j'ai peur que ça ne fasse pas bien plaisir à ces jeunes gens !

Mme Martin-Leduc : Ce n'est pas pour leur faire plaisir qu'on leur fait un cadeau.

M. Martin-Leduc : Qu'est-ce que tu as d'autre à me proposer ?

Mme Martin-Leduc : Un buste de Napoléon... non ! Un vase de Lalique... je ne le reconnais pas du tout. Et toi, Léon ?

M. Martin-Leduc : Non. Tu es sûre qu'il est à nous ?

Mme Martin-Leduc : Il doit être à Marc, mais comme il a oublié de l'emporter, il ne s'en souviendra pas.

M. Martin-Leduc : Il le reconnaîtra quand il le verra chez La Madière... et puis il est très laid.

Mme Martin-Leduc : Si par-dessus le marché, il faut que ce soit joli !

Narratrice : Elle continua à fourrager dans l'armoire...

Mme Martin-Leduc : Encore des bougeoirs... en argent cette fois ; non ! Une jardinière en porcelaine... non ! Un encrier de bronze... non ! Tiens, une petite boîte en écaille avec une miniature !

M. Martin-Leduc : Fais voir, Rose !

Narratrice : Madame Martin-Leduc tendit la boîte à son mari.

M. Martin-Leduc : C'est une bonbonnière. Elle vient de chez la tante Léopold. Elle l'avait près de son lit pleine de pastilles à l'eucalyptus pour la toux... elle doit encore sentir...

Narratrice : Madame Martin-Leduc fouillait toujours.

Mme Martin-Leduc : Tiens, un magnifique écrin de cuir rouge, presque neuf... il est vide, c'est dommage, il fait un effet fou !

M. Martin-Leduc : Mais, il a l'air un peu plus grand que la boîte... passe-le-moi.

Narratrice : La bonbonnière s'ajustait à la perfection dans le creux du satin blanc bouillonné qui garnissait l'écrin.

M. Martin-Leduc : Rose, viens. On dirait que c'est fait exprès.

En effet, la bonbonnière était une toute petite boîte sur laquelle on avait monté une miniature représentant une marquise. Cette boîte ne plaisait guère aux Martin-Leduc, qui étaient ravis d'avoir trouvé un cadeau convenable pour le mariage auquel ils étaient invités. Après l'avoir soigneusement nettoyé et empaqueté avec une carte qui disait : « Monsieur et Madame

Léon Martin-Leduc avec leurs meilleurs vœux de bonheur » ils ont demandé au fils de la concierge de porter le cadeau chez Irène La Madière. Les Martin-Leduc se sont couchés satisfaits, la conscience tranquille.

Le lendemain, ils ont reçu une lettre d'Irène qui les remerciait vivement.

Irène La Madière : « Chère Madame,

Je ne veux pas tarder un instant de plus à vous dire nos remerciements émus pour votre merveilleux cadeau. Mon fiancé et moi sommes très touchés : nous le mettrons chez nous à la place d'honneur où nous espérons que vous viendrez le voir.

Dites à Monsieur Martin-Leduc notre gratitude et croyez, chère Madame, à ma reconnaissante et respectueuse sympathie. »

Le père d'Irène a également écrit un mot dans les termes les plus chaleureux. Les Martin-Leduc, très surpris de ces grands remerciements <u>auxquels ils ne s'attendaient pas</u> pour un si petit cadeau, se demandaient si M. La Madière ne se moquait pas d'eux.

M. Martin-Leduc : (se passant la main dans la mousse frisée de ses cheveux) Sapristi ! Crois-tu qu'il se paye nôtre tête ?

Mme Martin Leduc : Je ne pense pas qu'il oserait. Ils sont peut-être simplement polis.

M. Martin-Leduc : C'est plus que de la politesse !

Mme Martin Leduc : Elle était gentille, cette petite boîte. Elle leur a peut-être fait plaisir.

M. Martin-Ledue : Non. Je pense que La Madière veut être aimable ; il doit avoir besoin d'un service.

Mme Martin-Leduc : J'ai une idée. Ils ont peut-être mélangé les cartes : c'était arrivé avec les cadeaux de Marc. On avait tout ouvert en même temps et tout confondu. Peut-être qu'on a mis notre carte avec quelque chose de très bien.

M. Martin-Leduc : Oui, Rose, tu dois avoir raison : je n'y avais pas pensé. C'est parfait.

Le jour du mariage est enfin arrivé. Après la cérémonie, les invités se sont rendus chez les La Madière <u>où on avait préparé un grand buffet</u> dans la pièce de séjour. Mais les Martin-Leduc, curieux de savoir <u>ce qu'on avait fait</u> de leur cadeau, sont entrés d'abord dans le petit salon <u>où les cadeaux de mariage</u> étaient exposés. Il y avait de l'argenterie, du cristal, des lampes, des vases, des services à porto. Sur une table à part au fond de la pièce étaient rangés des bijoux de toutes sortes : perles, émeraudes, diamants, et à la place d'honneur, on avait mis la petite bonbonnière des Martin-Leduc avec leur carte de visite.

M. Martin-Leduc : Qu'en penses-tu, Rose ? Moi, je tombe des nues.

C'est alors que le frère de M. La Madière, un grand amateur d'art dont la collection était très célèbre à Paris, s'est approché des Martin-Leduc en disant :

Le frère : Ah mes amis ! Comme vous avez gâté ma nièce : cette miniature de Boucher qu'on a montée en bonbonnière est une des plus belles qu'il m'ait été donné de voir. On n'en connaît d'ailleurs que deux ou trois au monde. J'ai moi-même une collection de miniatures de cette époque, mais aucune ne peut se comparer à celle-ci. C'est une pièce unique : je me demande comment vous avez pu découvrir une semblable merveille. Je parcours depuis vingt ans les antiquaires d'Europe et n'ai rien vu de tel...

M. Martin-Leduc : (bredouillant) Euh ! C'est-à-dire ... je suis content que cela leur ait fait plaisir...

Le frère : Plaisir ! ... Vous pouvez être sûr que cela leur a fait plaisir ! Je donnerais toute ma collection pour ce trésor... Mais, Madame, vous ne vous sentez pas bien...

Narratrice : Madame Martin-Leduc était tombée lourdement sur une chaise et portait son mouchoir à ses lèvres.

Mme Martin-Leduc : C'est la chaleur, l'émotion, les fleurs !

M. Martin-Leduc : Je vais aller vous chercher un peu de champagne, vous avez besoin de vous remonter.

Mme Martin-Leduc (murmurant) : Oui...

Chapitre 12   Le Discours indirect

Programme de laboratoire

MISE EN PRATIQUE

Exercice 1

Jacques, Julien, Alice et Miriam ont décidé d'aller faire du ski. Écoutez d'abord leur conversation, puis mettez les phrases que vous entendrez au discours indirect.

Jacques : Nous pourrons partager une grande cabine.
Alice : D'accord. À quelle heure voulez-vous partir ?
Julien : Partons de bonne heure pour éviter la circulation.
Miriam : Bonne idée ! Je me lève toujours tôt de toute façon.
Jacques : Nous devrions vérifier les conditions routières. Il y a parfois des tempêtes.
Miriam : J'ai acheté des chaînes au cas où il neigerait beaucoup.
Julien : Voulez-vous dîner au restaurant ou préférez-vous faire la cuisine ?
Alice : Y a-t-il des chalets avec cuisine à louer dans le motel où nous avons retenu ?
Julien : Je pense que oui. Alors, je ferai la cuisine. Cela nous coûtera moins cher que d'aller au restaurant.

Maintenant, mettez les phrases au discours indirect.

Exemple :

Vous entendez Jacques dire : Je travaille chez IBM.
Votre cahier indique : Jacques a dit... (travailler / IBM)
Vous dites : Jacques a dit qu'il travaille chez IBM.

1. **Jacques :** Nous pourrons partager une grande cabine.
   Vous : Jacques a dit qu'ils pourraient partager une grande cabine.
2. **Alice :** À quelle heure voulez-vous partir ?
   Vous : Alice a demandé à ses amis à quelle heure ils voulaient partir.
3. **Julien :** Partons de bonne heure pour éviter la circulation.
   Vous : Julien a suggéré de partir de bonne heure.
4. **Miriam :** Je me lève toujours tôt de toute façon.
   Vous : Miriam a dit qu'elle se levait toujours tôt de toute façon.
5. **Jacques :** Nous devrions vérifier les conditions routières.
   Vous : Jacques a dit qu'ils devraient vérifier les conditions routières.
6. **Jacques :** Il y a parfois des tempêtes.
   Vous : Jacques a dit qu'il y avait parfois des tempêtes.
7. **Miriam :** J'ai acheté des chaînes au cas où il neigerait beaucoup.
   Vous : Miriam a dit qu'elle avait acheté des chaînes.
8. **Julien :** Voulez-vous dîner au restaurant ou préférez-vous faire la cuisine ?
   Vous : Julien a demandé s'ils voulaient dîner au restaurant ou s'ils préféraient faire la cuisine.
9. **Alice :** Y a-t-il des chalets avec cuisine à louer dans le motel où nous avons retenu ?
   Vous : Alice a demandé s'il y avait des chalets avec cuisine à louer.
10. **Julien :** Je ferai la cuisine. Cela nous coûtera moins cher.
    Vous : Julien a dit qu'il ferait la cuisine et que cela leur coûterait moins cher.

Exercice 2

Imaginez que vous avez passé l'après-midi avec votre petite nièce Éloïse. Vous l'avez vue d'abord avec son ami Christian, puis avec sa mère dans la cuisine et au magasin. Écoutez d'abord la conversation. Ensuite, rapportez-la au discours indirect selon les indications données dans votre cahier.

Situation 1 : Dans le parc

Écoutez d'abord le dialogue.

Éloïse : *Est-ce que tu veux jouer à la balle avec moi ?*

Christian : Non, je préfère la balançoire.

Éloïse : Non, non, non ! Je n'aime pas cette balançoire. Jouons à cache-cache. Ferme les yeux. Je vais me cacher.

Christian : D'accord. Je compterai jusqu'à dix. Un, deux, trois...

Éloïse : Tu ne me trouveras pas.

Christian : Si, je te trouverai.

Maintenant, mettez les phrases d'Éloïse et de Christian au discours indirect.

Exemple :

Vous entendez Éloïse dire : Christian, est-ce que tu veux jouer avec moi ?

Votre cahier indique : Elle a demandé à Christian si... (vouloir jouer / avec elle).

Vous dites : Elle a demandé à Christian s'il voulait jouer avec elle.

1. **Éloïse :** Est-ce que tu veux jouer à la balle avec moi ?

    Vous : Éloïse a demandé à Christian s'il voulait jouer à la balle avec elle.

2. **Christian :** Non, je préfère la balançoire.

    Vous : Christian a répondu que non, qu'il préférait la balançoire.

3. **Éloïse :** Non, non, non ! Je n'aime pas cette balançoire. Jouons à cache-cache. Ferme les yeux. Je vais me cacher.

    Vous : Éloïse a répondu que non, qu'elle n'aimait pas la balançoire. Elle lui a demandé de jouer à cache-cache et de fermer les yeux. Elle lui a dit qu'elle allait se cacher.

4. **Christian :** D'accord. Je compterai jusqu'à dix. Un, deux, trois...

    Vous : Christian a dit qu'il compterait jusqu'à dix. Un, deux, trois...

5. **Éloïse :** Tu ne me trouveras pas.

    Vous : Éloïse a dit à Christian qu'il ne la trouverait pas.

6. **Christian :** Si, je te trouverai.

    Vous : Christian a répondu que si, qu'il la trouverait.

Situation 2 : Dans la cuisine

Écoutez d'abord le dialogue. Éloïse parle à sa maman.

Éloïse : Qu'est-ce que c'est ?

Maman : C'est un mixer.

Éloïse : À quoi ça sert ?

Maman : À plein de choses, on peut faire des jus de fruits, des soupes, des purées, des sauces.

Éloïse : J'en veux un.

Maman : Tu n'en as pas besoin pour le moment. Demain, je t'achèterai un nouveau jouet.

Maintenant, mettez la conversation que vous venez d'entendre au discours indirect.

1. **Éloïse :** Qu'est-ce que c'est ?

    Vous : Éloïse a demandé ce que c'était.

2. **Maman :** C'est un mixer.

    Vous : Sa maman a répondu que c'était un mixer.

3. **Éloïse :** À quoi ça sert ?

    Vous : Éloïse a demandé à quoi ça servait.

4. **Maman :** À plein de choses, on peut faire des jus de fruits, des soupes, des purées, des sauces.

    Vous : La mère d'Éloïse a répondu que ça servait à plein de choses, qu'on pouvait faire des jus de fruits, des soupes, des purées, des sauces.

5. **Éloïse :** J'en veux un !
    Vous : Éloïse a dit qu'elle en voulait un.
6. **Maman :** Tu n'en as pas besoin pour le moment. Demain, je t'achèterai un nouveau jouet.
    Vous : La mère d'Éloïse a dit qu'elle n'en avait pas besoin pour le moment. Elle a ajouté que le lendemain, elle lui achèterait un nouveau jouet.

Situation 3 : À la caisse

Écoutez d'abord la conversation entre Éloïse et sa mère.

Éloïse : *Pourquoi est-ce que tu donnes des billets à la dame ?*

Maman : C'est pour payer tout ce que j'ai acheté.

Éloïse : Éloïse : Pourquoi est-ce que la dame te donne des sous ?

Maman : Elle me rend la monnaie, parce que je lui ai donné trop d'argent.

Éloïse : Est-ce que tu peux me donner des sous pour m'acheter des bonbons ?

Maman : Non, ma chérie. Nous devons rentrer.

Maintenant, mettez la conversation que vous venez d'entendre au discours indirect.

1. **Éloïse :** Pourquoi est-ce que tu donnes des billets à la dame ?
    Vous : Éloïse a demandé à sa mère pourquoi elle donnait des billets à la dame.
2. **Maman :** C'est pour payer tout ce que j'ai acheté.
    Vous : La mère d'Éloïse a dit que c'était pour payer tout ce qu'elle avait acheté.
3. **Éloïse :** Pourquoi est-ce que la dame te donne des sous ?
    Vous : Éloïse a demandé pourquoi la dame lui donnait des sous.
4. **Maman :** Elle me rend la monnaie parce que je lui ai donné trop d'argent.
    Vous : La mère d'Éloïse a expliqué que la dame lui rendait la monnaie parce qu'elle lui avait donné trop d'argent.
5. **Éloïse :** Est-ce que tu peux me donner des sous pour m'acheter des bonbons ?
    Vous : Éloïse a demandé à sa mère si elle pouvait lui donner des sous pour s'acheter des bonbons.
6. **Maman :** Non, ma chérie. Nous devons rentrer.
    Vous : La mère d'Éloïse a répondu que non, qu'elles devaient rentrer.

CONVERSATIONS DIRIGÉES

Conversation I

Imaginez que vous assistez à une interview d'un acteur français. Assise à côté de vous se trouve une personne un peu sourde qui vous demande de lui répéter tout ce qu'a demandé la journaliste.

Exemple :

Vous entendez la journaliste demander : Quand avez-vous tourné votre premier film ?
Votre cahier indique : Elle lui a demandé... (tourner / premier film).
Vous dites : Elle lui a demandé quand il avait tourné son premier film.

1. **La journaliste :** Quand êtes-vous arrivé à Hollywood ?
    Vous : Elle lui a demandé quand il était arrivé à Hollywood.
2. **La journaliste :** Quel nouveau film tournez-vous en ce moment ?
    Vous : Elle lui a demandé quel nouveau film il tournait en ce moment.
3. **La journaliste :** Aurez-vous le rôle principal ?
    Vous : Elle lui a demandé s'il aurait le rôle principal.
4. **La journaliste :** Qui jouera le rôle de la femme ?
    Vous : Elle lui a demandé qui jouerait le rôle de la femme.
5. **La journaliste :** Combien de temps resterez-vous en Amérique ?
    Vous : Elle lui a demandé combien de temps il resterait en Amérique.

6. **La journaliste :** Est-ce que votre famille est venue avec vous ?
   Vous : Elle lui a demandé si sa famille était venue avec lui.
7. **La journaliste :** Êtes-vous allé à New York ?
   Vous : Elle lui a demandé s'il était allé à New York.
8. **La journaliste :** Que pensez-vous du cinema américain ?
   Vous : Elle lui a demandé ce qu'il pensait du cinéma américain.
9. **La journaliste :** Qu'est-ce qui vous intéresse le plus en dehors de votre métier ?
   Vous : Elle lui a demandé ce qui l'intéressait le plus en dehors de son métier.
10. **La journaliste :** Lesquels de vos films ont eu le plus de succès en France ?
    Vous : Elle lui a demandé lesquels de ses films avaient eu le plus de succès en France.

Conversation II

Écoutez d'abord la conversation suivante. Ensuite, reprenez les questions au discours indirect.

Situation

Un étudiant rentre chez lui après son premier semestre à l'université. Son père et sa mère lui posent des questions à tour de rôle.

Le père : Est-ce que tu as rencontré une jeune fille à l'université ?
L'étudiant : Oui, justement. Dans mon cours de maths, il y avait une Canadienne dont j'ai fait la connaissance le premier jour du cours. Elle s'appelle Julie-Anne.
Le père : La vois-tu souvent ?
L'étudiant : Oui, nous sortons presque tous les week-ends.
La mère : Connais-tu les parents de la jeune fille ?
L'étudiant : Non, je ne les ai pas encore rencontrés.
Le père : Sais-tu ce qu'ils font ?
L'étudiant : Non, je n'ai jamais demandé.
La mère : À quoi Julie-Anne s'intéresse-t-elle ?
L'étudiant : Oh, elle est un peu comme moi, elle aime l'histoire, la musique et les sports.
Le père : Où est-elle née exactement ?
L'étudiant : À Montréal.
La mère : Puisque vous vous voyez si souvent, est-ce que ça devient sérieux ?
L'étudiant : Oui et non. Nous nous entendons bien, mais nous n'avons pas vraiment fait de grands projets d'avenir.
Le père : Comptes-tu nous la présenter ?
L'étudiant : Justement. Elle arrivera ce soir par le train de sept heures. J'irai la chercher à la gare.

Maintenant, mettez les questions des parents au discours indirect.

Exemple :

Vous entendez le père demander :	As-tu de bons professeurs ?
Votre cahier indique :	Le père a demandé à son fils... (avoir / bons professeurs).
Vous dites :	Le père a demandé à son fils s'il avait de bons professeurs.

1. **Le père :** Est-ce que tu as rencontré une jeune fille à l'université ?
   Vous : Le père a demandé à son fils s'il avait rencontré une jeune fille à l'université.
2. **Le père :** La vois-tu souvent ?
   Vous : Le père a demandé à son fils s'il la voyait souvent.
3. **La mère :** Connais-tu les parents de la jeune fille ?
   Vous : La mère a demandé à son fils s'il connaissait les parents de la jeune fille.
4. **Le père :** Sais-tu ce que les parents de ton amie font ?
   Vous : Le père a demandé à son fils s'il savait ce que les parents de son amie faisaient.
5. **La mère :** À quoi Julie-Anne s'intéresse-t-elle ?
   Vous : La mère a demandé à son fils à quoi Julie-Anne s'intéressait.
6. **Le père :** Où est-elle née exactement ?
   Vous : Le père a demandé à son fils où elle était née.

7. **La mère :** Puisque vous vous voyez si souvent, est-ce que ça devient sérieux ?
   Vous : La mère a demandé à son fils si ça devenait sérieux puisqu'ils se voyaient si souvent.
8. **Le père :** Comptes-tu nous présenter ton amie ?
   Vous : Le père a demandé à son fils s'il comptait leur présenter son amie.

Conversation III

Deux camarades, Mélanie et Cristelle, se parlent. Écoutez leur conversation, puis répondez à la question posée par Jean-Louis, tantôt à propos de ce qu'a dit Mélanie, tantôt à propos de ce qu'a dit Cristelle.

Exemple :

Vous entendez : **Mélanie :** J'ai besoin de ton magnétophone. À quelle heure rentres-tu ?
Cristelle : Je serai de retour vers minuit.
Jean-Louis : Qu'est-ce que Mélanie a demandé à Cristelle ?
Mélanie : J'ai besoin de ton magnétophone. À quelle heure rentres-tu ?
Votre cahier indique : Mélanie a demandé à Cristelle... (rentrer).
Vous dites : Mélanie a demandé à Cristelle à quelle heure elle rentrait.
Vous entendez : **Jean-Louis :** Qu'est-ce que Cristelle a répondu à Mélanie ?
Cristelle : Je serai de retour vers minuit.
Votre cahier indique : Cristelle a répondu... (être de retour / vers minuit).
Vous dites : Cristelle a répondu qu'elle serait de retour vers minuit.

1. **Mélanie :** Notre chambre est tout en désordre. Pourquoi n'as-tu pas rangé tes affaires ?
   Cristelle : Je n'ai pas eu le temps parce que je suis allée au cinéma.
   Jean-Louis : Qu'est-ce que Mélanie a demandé à Cristelle ?
   Mélanie : Notre chambre est tout en désordre. Pourquoi n'as-tu pas rangé tes affaires ?
   Vous : Mélanie a demandé à Cristelle pourquoi elle n'avait pas rangé ses affaires.
   Jean-Louis : Qu'est-ce que Cristelle a répondu ?
   Cristelle : Je n'ai pas eu le temps parce que je suis allée au cinéma.
   Vous : Cristelle a répondu qu'elle n'avait pas eu le temps parce qu'elle était allée au cinéma.
2. **Mélanie :** J'ai passé trois heures à faire mes problèmes de maths. Est-ce que tu as fini les tiens ?
   Cristelle : Oui, je les ai finis et je les ai trouvés horribles aussi.
   Jean-Louis : Qu'est-ce que Mélanie a demandé à Cristelle ?
   Mélanie : Est-ce que tu as fini tes problèmes de maths ?
   Vous : Mélanie a demandé à Cristelle si elle avait fini ses problèmes de maths.
   Jean-Louis : Qu'est-ce que Cristelle a répondu ?
   Cristelle : Oui, je les ai finis et je les ai trouvés horribles aussi.
   Vous : Cristelle a répondu qu'elle les avait finis et qu'elle les avait trouvés horribles aussi.
3. **Mélanie :** Je ne peux pas trouver mes nouvelles cassettes. Où les as-tu mises ?
   Cristelle : Euh, je les ai laissées dans la voiture. J'espère que personne ne les aura volées.
   Jean-Louis : Qu'est-ce que Mélanie a demandé à Cristelle ?
   Mélanie : Je ne peux pas trouver mes nouvelles cassettes. Où les as-tu mises ?
   Vous : Mélanie a demandé à Cristelle où elle avait mis les nouvelles cassettes.
   Jean-Louis : Qu'est-ce que Cristelle a répondu ?
   Cristelle : Euh, je les ai laissées dans la voiture.
   Vous : Cristelle a répondu qu'elle les avait laissées dans la voiture.
4. **Mélanie :** Je ne sais pas comment utiliser ce logiciel. Est-ce que tu peux me donner un coup de main ?
   Cristelle : Oui, je t'aiderai. Je connais très bien ce logiciel. Tu verras, c'est facile.
   Jean-Louis : Qu'est-ce que Mélanie a demandé à Cristelle ?
   Mélanie : Est-ce que tu peux me donner un coup de main avec mon logiciel ?
   Vous : Mélanie a demandé à Cristelle si elle pouvait lui donner un coup de main avec son logiciel.
   Jean-Louis : Qu'est-ce que Cristelle a répondu à Mélanie ?
   Cristelle : Oui, je t'aiderai. Je connais très bien ton logiciel.
   Vous : Cristelle a répondu qu'elle l'aiderait, qu'elle connaissait très bien son logiciel.
5. **Mélanie :** Ta sœur Annette t'a téléphoné pendant que tu étais au cinéma.
   Cristelle : A-t-elle laissé un message ?

Jean-Louis :	Qu'est-ce que Mélanie a dit à Cristelle ?	
Mélanie :	Ta sœur Annette t'a téléphoné pendant que tu étais au cinéma.	
Vous :	Mélanie a dit à Cristelle que sa sœur lui avait téléphoné pendant qu'elle était au cinéma.	
Jean-Louis :	Qu'est-ce que Cristelle a demandé ?	
Cristelle :	A-t-elle laissé un message ?	
Vous :	Cristelle a demandé si sa sœur avait laissé un message.	

6.
Mélanie :	Sois gentille et prête-moi dix dollars. Je te les rendrai demain.	
Cristelle :	D'accord, mais il faut que je passe d'abord à la banque. Je n'ai plus un rond sur moi.	
Jean-Louis :	Qu'est-ce que Mélanie a demandé à Cristelle ?	
Mélanie :	Sois gentille et prête-moi dix dollars.	
Vous :	Mélanie a demandé à Cristelle de lui prêter dix dollars.	
Jean-Louis :	Qu'est-ce que Cristelle a répondu ?	
Cristelle :	Oui d'accord, mais il faut que je passe d'abord à la banque.	
Vous :	Cristelle a répondu que oui, mais qu'il fallait qu'elle passe d'abord à la banque.	

7.
Mélanie :	S'il fait beau dimanche, j'irai à la montagne. As-tu envie d'y aller ?	
Cristelle :	Oui. Nous pourrons prendre ma Jeep.	
Jean-Louis :	Qu'est-ce que Mélanie a dit à Cristelle ?	
Mélanie :	S'il fait beau dimanche, j'irai à la montagne.	
Vous :	Mélanie a dit que s'il faisait beau, elle irait à la montagne.	
Jean-Louis :	Qu'est-ce que Mélanie a demandé à Cristelle ?	
Mélanie :	As-tu envie d'y aller ?	
Vous :	Mélanie a demandé à Cristelle si elle avait envie d'y aller.	
Jean-Louis :	Qu'est-ce que Cristelle a répondu ?	
Cristelle :	Oui. Nous pourrons prendre ma Jeep.	
Vous :	Cristelle a répondu que oui, qu'elles pourraient prendre sa Jeep.	

Conversation IV

Quand Roland est rentré chez lui, ses parents lui ont posé beaucoup de questions sur sa vie à l'université. De retour à l'université, Roland raconte à son camarade de chambre, Daniel, ses entretiens avec ses parents. Jouez le role de Roland qui parle à Daniel. Utilisez les indications données dans votre cahier.

Exemple :

Votre cahier indique :	**Père :**	Te couches-tu très tard ?
	Roland :	Mon père m'a demandé…
Vous dites :		Mon père m'a demandé si je me couchais très tard.

1. *Roland :* Mon père m'a demandé quelle profession m'intéressait vraiment.
2. *Roland :* Mon père m'a demandé ce que j'avais étudié le semestre dernier.
3. *Roland :* Ma mère m'a demandé quels professeurs j'aimais le plus dans ma discipline.
4. *Roland :* Ma mère m'a demandé si je partagerais un appartement avec Françoise et Anne.
5. *Roland :* Ma mère m'a demandé si je mangeais une nourriture saine à l'université.
6. *Roland :* Mon père m'a demandé si j'allais leur écrire plus souvent.
7. *Roland :* Mon père m'a demandé si mes amis et moi avions participé à la grande régate du Prince Jean.
8. *Roland :* Ma mère m'a demandé si je rentrerais à la maison pour les fêtes de Noël.

Daniel avoue à Roland que ses parents lui ont posé des questions très différentes. Jouez maintenant le rôle de Daniel qui rapporte les questions de ses parents à Roland.

1. *Daniel :* Mon père m'a demandé si j'allais choisir la même profession que lui.
2. *Daniel :* Mon père m'a demandé ce que je faisais au lieu d'étudier.
3. *Daniel :* Ma mère m'a demandé combien d'heures je passais à la piscine.
4. *Daniel :* Mon père m'a demandé si je louerais le studio de Véronique.
5. *Daniel :* Ma mère m'a demandé si je préparais mes repas moi-même à l'université.
6. *Daniel :* Mon père m'a demandé si j'écrivais des poèmes depuis longtemps.
7. *Daniel :* Mon père m'a demandé si mes amis et moi, nous étions allés au Grand Canyon à Thanksgiving.
8. *Daniel :* Ma mère m'a demandé si j'irais à San Francisco pour voir tante Isabelle.

TEXTES DE COMPRÉHENSION

Compréhension globale

Vocabulaire

quelque part   *somewhere*
cachée   *hidden*

Je m'en veux terriblement   *I am terribly vexed with myself*
reconnaissant   *grateful*

Écoutez le texte Un faux-pas. *Ensuite, répondez aux questions.*

Un faux-pas

Alain, qui vient de passer dix jours de congé à Saint-Tropez, est assis à la terrasse des Deux Magots, et aperçoit une jeune fille dont il aimerait faire la connaissance.

Alain : *Pardon, mademoiselle, je crois que nous nous sommes déjà rencontrés quelque part.*

La jeune fille : C'est possible, mais je ne le crois pas.
Alain : Étiez-vous à Saint Tropez la semaine dernière ?
La jeune fille : Oui... en effet. Mais...
Alain : Et avez-vous passé la journée à Tahiti Plage ?
La jeune fille : Oui, mais enfin, comment le savez-vous ?
Alain : Et le soir vous avez dîné au restaurant du port. Je vous ai vue parce que j'y ai dîné moi-même.
La jeune fille : (de plus en plus surprise) : Mais, je ne vous ai pas remarqué. Où étiez-vous assis ?
Alain : Ma table était à la terrasse, à moitié cachée par une colonne. Vous ne pouviez pas me voir... mais moi, je vous ai admirée de loin. Si seulement j'avais eu le courage de me présenter ! Nous aurions pu passer la journée ensemble. Je m'en veux terriblement...
La jeune fille : Et mon fiancé qui arrive à l'instant vous en sera éternellement reconnaissant.

Écoutez la lettre de Mme de Sévigné à M. de Pomponne. Ensuite, répondez aux questions.

Lettre à M. de Pomponne
Mme de Sévigné

Mme de Sévigné est une femme de lettres célèbre pour sa correspondance. Dans une lettre au marquis Simon Arnauld de Pomponne, elle raconte une anecdote amusante dont on peut aussi tirer une morale.

Mme de Sévigné : Il faut que je vous conte une petite historiette, qui est très vraie, et qui vous divertira. Le Roi se mêle depuis peu de faire des vers ; MM. de Saint Aignan et Dangeau lui apprennent comme il faut s'y prendre. Il fit l'autre jour un petit madrigal que lui-même ne trouva pas trop joli. Un matin il dit au maréchal de Gramont :
Le roi : Monsieur le maréchal, je vous prie, lisez ce petit madrigal, et voyez si vous en avez jamais vu un si impertinent. Parce qu'on sait que depuis peu j'aime les vers, on m'en apporte de toutes les façons.
Mme de Sévigné : Le maréchal, après avoir lu le madrigal, dit au Roi :
Le maréchal : Sire, Votre Majesté juge divinement bien de toutes choses : il est vrai que voilà le plus sot et le plus ridicule madrigal que j'aie jamais lu.
Le roi : N'est-il pas vrai que celui qui l'a fait est bien fat ?
Le maréchal : Sire, il n'y a pas moyen de lui donner un autre nom.
Le roi : Oh bien ! je suis ravi que vous m'en ayez parlé si bonnement ; c'est moi qui l'ai fait.
Le maréchal : Sire, quelle trahison ! que Votre Majesté me le rende ; je l'ai lu brusquement.
Le roi : Non, monsieur le maréchal : les premiers sentiments sont toujours les plus naturels.
Mme de Sévigné : Le Roi a fort ri de cette folie, et tout le monde trouve que voilà la plus cruelle petite chose que l'on puisse faire à un vieux courtisan. Pour moi, qui aime toujours à faire des réflexions, je voudrais que le Roi en fît là-dessus, et qu'il jugeât par là combien il est loin de connaître jamais la vérité.

Compréhension, dictée et interprétation

Vocabulaire

éprouve *experiences*

ce qui lui vaut l'irritation de son père *which incurs him his father's irrititation*

mécontentement *dissatisfaction*

tendue *tense*

brûlé *burned*

moyen *means*

flâner *ambling about*

paresser *being lazy*

rond de serviette *napkin ring*

Paresseux *Lazy bones*

voyou *scamp*

« Rien ne sert de courir, il faut partir à point. » *Running serves no purpose. One has to leave on time.*

mouchoir *handkerchief*

Voyons. *Let's see*

allongée *elongated*

frappent nos regards *strike our eyes*

munis *equiped*

rames *oars*

canots de course *racing canoes*

mollement *gently*

au gré des flots *to the whims of the waves*

Marne *tributary of the Seine located east of Paris in the region of Rheims-Épernay*

saisi *grabbed*

élucubrations d'un style douteux *stylistic extravagances*

pondues *written; delivered up*

ne se doutait que trop bien *was suspecting all too well*

Dans l'ensemble *On the whole*

remplir *to fill*

insupportable *unbearable*

défauts *faults*

faux *false*

l'avait emporté *had prevailed*

s'en remettre *to recover from this*

effrayé *scared*

s'est attendri *was touched*

Tu es dans la lune ? *You are day dreaming?*

avait baissé *had lowered*

un plaisir ému *with pleasure touched with emotion*

l'épaule *shoulder*

entreprend *undertakes*

une bonne fois *once and for all*

Du reste *Moreover; besides*

désormais *from now on*

En écoutant le texte Le Proverbe *écrivez les mots qui manquent dans le texte reproduit dans votre cahier. Ensuite, répondez aux questions.*

Le Proverbe

Guy de Maupassant

Dans le conte Le Proverbe *de Maupassant, un écolier nommé Lucien Jacotin éprouve des difficultés à faire ses devoirs, ce qui lui vaut l'irritation de son père, homme colérique et autoritaire, le mécontentement de son professeur et les moqueries de ses camarades.*

Le conte débute par une conversation tendue entre Lucien et son père à propos de ses devoirs.

M. Jacotin : Veux-tu me dire ce que tu as fait aujourd'hui ?

Lucien : J'ai été voir avec Fourmont la maison qui a brûlé l'autre nuit dans l'avenue Poincaré.

M. Jacotin : Comme ça, tu as été dehors toute la journée ? Est-ce que tu as fait tes devoirs ?

Lucien : (murmurant) : Mes devoirs ?

M. Jacotin : Oui, tes devoirs.

Lucien : J'ai travaillé hier soir en rentrant de classe.

M. Jacotin : Je ne te demande pas si tu as travaillé hier soir. Je te demande si tu as fait tes devoirs pour demain... J'attends encore ta réponse, toi. Oui ou non, as-tu fait tes devoirs ?

Lucien : (d'un air résigné) : Je n'ai pas fait mon devoir de français.

M. Jacotin : C'est donc bien ce que je pensais. Non seulement tu continues, mais tu persévères. Voilà un devoir de français que le professeur t'a donné vendredi dernier pour demain. Tu avais donc huit jours pour le faire et tu n'en as pas trouvé le moyen. Et si je n'en avais pas parlé, tu allais en classe sans l'avoir fait. Mais le plus fort, c'est que tu auras passé tout ton jeudi à flâner et à paresser.

Lucien, laisse-moi ce rond de serviette tranquille ! Je ne tolérerai pas que tu m'écoutes avec des airs distraits. Oui ou non, m'as-tu entendu ? Veux-tu une paire de claques pour t'apprendre que je suis ton père ? Paresseux, voyou, incapable !

Et veux-tu me dire ce que c'est que ce devoir ?

Lucien : C'est une explication. Il faut expliquer le proverbe : « Rien ne sert de courir, il faut partir à point. »

M. Jacotin : Et alors ? Je ne vois pas <u>ce qu'il y a de difficile dans ce sujet</u>. Va vite me chercher tes cahiers, et au travail ! Je veux voir ton devoir fini.

Lucien s'est diligemment mis au travail, mais comme il n'avait aucune idée comment expliquer le proverbe en question, tant celui-ci lui semblait évident, il n'a rien trouvé de mieux à faire que de se mettre à pleurer.

M. Jacotin (attendri) : Allons, prends-moi ton mouchoir et arrête de pleurer. À ton âge, tu sais bien que si je te traite parfois avec sévérité, c'est pour ton bien. Plus tard, tu diras : « Il avait raison. »

Un père qui sait être sévère, <u>il n'y a rien de meilleur pour l'enfant</u> …

Je vois bien que si je ne mets pas la main à la pâte, on sera encore là à quatre heures du matin. Allons, au travail. Nous disions donc : « Rien ne sert de courir, il faut partir à point. » Voyons. Rien ne sert de courir...

Après avoir longtemps médité le sujet, M. Jacotin décide d'utiliser une compétition sportive comme exemple et demande à Lucien d'écrire sous sa dictée.

M. Jacotin (lentement) : Allons, écris.

Par ce splendide après-midi d'un dimanche d'été, virgule, quels sont donc ces jolis objets verts à la forme allongée, virgule, qui frappent nos regards ? On dirait de loin qu'ils sont munis de longs bras, mais ces bras ne sont autre chose que des rames et les objets verts sont en réalité deux canots de course qui se balancent mollement au gré des flots de la Marne.

Enfin, décidant que c'était plus facile d'écrire lui-même, M. Jacotin a saisi la plume et, se sentant très inspiré, produit un long document qu'il demande à son fils de recopier et de remettre au professeur. Lucien obéit, non sans quelques inquiétudes après avoir relu les élucubrations d'un style douteux que son père avait pondues pour lui.

Une semaine plus tard, le professeur rend la copie corrigée avec les conséquences dont Lucien déjà ne se doutait que trop bien.

Le professeur : Dans l'ensemble, je suis loin d'être satisfait. Si j'excepte Béruchard à qui j'ai donné 13 et cinq ou six autres tout juste passables, vous n'avez pas compris le devoir.

En vous lisant, Jacotin, j'ai été surpris par une façon d'écrire à laquelle vous ne m'avez pas habitué et qui m'a paru si mauvaise que je n'ai pas hésité à vous donner un 3. Vous avez trouvé le moyen de remplir six pages <u>en restant constamment en dehors du sujet</u>. Mais le plus insupportable est ce ton prétentieux que vous avez cru nécessaire d'adopter.

Lucien souffrait en silence, victime à la fois des remarques désobligeantes de son instituteur et du rire de ses camarades. Il s'en voulait d'avoir soumis le devoir. En le recopiant, il avait bien vu les défauts du texte — les éléments faux et discordants — mais une confiance instinctive dans l'infaillibilité de son père l'avait emporté sur son bon jugement.

Lucien : Pourquoi mon père a-t-il insisté pour expliquer ce proverbe ? À quoi bon expliquer des proverbes si on obtient des résultats pareils ? Mon père aura du mal à s'en remettre. Ça lui apprendra.

C'est avec ces pensées en tête que Lucien se met à table pour le repas familial. Écoutez, maintenant, le dénouement de ce conte.

Narratrice : À table, M. Jacotin était de bonne humeur et presque gracieux. Il n'a pas immédiatement posé la question qui lui brûlait les lèvres et que son fils attendait. L'atmosphère du déjeuner n'était pas très différente de ce qu'elle était d'habitude. La gaieté du père, au lieu de mettre à l'aise la famille, était plutôt embarrassante.

M. Jacotin : Au fait, (avec brusquerie) et le proverbe ?

Narratrice :	Sa voix révélait une émotion <u>qui ressemblait plus à de l'inquiétude</u> qu'à de l'impatience. Lucien a senti qu'en cet instant il pouvait faire le malheur de son père. Il comprenait que, depuis longtemps, son père vivait sur le sentiment de son infaillibilité de chef de famille. En expliquant le proverbe, il avait engagé le principe de son infaillibilité dans une aventure dangereuse. Non seulement le tyran domestique allait perdre la face devant sa famille, mais <u>il perdrait aussi la considération</u> qu'il avait pour sa propre personne. Ce serait un effondrement. Lucien, effrayé par la faiblesse du père, s'est attendri d'un sentiment de pitié généreuse.
M. Jacotin :	Tu es dans la lune ? Je te demande si le professeur a rendu mon devoir ?
Lucien :	Mon devoir ? Oui, on l'a rendu.
M. Jacotin :	Et quelle note avons-nous eue ?
Lucien :	Treize.
M. Jacotin :	Pas mal. Et ton camarade de classe Béruchard ?
Lucien :	Treize.
M. Jacotin :	Et la meilleure note était ?
Lucien :	Treize.
Narratrice :	Le visage du père s'était illuminé. Lucien avait baissé les yeux et regardait en lui-même avec un plaisir ému. M. Jacotin lui a touché l'épaule.
M. Jacotin	(avec bonté) : Vois-tu, mon cher enfant, quand on entreprend un travail, le tout est d'abord d'y bien réfléchir. Comprendre un travail, c'est l'avoir fait plus qu'aux trois quarts. Voilà justement ce que je voudrais te faire entrer dans la tête une bonne fois. Du reste, à partir de maintenant et désormais, tous tes devoirs de français, <u>nous les ferons ensemble</u>.

Dictée

Imaginez que vous êtes Lucien et que vous écrivez sous la dictée de son père.

Par ce splendide après-midi d'un dimanche d'été, virgule, quels sont donc ces jolis objets verts à la forme allongée, virgule, qui frappent nos regards ? On dirait de loin qu'ils sont munis de longs bras, mais ces bras ne sont autre chose que des rames et les objets verts sont en réalité deux canots de course qui se balancent mollement au gré des flots de la Marne.

Réponses

Chapitre 1 - Le Présent et l'impératif

Programme de laboratoire

MISE EN PRATIQUE

Exercice 1

1. Parlez-vous anglais ?
2. Quel sport faites-vous ?
3. Quel genre de films aimez-vous ?
4. Recevez-vous des lettres de vos parents ?
5. À qui écrivez-vous ?
6. Que buvez-vous le matin au petit déjeuner ?
7. Que mangez-vous d'habitude à midi ?
8. Achetez-vous des billets de première classe quand vous voyagez en avion ?
9. Dormez-vous pendant vos cours ?

Exercice 2

1. Carole et Yves viennent me voir à sept heures.
2. Mes amis et moi, nous sommes toujours très occupés.
3. M. Brunet et sa femme aiment se promener dans le parc.
4. La voiture et la tondeuse à gazon sont en panne.
5. Le président et son adjoint vont à une réception ce soir.
6. Ma sœur et moi détestons les escargots.
   (*Commentaire* : On peut aussi dire : **Ma sœur et moi *nous* détestons les escargots.**)
7. Julien et toi, vous lisez beaucoup de romans de science-fiction.
8. La crème fraîche et le beurre font grossir.

Exercice 3

On devrait cocher ces phrases.

Chris sort tous les soirs.
Chris a du mal à se concentrer.
Chris prend plaisir à être avec ses amis.

CONVERSATIONS DIRIGÉES

Conversation I

Situation 1 : Les distractions

1. Oui, je joue au tennis.
2. Je préfère le volley-ball.
3. Oui, je fais la cuisine.
4. Je fais le mieux le coq au vin.
5. J'aime la musique rock.

6. Oui, je lis des journaux.
7. Oui, je regarde la télé.
8. Moi, je préfère les informations.

Situation 2 : Les études

1. Je suis des cours d'ingénierie.
2. Oui, j'ai des professeurs originaux.
3. J'étudie dans ma chambre le soir.
4. J'achète mes manuels scolaires à la librairie universitaire.
5. Non, je ne fais pas de dissertations chaque semaine.
6. Oui, je reçois de bonnes notes de mes professeurs.

Conversation II

Situation : « Tu n'as pas de chance ! »

1. Elle mange une pizza.
2. Ils voient des pièces de théâtre.
3. Il organise ses notes après chaque cours.
4. Ils vont à un concert.
5. Il finit ses expériences scientifiques.
6. Il fait des recherches à la bibliothèque.
7. Il met de l'ordre dans sa chambre.
8. Ils font de la planche à voile.
9. Elle joue au volley-ball.
10. Elle dort dix heures par jour.

Conversation III

Situation 1 : Le malade imaginaire

1. Apporte
2. Apporte
3. Ouvre, regarde
4. apporte
5. sois, Va, achète, regarde, Prends
6. Ne fais pas, Lis, Ne prends pas
7. Paie
8. Sois, fais-le, Passe, Commande

Situation 2 : Consultation avec la professeur

1. Choisissez, lisez-le, prenez
2. Ayez
3. Dites-lui, rassurez-le
4. pardonnez
5. Résistez, Venez me voir

TEXTES DE COMPRÉHENSION

Compréhension globale

« La Diligence »

Victor Hugo

Questions

Réponses variables.

Compréhension, dictée et interprétation

Le Petit Prince : « La Rencontre du renard »

Antoine de Saint-Exupéry

fait la connaissance
il rencontre un renard
qui compte les étoiles
qui les possède
allume et éteint
qui règne sur une planète déserte
qui boit pour oublier qu'il a honte de boire
finit par les quitter
Il comprend bien vite
qui découle de l'effort qu'on fait pour apprivoiser
Qui es-tu
Viens jouer avec moi
Je ne puis (pas) jouer
Ils élèvent aussi des poules
je n'ai pas besoin de toi
tu m'apprivoises
Je crois
On voit sur la terre
Il y a des chasseurs
Je m'ennuie donc un peu
me font rentrer sous terre
Tu vois
ne me rappellent rien
apprivoise-moi
On ne connaît
Ils achètent des choses toutes faites

Questions

Réponses variables.

Travaux complémentaires

MISE AU POINT

I.

1. Jean-Philippe fait de l'auto-stop.
2. Est-ce que tu vas à Cuba ?
3. Mes parents boivent de l'eau avec tous leurs repas.
4. Ces enfants agissent souvent sans réfléchir.
5. Vous me dites toujours la même chose.
6. Tu lis l'*Express*.
7. Je deviens impatient.
8. Les épinards contiennent des vitamines.
9. Elle ne peut pas vous accompagner à Port-au-Prince.
10. Henri dort quelquefois sur le divan.
11. Tu dois être à l'heure.
12. Ces bonbons valent $3.50.
13. Le chauffeur de l'autre voiture ne fait pas attention aux panneaux de signalisation.
14. Je meurs de soif. Je vais prendre une limonade.
15. Mes amis croient à la réincarnation.
16. Édouard et Henri mettent toujours des pulls lorsqu'ils vont en cours.
17. Viviane connaît un bon café près de la salle de concert.

II.

1. ne nettoie pas, jette
2. nageons, étudions
3. espère
4. s'appelle
5. ne mangeons pas, essayons
6. amènent
7. emploies
8. achète
9. suggère
10. Forcez
11. répète

III.

Il y a huit jours... sont, travaillent, est, dirige, habite, surveille, désapprouve, envoie, a

Comme Hortense... offre, est, sont

Une fois montés... cherchent, trouvent, sont, regarde, prend, deviennent, rougit, retire, commence

Arrivés enfin à Rouen... descendent, sont, n'osent guère, examinent

Ils (se coucher)... se couchent, ne peuvent pas, l'entendent, n'osent plus

Le lendemain matin... vont voir, remplissent, s'ennuie, est, dort, reprennent

Ils (visiter)... visitent, dit, crois, préfère, s'arrête, voit, dit

Et Lucien... jette

Bientôt, ils... se trouvent, chantent, coule, sont, arrivent

Le soir, ils... se couchent, dorment, prennent, font, sont, ne les soupçonne

Le septième jour... restent, partent, ne veulent même pas

De retour à Paris...   interroge, sont

La mère d'Hortense...   hausse, murmure

Tu (voir)...   vois, ne vaut pas, ne connaissez pas, faut

IV.

Xavier est...   descend, va, remplit, boit, passe, choisit, met, lit, dort, faut

Dites à Xavier...

1. Ne buvez pas le lait. *ou* Ne bois pas le lait.
2. Ne mettez pas les pieds sur la table basse. *ou* Ne mets pas les pieds sur la table basse.
3. Ne dormez pas dans le fauteuil. *ou* Ne dors pas dans le fauteuil.
4. Soyez un peu mieux élevé. *ou* Sois un peu mieux élevé.

V.

Réponses variables.

Chapitre 2 - La Narration au passé

Programme de laboratoire

MISE EN PRATIQUE

Exercice 1

1. Chaque matin M. Durant déjeunaít à sept heures et lisait le journal avant d'aller au bureau.
2. Quand nous étions à Hawaï, nous avons vu beaucoup de jeunes gens qui faisaient du surfing.
3. Le pot de fleur était sur le rebord de la fenêtre et il est tombé sur le trottoir.
4. La ville de Naïrobi est déclarée zone sinistrée. Elle a été dévastée par un nuage de criquets volants la semaine dernière.

Exercice 2

1. Mon mari et moi, nous sommes divorcés.
2. Oui, mon fils est revenu vers dix heures. Ma fille est partie en vacances à l'étranger.
3. J'ai regardé par la fenêtre et je n'ai rien vu d'anormal.
4. J'étais dans ma chambre quand soudain, j'ai entendu un bruit dehors.
5. Cela ressemblait à un bruit de vitre brisée ; mais je dormais presque, alors, je peux me tromper.
6. Il n'est pas là ce soir.
7. Son meilleur ami s'est cassé la jambe hier. Il est allé le voir à l'hôpital.

Exercice 3

1. Avez-vous visité des ruines ?
2. Avez-vous fait de la natation ?
3. Avez-vous fait de bons repas ?
4. As-tu pris des photos ?
5. Êtes-vous allés à la pêche (aller à la pêche) ?
6. Retourneras-tu l'année prochaine ?

CONVERSATIONS DIRIGÉES

Conversation I

1. Geneviève a suivi un cours de chimie et un cours d'anthropologie.
2. Marcel et ses amis sont allés à la bibliothèque.
3. Le père de Suzanne lui a offert un ordinateur pour son anniversaire.
4. Le professeur de Marcel est allé au Japon.

5. Suzanne a aimé le film *Les Visiteurs.*
6. Les amis de Suzanne ont repeint son appartement.
7. II y a eu des inondations
8. Marcel les a gardés pour les donner à son frère.

Conversation II

1. Qu'est-ce qu'il y avait dedans ?
2. Quand le roman est-il paru ?
3. Est-ce que le livre était difficile pour eux ?
4. La police a-t-elle réussi à arrêter les malfaiteurs ?
5. Avez-vous aussi pris quelque chose à manger ?
6. Les enfants sont-ils aussi allés voir les singes ?
7. Marie a-t-elle appelé au secours ?
8. Je ne sais pas. Il n'a pas voulu me le dire.
9. La police a-t-elle réussi à trouver l'auteur des lettres ?
10. Qu'est-ce que Justin a décidé de faire avec l'argent ?

Conversation III

1. Eh bien, moi, je restais à l'école pour aider mon institutrice.
2. Pour mes parents, c'était différent. Ils n'avaient pas les moyens de s'offrir une éducation et ils ont dû chercher du travail à un très jeune âge. Nous déménagions tout le temps.
3. J'aimais beaucoup les animaux aussi. Mais mon père était allergique aux poils de chats et je me suis contenté d'avoir des poissons rouges dans un petit aquarium.
4. À l'école où je suis allée, nous faisions beaucoup d'excursions, nous jouions à des jeux d'équipe et les instituteurs nous aidaient à faire nos devoirs. C'était une école très progressiste.
5. Je faisais presque la même chose. Je me levais à l'aube, mais comme je n'avais pas de bicyclette, je partais à pied dans les forêts près de notre maison, où je cueillais des champignons sauvages pour le dîner.
6. Pendant ce temps, mes amis, je faisais des recherches et j'écrivais ma thèse. Je souhaitais devenir anthropologue. Mes parents trouvaient que j'étais très précoce.

Conversation IV

1. Mon professeur ne savait pas que j'avais couru toute la matinée et il s'est mis en colère quand je me suis endormi pendant son cours. J'ai essayé de lui dire que je n'avais pas dormi de la nuit, mais il m'a regardé d'un œil soupçonneux.

2. M. et Mme Duplexis ne savaient pas que leurs enfants étaient allés au cinéma et qu'ils avaient pris la voiture sans rien dire. Et ce n'était pas la première fois qu'ils avaient agi de la sorte.

3. Jean-Philippe ne savait pas que le doyen avait reçu une lettre anonyme à son sujet. Il se demandait qui de ses connaissances avait pu faire une chose pareille.

4. Je ne savais pas que mes voisins avaient assisté à la fête jusqu'à trois heures du matin, qu'ils avaient tous trop bu et que la police était arrivée pour mettre fin à leur gaieté.

5. Ton camarade de chambre ne savait pas que tu étais sorti avant le petit déjeuner pour faire du jogging. Il croyait que tu étais allé à tes cours.

6. Nous ne savions pas que les taux d'intérêt étaient montés jusqu'à 20% pour les emprunts. Nous nous demandions comment nous allions survivre une autre année. Nous avions dépensé toutes nos réserves pour mettre les enfants dans une bonne école privée, et il ne nous restait rien.

Conversation V

1. Oui, je l'ai faite.
   Non, je ne les ai pas faits.
   Je ne les ai pas faits parce que des amis sont venus me voir.

2. Oui, je l'ai ouverte.
   Non, je ne l'ai pas ouvert.
   Parce qu'il était fermé à clé.

3. Oui, je l'y ai mise.
   Non, je ne l'y ai pas mis.
   Parce que j'avais l'intention de le porter quand je sortais.

4. Oui, je l'ai traduit.
   Non, je ne les ai pas encore traduites.
   Parce que nous n'avons pas encore étudié les auteurs du 17ème siècle.

5. Oui, je l'ai mangé.
   Non, je ne les ai pas mangés.
   Parce que je n'aime pas beaucoup les légumes.

TEXTES DE COMPRÉHENSION

Compréhension globale

Les Confessions : « Les Cerises »

Jean-Jacques Rousseau

Questions

Réponses variables.

Compréhension, dictée et interprétation

Lullaby

Jean-Marie Le Clézio

Lullaby:
si le ciel et la mer vont pouvoir t'attendre
j'ai cru que j'étais
Tu avais acheté deux bouquets de fleurs
qui sentaient fort
j'avais bu longtemps

Narrateur:
Mais elle ne lisait pas
allait apparaître, comme des oiseaux

Lullaby:
Tu me l'avais donné
avaient dit qu'il était très beau

Narrateur:
frappait fort sur la mer
qui remplaçaient peu à peu la crainte
qui parlait de liberté et d'espace
la chaleur de la lumière sur son front
la mer ressemblait à un grand animal
qui conduisait vers le centre-ville
soulevaient des nuages de poussière
avaient tout chargé d'électricité
La foule allait et venait
se reformaient plus loin
Que voulaient-ils ?
la poussait en avant
comme s'il parlait dans une langue inconnue
envoyaient des décharges électriques
vibraient un peu
n'avait rien mangé depuis la veille

Narrateur:
elle ne savait pas à qui l'envoyer

Narrateur:
en faisant des signes joyeux de la main

M. de Filippi:
Vous avez fait un voyage

Narrateur:
brillait dans ses yeux bleus

M. de Filippi:
J'aime beaucoup la mer, moi aussi.

Questions

Réponses variables.

Travaux complémentaires

MISE AU POINT

I. *(Note: Several verbs appear in a past tense other than the passé composé.)*

1. a-t-on servi, as dîné, ai pris, a choisi, a préparées, a mis, a failli, ai versé, s'est offensé, nous a mis, ne lui ai pas laissé
2. est venu, a vécu, tenait à faire, n'ai jamais rencontré
3. sont allés, a sorti, n'en a pas cru, a poussé, a compris, est sorti
4. est née, a appris à nager, avait, est devenue, a décidé de participer, a reçues
5. est allé, est revenu, n'ai pas pu résister, a-t-il dit, a voulu, n'ai pas suivi, a déclaré, as achetée
6. m'a offert, l'a trouvée, a payé, a dû dépenser
7. est mort, venait d'atterrir, voulaient embarquer, a refusé, ont commencé à torturer, a réussi à, se glisser, a réussi à distraire, a permis, a pu désarmer, a trouvée
8. n'a pas pu obtenir, nous a proposé d'aller, n'avais jamais vu
9. a traduit, pouvaient lire
10. ont commandé, ont bues, sont devenus, ont commencé à, a dû

II.

Quand (je /être)... étais, habitions, allions, espérions, suivrait, avait affiché, entouraient, avons découvert, faisions, habitions

Un jour... avons décidé d'explorer, avait dit, s'y trouvait, cachait

Le jour... reconnaîtrait, était, ne voulais pas dire, faisait, tournions, étions, a cru apercevoir, scintillait, avons couru, avons débouché

Ce (être)... était, fallait, étions

Des remparts... voyait, était, avons décidé, attendait

— *Où donc...* étiez

— *Oh, nous...* nous sommes allés

Naturellement... ne l'a pas cru, a compris, ne fallait pas poser, suffisait, charmait

III.

Quand je... suis entré, avait, prenaient, mangeaient, buvaient, a eu, est entré, portait, étaient, couvrait, est allé, a saisi, a bu, regardait, osait s'approcher, fallait, séparait, pouvais sortir, craignais d'attirer, ai eu, ai pris, ai lancée, a distrait, ai pu sortir, suis allé, ai raconté, était arrivé, ne m'a pas cru, étais,

bredouillais, pensait/a pensé, a mené, ai dû, avais vu, a donné, ai suivis, suis arrivé, faisaient monter

Plus tard... ai appris, voulait s'emparer, sont entrés, arrachait, a entendus arriver, a paru, décrivait, a décrit, avais joué

Sa cupidité... a valu

IV.

Vocabulaire

bénie *blessed*	écouteur *earpiece*
ridée *wrinkled*	par désœuvrement *distractedly*
blême *pale, cadaverous*	
soupirs *sighs*	régler *adjust*
désemparée *distressed*	couloirs *hallways*
chirurgien *surgeon*	la rend *makes her*

Je viens... venais, vint, occuperait, entra, pus, dégoûtaient, voulais, m'agaçait, tournait, cessait, paraissait, avait apportés, constata, avait, était, semblait

Elle commence... commença, parut, prit, fit, suivit, apprit, compris, était, j'appris, datait, avait fête, tenterait, était, allait

M. Coplin... restait, avait enfoncé, tenait, jouait, faisait, avaient défendu, souffrait, était

Une seule fois... adressa, exprimait, rongeait, dit-il, l'entourait

Les sentiments hostiles... j'avais éprouvés, cédèrent, méritait

V.

Les voilà... se perdaient, est venu, s'est elevé, croyaient, venaient, n'osaient pas, osaient, est arrivé, a percés, glissaient, tombaient, se relevaient, ne savaient pas

Le petit Poucet... a grimpé, pouvait, a vu, était, est descendu, était, ne voyait plus rien, a désolé, avait vu, a revue, sortaient, sont arrivés, était, arrivait, descendaient, ont frappé, est venue, a demandé, voulaient, a dit, étaient, s'étaient perdus, demandaient, a commencé, a dit

— *Hélas !, mes pauvres...* êtes-vous venus

— *Hélas ! Madame...* a répondu, tremblait

La femme de l'ogre... a répondu, les a laissés, les a menés, avait, commençaient, ont entendu, était, revenait

Aussitôt... a demandé, est allée, a demandé, était, avait débouché, s'est mis, était, préférait, a flairé, sentait

— *Je pense...*   a dit

— *Je sens...*   a répété, regardait

En disant...   s'est levé, est allé

— *Ah !...*   a-t-il dit, t'est venue

L'ogre...   a tiré, se sont mis, avaient, dévorait

— *Ils vont être...*   est allé, l'a aiguisé, tenait, saisissait, a dit

— *Tais-toi...*   a dit

— *Mais vous...*   a repris

— *Tu as...*   a dit

La bonne femme...   était, a porté, n'ont pas pu, avaient, s'est remis, a bu, l'a rendu, l'a obligé

L'ogre...   avait, étaient, avaient, mangeaient, avaient, n'étaient pas, promettaient, mordaient

On les (faire)...   faisait, étaient, avaient, y avait, était, a fait, est allée

Le petit Poucet...   a remarqué, avaient, avait, s'est levé, a pris, est allé, a mises, voulait égorger

La chose...   a réussi, avait pensé, s'est réveillé, pouvait exécuter, a pris

L'ogre...   est monté, s'est approché, dormaient, a eu, a senti, tâtait, avait tâté, sentait

— *Vraiment...*   allais, ai trop bu

Il (aller)...   est allé, a senti

— *Ah !...*   a-t-il dit

En disant...   a coupé, il est allé

Aussitôt que...   a entendu, a réveillé, sont descendus, ont sauté, ont couru, allaient

L'ogre...   s'est réveillé

L'ogresse...   a été, ne soupçonnait pas, pensait, lui ordonnait, est montée, a été, a aperçu, a commencé, prenait, est monté, n'a pas été, a vu

— *Ah !...*   Qu'ai-je fait, s'est-il écrié

Il (jeter)...   a jeté

Il (se mettre)...   s'est mis, est entré, marchaient, étaient, ont vu, allait, traversait, a vu, étaient, a dit, s'y est mis, a continué, allait, se trouvait, avait fait, a voulu, est allé, s'étaient cachés

Comme il...   n'en pouvait plus, s'est endormi, a commencé à ronfler, avaient, tenait, avait, ont suivi, ont vite gagné

Le petit Poucet...   s'est approché, a tiré, les a mises, étaient, avaient, chaussait, allaient

Il (aller)...   est allé, a trouvé, pleurait

— *Votre mari...*   ont juré, donne, tenaient, m'a aperçu, m'a prié, voulait

La bonne femme...   a aussitôt donné, avait, était, mangeait, a pris, est revenu

Il y a bien des gens...   n'a jamais fait, n'avait pas hésité, utiliserait, ont même bu, a mis, est parti, savait, avait, était, voulait, avait donné, est allé

Le petit Poucet...   a rapporté, l'a rendu, gagnait, voulait, payait, donnaient, voulait, a fait

Il y avait...   le chargeaient, le payaient, rapportait, pouvait, gagnait

Après avoir fait...   est revenu, a eue, a mis, a acheté, a établis, a parfaitement bien fait

VI.

1. se sont mis *à* danser
   ne pouvait pas [ø] bouger
   paraissait [ø] grandir
   Il n'osait pas [ø] crier
   semblait [ø] accélérer
   risquer *de* crier
   fallait [ø] éviter *de* bouger
   il fallait [ø] attendre
   il avait passées là, immobile *à* regarder
   méritait *de* l'être
2. évites toujours *de* prendre
3. paraissait [ø] l'irriter
4. vaut mieux [ø] aimer
5. ne méritait pas *de* recevoir
   s'est laissé [ø] influencer
6. évitent *de* lui parler
   continue *à (d')*être
   risque *de* se faire
7. ne sait pas [ø] expliquer

Chapitre 3 - L'Interrogation

Programme de laboratoire

MISE EN PRATIQUE

Exercice 1

1. Éliane reste à la maison ce soir ?
2. Son mari ne peut pas le faire pour elle ?
3. Son mari fait bien la cuisine ?
4. Ils ne pourraient pas dîner au restaurant ?
5. Au fait, Éliane attend un second enfant ?
6. Ses parents vont l'aider ?
7. Ils déménagent la semaine prochaine ?
8. Tu veux m'aider ?

Exercice 2

1. Quand fais-tu du tennis ?
2. Où as-tu mis la veste que je t'ai prêtée ?
3. De quoi ton professeur s'est-il plaint ?
4. Avec qui sors-tu le week-end ?
5. Depuis quand François et Juliette sont-ils mariés ?
6. Lequel de ces desserts Bernard a-t-il fait ?
7. De quoi a-t-on besoin pour réussir dans la vie ?
8. Que lui a-t-on conseillé de faire ?

Exercice 3

1. Anne-Marie sera des nôtres, n'est-ce pas ?
2. Tu as bien expliqué la situation à Grégoire, n'est-ce pas ?
3. Yves a pris des photos, n'est-ce pas ?
4. Pierre n'a pas peur des fantômes, n'est-ce pas ?
5. Mais il est interdit de fumer dans cet établissement, n'est-ce pas ?

Exercice 4

1. Avez-vous quelque chose en dessous de 2000 F ?
2. La garantie est-elle incluse dans le prix ?
3. Parfait ! Je cherche un modèle à coins carrés. En vendez-vous ?
4. Tant mieux ! Livrez-vous à domicile ?
5. Ça me paraît parfait. L'écran va-t-il s'abîmer si je regarde la télévision intensément ?
6. Euh... ! Puis-je voir ce modèle ?
7. Parfait ! Ce modèle permet-il de recevoir les chaînes cryptées ?
8. Oui, tout à fait. À partir de quel prix estimez-vous que je puisse obtenir quelque chose de correct ?

9. Je désire prendre cette télévision et un décodeur. Dois-je payer maintenant ou faites-vous crédit pour ce type d'appareil ?
10. Acceptez-vous les chèques personnels ou faut-il une carte de crédit ?

CONVERSATIONS DIRIGÉES

Conversation I

1. J'ai déjà étudié le français trois ans.
2. Oui, j'en connais plusieurs : le portugais, l'espagnol et le chinois.
3. Je souhaite faire des études à l'étranger parce je pense poursuivre une carrière de diplomate.
4. Je compte recevoir mon diplôme dans un an.
5. Mes parents ont les moyens de me soutenir, mais j'ai également fait une demande de bourse à mon université en Amérique.
6. J'ai déjà fait un stage à Beijing il y a deux ans.
7. Oui, j'ai également fait une demande à M.I.T., mais je préfère faire mes études en France.
8. J'envisage une carrière qui me permettra de travailler en France et en Amérique.

Conversation II

1. Qui est-ce qui nourrit les animaux ?
2. À qui est-ce que vous donnez les cacahuètes ?
3. Qu'est-ce que les girafes aiment manger ?
4. Qui est-ce qui s'occupe des animaux malades ?
5. Quels médicaments est-ce qu'on donne aux animaux ?
6. Pourquoi est-ce que ces lions rugissent quand on s'en approche ?
7. Combien d'animaux est-ce qu'il y a dans le parc ?
8. D'où est-ce que les tigres viennent ?
9. À quelle heure est-ce que le zoo ferme ?

Conversation III

1. À qui les étudiants doivent-ils adresser les papiers pour la Sécurité sociale ?
2. Qui va me donner mon chèque ?
3. Où mon bureau se trouve-t-il ?
4. Pourquoi mon bureau n'a-t-il pas de fenêtres ?
5. Me fournira-t-on un ordinateur, un fax et un téléviseur couleur ?
6. De quoi voulez-vous que je parle aux clients ?
7. Que faut-il faire en cas d'incendie ?

8. À combien de semaines de congé aurai-je droit par an ?
9. Avec qui pourrais-je jouer au tennis ?
10. Quand comptez-vous m'augmenter ?

TEXTES DE COMPRÉHENSION

Compréhension globale

Les Misérables « Tempête sous un crâne »

Victor Hugo

Questions

Réponses variables.

Compréhension, dictée et interprétation

Conjugaisons et interrogations

Jean Tardieu

Je reviendrai Est-ce que je reviendrai ?
Est-ce qu'elle reviendra ?
ils ne reviennent plus
reviendraient ?
partiraient ?
Est-ce que nous allons partir ?

Questions

Réponses variables.

Travaux complémentaires

MISE AU POINT

I.

1. Quand les lettres sont-elles arrivées ?
2. Pourquoi n'a-t-elle pas pris ses vitamines ?
3. Où ma mère a-t-elle rangé mes papiers ?
4. Comment les soldats ont-ils réussi à traverser la rivière ?
5. Depuis quand Frédéric ne joue-t-il plus au tennis ?
6. Pourquoi refuserait-elle de collaborer ?
7. À quel moment Robert et Léah sont-ils descendus dans la vallée ?
8. Depuis combien de temps Richard joue-t-il dans l'orchestre de l'université ?
9. Pourquoi le douanier a-t-il ouvert le paquet ?
10. Où les étudiants dînent-ils ?

II.

1. Lequel
2. quel
3. Quelle
4. Duquel *or* Desquels
5. Quelles
6. À laquelle *or* Auxquelles
7. Quelle, Duquel

III.

1. Duquel de ces chapeaux Marie avait-elle envie ?
2. Pour lesquelles de ces réformes ont-ils voté ?
3. À laquelle de ces dames Annette a-t-elle téléphoné ?
4. Laquelle de ces couleurs ont-ils choisie ?
5. Auxquels de ces troubles psychologiques a-t-il fait allusion ?

IV.

1. Pourquoi votre ami parle-t-il si vite ?
2. Que voulez-vous ?
3. Alain vous écrira-t-il ?
4. De quoi les malades se plaignent-ils ?
5. Que faisiez-vous ?
6. Me le rendrez-vous demain ?
7. Où les avions atterriront-ils ?
8. Combien de temps faut-il pour aller de Paris à Cannes ?
9. François vous l'a-t-il prêté ?
10. Ta cousine, que fait-elle ce week-end ?

V.   *Réponses possibles*

1. a) Mes amis jouent *aux cartes*.
   À quoi jouent tes amis ? À quoi est-ce que tes amis jouent ? À quels jeux tes amis jouent-ils ? À quels jeux est-ce que tes amis jouent ? Tes amis jouent-ils aux cartes ? Est-ce que tes amis jouent aux cartes ?

   b) *Mes amis* jouent aux cartes.
   Qui joue aux cartes ? Qui est-ce qui joue aux cartes ?

   c) *Mes amis jouent aux cartes.*
   Tes amis jouent-ils aux cartes ? Est-ce que tes amis jouent aux cartes ?

2. a) Sa voiture a besoin de *nouveaux freins.*
   De quoi sa voiture a-t-elle besoin ? De quoi est-ce que sa voiture a besoin ?

   b) *Sa voiture a besoin de nouveaux freins.*
   Sa voiture a-t-elle besoin de nouveaux freins ? Est-ce que sa voiture a besoin de nouveaux freins ?

3. a) *Jacques* prendra votre place.
Qui prendra ma place ? Qui est-ce qui prendra ma place ?

b) Jacques prendra *votre place*.
De qui Jacques prendra-t-il la place ? De qui est-ce que Jacques prendra la place ?

c) *Jacques prendra votre place.*
Jacques prendra-t-il ma place ? Est-ce que Jacques prendra ma place ?

4. a) Je me suis disputée *avec Alexis*.
Avec qui t'es-tu disputée ? Avec qui est-ce que tu t'es disputée ?

b) *Je me suis disputée avec Alexis.*
T'es-tu disputée avec Alexis ? Est-ce que tu t'es disputée avec Alexis ?

5. a) On m'a promis *une augmentation de salaire*.
Que vous a-t-on promis ? Qu'est-ce qu'on vous a promis ?

Que t'a-t-on promis ? Qu'est-ce qu'on t'a promis ?

b) *On m'a promis une augmentation de salaire.*
Vous a-t-on promis une augmentation de salaire ? Est-ce qu'on vous a promis une augmentation de salaire ?

T'a-t-on promis une augmentation de salaire ? Est-ce qu'on t'a promis une augmentation de salaire ?

6. a) Ma voisine est rentrée de l'Ontario *hier*.
Quand votre voisine est-elle rentrée de l'Ontario ? Quand est-ce que votre voisine est rentrée de l'Ontario ?

b) Ma voisine est rentrée *de l'Ontario* hier.
D'où votre voisine est-elle rentrée hier ? D'où est-ce que votre voisine est rentrée hier ?

c) *Ma voisine est rentrée de l'Ontario hier.*
Votre voisine est-elle rentrée de l'Ontario hier ? Est-ce que votre voisine est rentrée de l'Ontario hier ?

7. a) J'ai envoyé la lettre *par avion*.
Comment avez-vous envoyé la lettre ? Comment est-ce que vous avez envoyé la lettre ?

Comment as-tu envoyé la lettre ? Comment est-ce que tu as envoyé la lettre ?

b) J'ai envoyé *la lettre* par avion
Qu'avez-vous envoyé par avion ? Qu'est-ce que vous avez envoyé par avion ?

Qu'as-tu envoyé par avion ? Qu'est-ce que tu as envoyé par avion ?

c) *J'ai envoyé la lettre par avion.*
Avez-vous envoyé la lettre par avion ? Est-ce que vous avez envoyé la lettre par avion ?

As-tu envoyé la lettre par avion ? Est-ce que tu as envoyé la lettre par avion ?

8. a) Je mettrai le revolver *dans le tiroir de la table à côté de la fenêtre*.
Où mettrez-vous le revolver ? Où est-ce que vous mettrez le revolver ? Dans quel tiroir mettrez-vous le revolver ? Dans quel tiroir est-ce que vous mettrez le revolver ?

Où mettras-tu le revolver ? Où est-ce que tu mettras le revolver ? Dans quel tiroir mettras-tu le revolver ? Dans quel tiroir est-ce que tu mettras le revolver ?

b) *Je mettrai le revolver dans le tiroir de la table à côté de la fenêtre.*
Mettrez-vous le revolver dans le tiroir de la table à côté de la fenêtre ? Est-ce que vous mettrez le revolver dans le tiroir de la table à côté de la fenêtre ?

Mettras-tu le revolver dans le tiroir de la table à côté de la fenêtre ? Est-ce que tu mettras le revolver dans le tiroir de la table à côté de la fenêtre ?

9. a) Le dîner a coûté *$30 par personne*.
Combien a coûté le dîner ? Combien le dîner a-t-il coûté ? Combien est-ce que le dîner a coûté ? Quel était le prix du dîner ?

b) *Le dîner a coûté $30 par personne.*
Le dîner a-t-il coûté $30 par personne ? Est-ce que le dîner a coûté $30 par personne ?

10. a) Elle est allée au Portugal *avec son ancien mari*.
Avec qui est-elle allée au Portugal ? Avec qui est-ce qu'elle est allée au Portugal ?

b) Elle est allée *au Portugal* avec son ancien mari.
Où est-elle allée avec son ancien mari ? Où est-ce qu'elle est allée avec son ancien mari ? Dans quel pays est-elle allée avec son ancien mari ? Dans quel pays est-ce qu'elle est allée avec son ancien mari ?

c) *Elle est allée au Portugal avec son ancien mari.*
Est-elle allée au Portugal avec son ancien mari ? Est-ce qu'elle est allée au Portugal avec son ancien mari ?

11. a) Je vais mettre *un pantalon et un pull-over*.
Qu'allez-vous mettre ? Qu'est-ce que vous allez mettre ? Quels vêtements allez-vous mettre ? Quels vêtements est-ce que vous allez mettre ? Comment allez-vous vous habiller ? Comment est-ce que vous allez vous habiller ?

Quels vêtements vas-tu te mettre ? Quels vêtements est-ce que tu vas te mettre ? Que vas-tu mettre ? Qu'est-ce que tu vas mettre ? Comment vas-tu t'habiller ? Comment est-ce que tu vas t'habiller ?

b) *Je vais mettre un pantalon et un pull-over.*
Allez-vous mettre un pantalon et un pull-over ? Est-ce que vous allez mettre un pantalon et un pull-over ?

Vas-tu mettre un pantalon et un pull-over ? Est-ce que tu vas mettre un pantalon et un pull-over ?

12. a) Je reverrai mes grands-parents *à Noël.*
Quand reverrez-vous vos grands-parents ? Quand est-ce que vous reverrez vos grands-parents ?

Quand reverras-tu tes grands-parents ? Quand est-ce que tu reverras tes grands-parents ?

b) Je reverrai *mes grands-parents* à Noël.
Qui reverrez-vous à Noël ? Qui est-ce que vous reverrez à Noël ?

Qui reverras-tu à Noël ? Qui est-ce que tu reverras à Noël ?

c) *Je reverrai mes grands-parents à Noël.*
Reverrez-vous vos grands-parents à Noël ? Est-ce que vous reverrez vos grands-parents à Noël ?

Reverras-tu tes grands-parents à Noël ? Est-ce que tu reverras tes grands-parents à Noël ?

13. a) Nous les avons vus à Cannes *pendant le festival.*
Quand les avez-vous vus ? Quand est-ce que vous les avez vus ? À quel moment les avez-vous vus ? À quel moment est-ce que vous les avez vus ?

b) Nous les avons vus *à Cannes* pendant le festival. Où les avez-vous vus ? Où est-ce que vous les avez vus ?

c) *Nous les avons vus à Cannes pendant le festival.*
Les avez-vous vus à Cannes pendant le festival ? Est-ce que vous les avez vus à Cannes pendant le festival ?

14. a) J'en ai acheté *une douzaine.*
Combien en avez-vous acheté ? Combien est-ce que vous en avez acheté ?

Combien en as-tu acheté ? Combien est-ce que tu en as acheté ?

b) *J'en ai acheté une douzaine.*
En avez-vous acheté une douzaine ? Est-ce que vous en avez acheté une douzaine ?

En as-tu acheté une douzaine ? Est-ce que tu en as acheté une douzaine ?

15. a) Ils iront à l'aéroport *en taxi.*
Comment iront-ils à l'aéroport ? Comment est-ce qu'ils iront à l'aéroport ?

b) *Ils iront à l'aéroport en taxi.*
Iront-ils à l'aéroport en taxi ? Est-ce qu'ils iront à l'aéroport en taxi ?

16. a) *Yves* a parlé le premier.
Qui a parlé le premier ? Qui est-ce qui a parlé le premier ?

b) *Yves a parlé le premier.*
Yves a-t-il parlé le premier ? Est-ce qu'Yves a parlé le premier ?

17. a) *Sa jambe* lui fait mal.
Qu'est-ce qui lui fait mal ?

b) *Sa jambe lui fait mal.*
Sa jambe lui fait-elle mal ? Est-ce que sa jambe lui fait mal ?

18. a) J'ai choisi *celle* qui vient d'arriver de France.
Laquelle avez-vous choisie ? Laquelle est-ce que vous avez choisie ?

Laquelle as-tu choisie ? Laquelle est-ce que tu as choisie ?

b) *J'ai choisi celle qui vient d'arriver de France.*
Avez-vous choisi celle qui vient d'arriver de France ? Est-ce que vous avez choisi celle qui vient d'arriver de France ?

As-tu choisi celle qui vient d'arriver de France ? Est-ce que tu as choisi celle qui vient d'arriver de France ?

19. a) Thierry prend *un sorbet à l'ananas.*
Que prend Thierry ? Qu'est-ce que Thierry prend ?

b) *Thierry* prend un sorbet à l'ananas.
Qui prend un sorbet à l'ananas ? Qui est-ce qui prend un sorbet à l'ananas ?

c) *Thierry prend un sorbet à l'ananas.*
Thierry prend-il un sorbet à l'ananas ? Est-ce que Thierry prend un sorbet à l'ananas ?

20. a) Nous avons construit le mur *avec de vieilles briques.*
Avec quoi avez-vous construit le mur ? Avec quoi est-ce que vous avez construit le mur ?

b) *Nous* avons construit le mur avec de vieilles briques.
Qui a construit le mur avec de vieilles briques ? Qui est-ce qui a construit le mur avec de vieilles briques ?

c) *Nous avons construit le mur avec de vieilles briques.*
Avez-vous construit le mur avec de vieilles briques ? Est-ce que vous avez construit le mur avec de vieilles briques ?

VI.

1. Depuis quand étudies-tu le français ? Depuis quand est-ce que tu étudies le français ?
   Cela fait _____ que j'étudie le français.
2. Depuis quand Lydie habite-t-elle Lyon ? Depuis quand est-ce que Lydie habite Lyon ?
   Ça fait _____ que Lydie habite Lyon.
3. Depuis quand leurs amis font-ils du yoga ? Depuis quand est-ce que leurs amis font du yoga ?
   Ça fait _____ que leurs amis font du yoga.
4. Depuis quand attendez-vous vos amis ? Depuis quand est-ce que vous attendez vos amis ?
   Ça fait _____ que j'attends mes amis.

VII.

Réponses variables.

VIII.

Réponses variables.

Chapitre 4 - Le Futur et le conditionnel

Programme de laboratoire

MISE EN PRATIQUE

Exercice 1

Situation 1 : Bonnes intentions

1. À partir de maintenant, j'irai en France deux fois par an.
2. À partir de maintenant, je ferai mes devoirs dans l'après-midi.
3. L'année prochaine, j'enverrai un cadeau à ma sœur.
4. À partir de maintenant, mes frères regarderont la télé tout seuls.
5. C'est décidé, je ne jouerai plus jamais au loto.

Situation 2 : Tout peut s'arranger

1. Si tu travailles à mi-temps, ton mari ne se plaindra plus.
2. Si tu engages un tuteur, tes enfants feront leurs devoirs et auront de meilleures notes.
3. Si tu manges beaucoup de légumes et de riz, tu perdras du poids.
4. Ne t'en fais pas. Dans trois ans, il vaudra le double.
5. Si vous achetez une voiture, vous n'aurez pas besoin de prendre le train.

Exercice 2

1. Si Basile vendait sa voiture, il pourrait s'acheter une moto et faire du moto-cross.
2. Si Miriam écoutait mes conseils, elle suivrait des cours d'algèbre.
3. Si tu le finissais à temps, viendrais-tu au cinéma avec moi ?
4. Si vous pouviez prendre des vacances, iriez-vous à la mer ?
5. S'il faisait beau, on pourrait faire une promenade en montagne.
6. Si le baccalauréat était plus facile, il y aurait plus d'élèves qui y réussiraient.
7. Je suis d'accord. Si la pollution augmentait encore, la couche d'ozone se réduirait dangereusement.
8. Si le film *La reine Margot* faisait plus d'un million d'entrées à Paris, il serait certainement un succès dans la France entière.

Exercice 3

1. Charles et moi, nous t'accompagnerions si nous étions libres.

2. Si nous dînions ensemble, nous mangerions des aliments plus équilibrés.
3. Nous t'accompagnerions si nous avions moins peur.
4. Mon ami et moi, nous aimerions bien participer si vous aviez encore besoin d'acteurs.
5. Nous devrions nous excuser auprès d'elle.

CONVERSATIONS DIRIGÉES

Conversation I

Situation 1 : Une soirée

1. À quelle heure arriveras-tu à la soirée ?
2. Servira-t-on aussi des boissons non-alcoolisées ?
3. Y aura-t-il des desserts ?
4. Jouera-t-on des compacts-disques ?
5. Danseras-tu avec ton amie ?
6. Resteras-tu jusqu'à la fin de la soirée ?
7. Regarderas-tu la télé ?
8. Organiseras-tu une fête à ton tour ?

Situation 2 : Un voyage

1. Voyageras-tu en première classe ?
2. Loueras-tu un studio ?
3. Verras-tu les endroits touristiques ?
4. Iras-tu jusqu'à Kamouraska ?
5. Obtiendras-tu un diplôme ?
6. Mangeras-tu des tourtières ?
7. Prendras-tu des photos ?
8. Feras-tu la connaissance de chanteurs canadiens ?
9. Filmeras-tu les moments importants de ton voyage ?

Conversation II

1. Non, je n'ai pas bien dormi hier soir, mais je dormirai mieux ce soir.
2. Non, je ne pourrai pas t'aider à repeindre ta chambre aujourd'hui, mais je pourrai t'aider demain.
3. Non, je ne lui ai pas téléphoné, mais je lui téléphonerai après le dîner.
4. Non, je ne suis pas allé(e) au marché, mais j'irai lundi prochain.
5. Non, je n'ai pas préparé le dessert, mais je le préparerai plus tard.
6. Non, je n'ai pas rangé ma chambre, mais je la rangerai tout à l'heure.

Conversation III

Situation 1 : Qu'est-ce que tu ferais…

1. Moi, si j'avais soif, je prendrais du thé glacé avec du citron.
2. Moi, si j'étais fatiguée, je m'allongerais dehors au soleil.
3. Moi, si je recevais 2 000 dollars, je les placerais à la banque.
4. S'il pleuvait, j'irais au cinéma.
5. S'il faisait beau, je ferais du jardinage.

Situation 2 : Ah, les parents !

1. Moi, si j'interrompais mes études, mes parents me demanderaient d'expliquer mes raisons.
2. Si l'université me renvoyait, mes parents me demanderaient de suivre des cours d'été pour me rattraper.
3. Si mes parents étaient en vacances, ils loueraient une maison en Provence.
4. Si mes parents gagnaient à la loterie, ils s'achèteraient une nouvelle maison.
5. Si je recevais le Prix Nobel, mes parents organiseraient une grande fête en mon honneur.

TEXTES DE COMPRÉHENSION

Compréhension globale

Exercices de conversation et de diction françaises pour étudiants américains : « Le Futur »

Eugène Ionesco

Questions.

Réponses variables.

Les Fleurs du mal « Invitation au voyage »

Charles Baudelaire

Questions.

Réponses variables.

Compréhension, dictée et interprétation

Pierre et Jean — « Préface »

Guy de Maupassant

1. ils devront souvent corriger les événements au profit de la vraisemblance et au détriment de la vérité, car le vrai peut quelquefois n'être pas vraisemblable.
2. car il faudrait alors un volume au moins par journée, pour énumérer les multitudes d'incidents insignifiants qui emplissent notre existence.
3. ne prendra dans cette vie encombrée de hasards et de futilités que les détails caractéristiques utiles à son sujet, et il rejettera tout le reste tout l'à-côté.
4. Mais pouvons-nous faire tomber une tuile sur la tête d'un personnage principal, ou le jeter sous les roues d'une voiture, au milieu d'un récit, sous prétexte qu'il faut faire la part de l'accident ?
5. consiste donc à donner l'illusion complète du vrai, suivant la logique ordinaire des faits, et non à les transcrire servilement dans le pêle-mêle de leur succession.
6. que les Réalistes de talent devraient s'appeler plutôt des Illusionnistes.
7. illusion poétique, sentimentale, joyeuse, mélancolique, sale ou lugubre suivant sa nature.
8. reproduire fidèlement cette illusion avec tous les procédés d'art qu'il a appris et dont il peut disposer.

Questions

Réponses variables.

Travaux complémentaires

MISE AU POINT

I.

Dans l'avenir… aura, seront, permettra, contiendra

Si vous descendez… laisserez, donnera, aura, pourront, dispenseront, sera

Naturellement… coûteront, descendront, payeront, feront, dîneront, iront, sera, voyageront

Et vous… trouveriez, Pourriez

À votre tour… *Réponses variables.*

II.

1. pourrait
2. ne reçoit pas, sera
3. tu finiras, pourrais
4. aurais préparé, serais allée, t'avais prévenue, n'aurais pas eu, veux, aurai, verras, n'en croiras pas

5. trichais, aurais, seraient, soupçonneraient penseraient, signalait, m'appréhenderait, mettrait, ne serait pas, ne devrais pas (*Commentaire* : On pourrait mettre les verbes au plus-que-parfait et au conditionnel passé dans cette réponse. Dans ce cas les réponses seraient :

   avais triché, aurais eu, auraient été, m'auraient-ils soupçonné(e), auraient-ils pensé, l'avait signalé, m'aurait appréhendé(e), m'aurait mis(e), n'aurait pas été, je n'aurais pas dû *ou* je ne devrais pas)

6. étions partis, m'avais écouté, serions restés, demandions, ferait, voudra

7. ne vous pardonnerai jamais

8. veut

9. recevront

10. les aurais entendu, s'en sert, avaient pris *ou* ont pris, les auriez entendus

11. ne m'aviez pas accompagné

12. prendrait

13. saurais, viendrait, n'était pas tombé, ne serait pas sorti

14. vaudra, nous ne trouvons pas, deviendra

15. faudra, auras décidé, ferai

III.

Réponses variables.

IV.

1. aura complété
2. aurai remis
3. serons rentrés, auront repris

V.

Réponses variables.

VI.

1. Si vous regardez par la fenêtre, vous pouvez voir les voiliers à l'horizon. Si tu regardes par la fenêtre, tu peux voir les voiliers à l'horizon.
2. Quand Frédéric et Julie arriveront, nous préparerons des sandwiches et du café.
3. S'il pleut demain, je n'irai pas au travail.
4. Je ne sais pas si Paul McCartney chantera au concert.
5. Quand Leslie aura fini son discours pour demain, elle l'enregistrera.
6. Si vous voulez m'aider à trier mes diapositives, passez-moi un coup de fil. Si tu veux m'aider à trier mes diapositives, passe-moi un coup de fil.
7. Quand il ouvrira la porte et verra tous ses amis, il sera très surpris.
8. Quand je me sens triste, j'aime être seul(e).

9. Thierry a étudié à l'Université Laval pendant quatre ans.

10. a. *avec le futur* : Je recevrai mon diplôme en neurobiologie, tandis que mon frère se spécialise en relations internationales. Nous espérons tous les deux vivre ou étudier à l'étranger pendant un an avant de chercher du travail.

    b. *avec le futur proche* : Je vais recevoir mon diplôme en neurobiologie, tandis que mon frère se spécialise en relations internationales. Nous espérons tous les deux vivre ou étudier à l'étranger pendant un an avant de chercher un emploi (avant de chercher du travail. (*Commentaire* : **to look for a job** peut se traduire : **chercher du travail** *ou* **chercher un emploi.**)

    c. *Avec* **on** *à la place de* **nous** : Je vais recevoir mon diplôme en neurobiologie, tandis que mon frère se spécialise en relations internationales. On espère tous les deux vivre ou étudier à l'étranger pendant un an avant de chercher du travail.

11. Pendant que vous réparez le moteur ce cette voiture, je verifierai la batterie. Pendant que tu répares le moteur ce cette voiture, je verifierai la batterie.

12. Nous partons pour Vancouver demain. (*Commentaire* : Dans la langue parlée, **nous** est souvent remplacé par **on** : **On** part pour **Vancouver demain.** = *Nous* partons pour **Vancouver demain.**)

13. Vous auriez dû aller au concert avec nous. C'était fabuleux. Tu aurais dû aller au concert avec nous. C'était fabuleux.

14. Francine n'aurait pas dû laisser les enfants seuls à la maison. S'il y avait eu un incendie (le feu) ou un cambriolage (un vol), ils n'auraient pas su quoi faire.

15. Si vous vouliez impressionner vos amis, que feriez-vous ? (comment vous y prendriez-vous ?)

    Si tu voulais impressionner tes amis, que ferais-tu ? (qu'est-ce que tu ferais ? comment t'y prendrais-tu ?)

VII. *Réponses possibles*

1. La circulation a dû être intense sur l'autoroute.
2. Ce doit être le facteur avec une lettre exprès.
3. Nous aurions dû acheter des provisions avant de rentrer à la maison.
4. Tu devrais faire un effort pour en trouver.
5. Il devait être onze heures.
6. Tu devrais consulter un médecin.
7. La bonne fée a dit à Cendrillon : « Avant que la cloche sonne minuit, tu devras quitter le bal ».

Chapitre 5 - Les Déterminants

Programme de laboratoire

MISE EN PRATIQUE

Exercice 1

1. Il y avait des clowns au cirque.
2. Non, mais il y avait des chevaux dressés.
3. On avait très faim ; alors on a mangé des cacahuètes, des bonbons, des saucisses et des pommes au caramel.
4. C'est un grand cirque, il y avait des jongleurs et des acrobates.
5. Il y avait des équilibristes aussi.
6. Oui, il a rencontré des amis avec leurs parents.
7. Oui, il y avait des dresseurs de serpents, de lions et de tigres.

Exercice 2

1. Elle n'est jamais allée au Kenya.
2. Elle a emporté de la crème solaire, de la pommade contre les brûlures, du désinfectant et des compresses.
3. Elle voulait emporter des médicaments contre la malaria.
4. Il y avait du punch et du vin rouge.
5. Adrien avait préparé du poulet grillé à la diable avec des haricots et des tartelettes aux fruits.
6. Laure a reçu un sac à dos avec des poches, un couteau et du parfum.
7. On a acheté le couteau en Suisse.

Exercice 3

1. Moi, je passerai mes vacances en Autriche ou au Portugal.
2. Mes parents non plus, mais ils sont allés en Australie.
3. Mon cousin, qui vient de faire un voyage en Nouvelle Zélande, est né en France.
4. À mon avis, c'est encore plus difficile de se rendre en Bosnie.
5. Moi, je reviens du Pérou.
6. Moi, mon frère habite à Londres, mais il va en Suisse pour ses affaires.
7. Moi, j'aimerais habiter au Vénézuéla.
8. Moi, mon professeur d'anglais passe ses vacances au Tibet.

CONVERSATIONS DIRIGÉES

Conversation 1

1. Moi, je prends des œufs brouillés et du pain grillé avec un peu de confiture.
2. Moi, je lis des magazines.
3. Moi, j'étudie l'histoire, les sciences politiques et la philosophie du matin au soir. Ce n'est pas une vie !
4. Oui, et les étudiants utilisent des stylos et du papier pour écrire leurs devoirs et leurs examens.
5. Mon sénateur ne m'écris jamais de lettre.
6. Moi, je suis allé(e) à Madagascar.
7. On peut aussi mettre du rhum ou du Grand Marnier.
8. Moi, j'achèterais plutôt des pantalons kaki et une chemise à rayures.

Conversation II

1. Je bois du lait seulement le matin.
2. Je ne prends pas de vin le soir. Je préfère le thé.
3. Je n'aime pas les tempêtes de neige et j'ai peur des orages.
4. Tu as de la chance. Moi, j'ai grandi dans le Kansas. Je n'ai jamais vu l'océan, mais je connais bien les plaines du Midwest.
5. Je ne m'intéresse pas aux informations radiodiffusées. Je préfère lire les journaux ou les revues.
6. Moi, j'ai un studio en ville. Je n'ai presque pas d'amis qui viennent me voir.
7. Je veux bien essayer tes crêpes, mais je ne tiens pas à manger de la mousse. Je suis un régime en ce moment.
8. Je n'ai pas encore lu de roman russe, ni en russe ni en anglais !

Conversation III

Situation 1 : Le petit déjeuner

1. Non, je ne prends pas de bananes flambées pour le petit déjeuner. Je prends une omelette, du pain grillé et des confitures.
2. Non, je ne mets pas de lait dans mon café. Je mets du sucre et de la crème.
3. Non, je ne finis pas mes devoirs le matin en mangeant. Je finis mes devoirs avant de me coucher. Le matin, je lis des revues de sport ou des magazines.

Situation 2 : Le déjeuner

1. Non, je ne prends pas de saumon poché pour le déjeuner. Je prends de la soupe et un sandwich ou de la pizza et de la salade.
2. Non, je ne mets pas de sauce hollandaise sur mes hamburgers. Je mets de la sauce tomate, de la moutarde, de la mayonnaise, des cornichons, de la laitue et des rondelles de tomates.
3. Non, je ne bois pas de champagne avec mon déjeuner.
   Je bois du lait, du jus de fruits, de la citronnade, de l'eau, du thé ou du café.

Situation 3 : Le dîner

1. Non, je ne prends pas de céréales pour le dîner. Je prends de la viande ou du poisson et des légumes.
2. Non, je ne prends pas de truffes au Grand Marnier pour le dessert. Je prends de la glace au chocolat, de la tarte aux pommes, des fruits frais et du gâteau aux carottes.
3. Non, je n'aime pas les éclairs au chocolat. Je préfère la tarte aux cerises, la glace à la vanille et les petits gâteaux secs.

TEXTES DE COMPRÉHENSION

Compréhension globale

« Le Coq au vin »

Questions

Réponses variables.

Compréhension, dictée et interprétation

La Nuit des temps

René Barjavel

La clé... Les savants et les journalistes

Eléa... devenant un couple d'adultes

Après la guerre... leur efficacité, que la guerre ne recommencerait jamais

Le sous-sol... L'utilisation de l'énergie universelle, une végétation plus riche et plus belle, Des espèces nouvelles

La surface... aménagée en centre de loisirs, repeuplait d'animaux, une plage sur l'océan

Au-dessous... dans la raison et la joie

Chaque vivant... une partie égale de crédit, à son compte, il payait avec sa clé, à cet effet et son compte, de la valeur de la marchandise ou du service demandés

Certains citoyens... leur crédit annuel, pas de pauvres, pas de riches, l'égalité des droits, son crédit selon ses goûts et ses besoins

Une fois construite... leur propre cerveau, de tout travail, les tâches de la main et de l'intelligence, ce temps pouvant être réparti, voyait son crédit diminué d'autant

Les usines... au fond des villes

Les objets... La matière première, à l'intérieur d'une femme, un ovule fécondé, le rien, aux besoins et aux joies de la vie

Questions

Réponses variables.

Travaux complémentaires

MISE AU POINT

Vocabulaire

À quoi bon faire [des] économies ? *What is the use of saving money?*

I.

Anne-Marie : *Mes* grands-parents, *Le* matin, *du* bétail, *aux* poules, *aux* poussins, *du* son, *aux* chevaux, *l'*écurie

Philippe : *une* vie, *un* bon bol, *de* café, *une* tartine, *mon* atelier, *mes* esquisses, *mes* tableaux, *l'*h eure, *au* café, *une* heure

Chantal : *de la* chance, *tes* heures, *tes* tableaux

Chantal : *la* ferme

Anne-Marie :
Oui, alors... *un* bon petit déjeuner, *des* œufs, *du* jambon, *des* pommes sautées, *du* café, *du* jus de tomate, *du* pain grillé, *de la* confiture, *de la* compote de fruits, *de* viande, *le* posson, *d'*œufs, *de* fromage, *de* lait, *du* lait, *du* lait, *de* graisse, *le* beurre, *de la* margarine, *de* salade verte, *de l'*effort

L'après-midi... *la* sieste, *le* temps, *une* promenade, *le* long, *la* rivière, *un* arbre, *un* cadre, *la* vie quotidienne, *l'*université, *les/mes* cours, *les* responsabilities, *la* vie académique

Jean-Louis :
La campagne... de bêtes, *de* plantes, *de* personnes, *des* chevaux, *le* dos, *d'un* poney, *la* bête, *les* plates-bandes, *des* cauchemars, *des* semaines

Non, moi j'aime... *l'*agitation, *la* ville, *les* gratte-ciel, *les* autobus, *les* grands magasins, *les* quais, *des* ports, *les* paquebots, *au* théâtre, *au* cinéma, *des/mes* amis

Jean-Louis : *la* vice-présidence, *d'*ordinateurs, *les* moyens

Frédéric : *des* économies, *La* vie, *du* moment, *une* femme, *des* enfants

Jean-Louis : *d'*enfants, *de* bruit, *des* marmots

Chantal : *Un* jour

Yves : *le* monde, *du* piano, *du* piano, *du* violon, *Les* premiers mots, *l'*instrument, *le* concerto

Chantal : *l'*orchestre

Yves : *le* mot, *de la* viole de gambe, *la* musique, *tes* amis, *du* saxophone, *des* maîtres

Chantal : *du* mal, *mes* amis, *les* cabarets, *les* plus connus

Yves : *des* mois

Marie-Laure : *un* air, *de* courrier, *la* contre-intelligence, *l'*imagination, *d'*escargots, *de* trompette, *des* mots, *un* agent, *un* code secret, *des* informations, *Un* de ces jours

II.

1. celui, celle-ci
2. celles
3. celles
4. ceux
5. celui, ceux-ci

III.

1. Elle, C', C', Cela, C', c'
2. C', C', C', Cela

IV.

1. *M. Roubaix...* *en* Norvege

   Tout jeune... *en* Afrique, *au* Pérou, *à* Cuba, *au* Mexique, *en* Italie, *en* Egypte

   Quand on... *d'*Afrique, *du* Pérou, *en* Egypte, *d'/en* Italie

2. *du* Canada, *du* Chile
3. *en* France, *au* Zaïre, *au* Danemark, *dans l'*Arizona, *à* Londres, *à* New York, *Aux* Indes, *En* Ukraine, *au* Japon
4. *à* Cuba, *au* Viêt-Nam, *au* Cambodge, *aux* Philippines, *en* Australie, *en* Nouvelle-Zélande
5. *au* Maroc, *au* Brésil
6. *en* Suisse, *au* Mexique, *en* Russie

V.

1. leur
2. son
3. les
4. notre
5. leurs (*Commentaire :* Si l'on veut communiquer l'idée que chaque invité a une voiture on peut également dire : **leur voiture.**)
6. les
7. ses
   les leurs
   les siens
8. mes
   mon/l'
   les vôtres
9. Ma
   la
10. l'

VI. *Réponses possibles*

1. Il a du mal à retenir le nom des os et des muscles dans son cours d'anatomie.
2. Elle a mal à la jambe depuis plus d'une semaine.
3. Il faudra que je les expédie par avion.
4. On ne peut y parvenir qu'en bateau.
5. Ils ont fini leurs études de médecine en trois ans.
6. J'ai surtout envie d'aller voir Chenonceaux.
7. La plupart des habitants travaillent dans des firmes qui développent et distribuent du logiciel et des bases de données.
8. Une foule d'enthousiastes avait complétement bloqué l'entrée du parking et du stade.

Chapitre 6 - Les Pronoms

Programme de laboratoire

MISE EN PRATIQUE

Exercice 1

1. Moi non plus, je n'en ai pas beaucoup.
2. Mes amis y vont souvent aussi.
3. Oui, ils l'ont vu la semaine dernière.
4. Il en contient une cinquantaine.
5. Oui, je les y ai inclus.
6. Oui, je leur écrirai.
7. Je me mets à côté de lui, parce qu'il me fait rire.

Exercice 2

1. Oui, je t'ai écrit.
2. Oui, c'était pour te la rappeler.
3. Oui, tu peux l'amener.
4. Oui, je leur ai demandé de venir.
5. Oui, ils en apporteront.
6. Oui, tu peux en apporter.
7. On nous le servira à neuf heures.
8. Non, il n'y en aura pas.
9. Oui, on en servira.
10. Oui, tu peux m'en envoyer un.

Exercice 3

1. Julie n'y a pas déjeuné.
2. Julie ne l'a pas lu.
3. Julie ne leur en a pas écrit.
4. Julie n'en a pas pris.
5. Julie n'y est pas allée.
6. Julie ne leur a pas parlé.
7. Julie n'en a pas pris.
8. Julie ne l'a pas regardée.

Exercice 4

1. Non, je ne la lui ai pas montrée.
2. Oui, elle savait que je te l'avais empruntée.
3. Oui, je peux t'en acheter.
4. Oui, je t'en enverrai une.
5. Oui, je peux les poster pour toi.

CONVERSATIONS DIRIGÉES

Conversation 1

Situation 1 : La vie quotidienne

1. Non, je n'en fais pas parce que je dois travailler pour payer mes études.
2. Non, je n'y vais pas parce que je n'ai pas de temps.
3. Non, je n'en prends pas parce que le sujet ne m'intéresse pas.
4. Non, je ne te comprends pas parce que je ne parle pas encore très bien le français.
5. Non, je ne t'ai pas téléphoné parce qu'à minuit je dormais.
6. Non, je ne l'écoute pas parce que je n'en ai pas.
7. Non, je n'en suis pas content parce qu'ils jouent de la musique jusqu'à une heure du matin.
8. Oui, je l'invite le dimanche.
9. Non, je ne leur écris pas souvent.
10. Non, je ne l'ai pas payée parce que mes parents ne m'ont pas envoyé d'argent.

Situation 2 : À la plage

1. Oui, j'en ai apporté.
2. Oui, je l'ai apportée.
3. Oui, je les ai remarqués.
4. Oui, je crois que nous en aurons.
5. Non, je ne vais pas me baigner tout de suite.
6. Non, je ne les y ai pas mises.
7. Oui, elle en a apporté.
8. Oui, je lui ai donné à manger.
9. Non, je ne vais pas y rester longtemps.

Conversation II

1. Oui, j'aime en faire.
2. Non, je ne sais pas l'utiliser.
3. Oui, je veux les essayer.
4. Oui, j'ai envie d'y aller.
5. Non, je n'ai pas besoin d'en faire.
6. Oui, je peux les soulever.
7. Non, je ne pense pas lui parler.
8. Oui, je crois en avoir perdu.

Conversation III

1. Oui, tu me l'as prêté.
2. Oui, je te l'ai rendu.
3. Oui, je les leur prête.
4. Oui, ils me les rendent.
5. Oui, je t'en ai apporté un.
6. Oui, tu m'en as donné une.
7. Oui, ils m'en parlent.
8. Oui, ils m'en envoient.
9. Oui, je lui en écris.
10. Oui, il m'en envoie aussi.
11. Oui, nous devons les lui remettre.
12. Oui, il va nous les rendre demain.

Conversation IV

1. Alors, arrête-toi au prochain poste et achètes-en.
2. Voilà ma carte de crédit. Donne-la au garagiste.
3. Alors, vérifie-les ! Tiens, voilà le garagiste qui revient. Demande-lui de les vérifier.
4. N'en achète pas ici. Je connais une boîte où ils seront moins chers.
5. Pas sur moi. J'ai laissé mon carnet d'adresses à l'appartement. Retournons-y.
6. Pas de veine ! C'est la police. Ralentis !
7. Prépare une bonne excuse. Le flic a l'air d'une brute.
8. Tiens, voilà les papiers. Donne-les à l'agent.
9. Après ce qui vient d'arriver, laisse-moi conduire !

Conversation V

1. Je n'ai pas mis de crème sur le mien.
2. Oui, moi aussi, j'enferme souvent les miennes dans la voiture.
3. Elle a fini la sienne aussi.
4. J'ai repeint la mienne en bleu.
5. Nous avons garé la nôtre devant l'hôtel de ville.
6. Carole et Françoise n'ont pas revendu le leur.

TEXTES DE COMPRÉHENSION

Compréhension globale

« La Couverture partagée » (« La Housse Partie »)

Bernier

Questions

Réponses variables.

Compréhension, dictée et interprétation

Exercices de conversation et de diction françaises pour étudiants américains « Leçon sur la politesse »

Eugène Ionesco

ne vous excusez pas
me tutoyez-vous
L'as-tu trouvé
Au bistrot du coin
Je ne l'ai même pas touchée, ta voiture
Je vous ai fait mal. Avouez-le.
Vous aurais-je écrasé
Je me le suis écrasé moi-même
Je vais t'apprendre à vivre
Ils se tuent
vous vous évanouissez
Aidez-moi à la soutenir
ils vont se tuer

Questions

Réponses variables.

Travaux complémentaires

MISE AU POINT

I. *Réponses possibles*

1. Oui, j'en mets. Non, je n'en mets pas.
2. Oui, ils y déjeuneront. Non, ils n'y déjeuneront pas.
3. Oui, elles les voient le dimanche. Non, elles ne les voient pas le dimanche.
4. Oui, je vous promets d'y aller. Oui, je vous promets d'aller à la conférence. Oui, je vous le promets. (*Commentaire* : Notez que dans la réponse **Je vous le promets, le [neutre]** remplace **d'aller à la conférence.**) Non, je ne vous promets pas d'y aller. Non, je ne vous promets pas d'aller à la conférence. Non, je ne vous le promets pas.
5. Oui, il en a peur. Non, il n'en a pas peur.
6. Oui, j'y pense souvent. Non, je n'y pense pas souvent.
7. Oui, vous devez le remplir. Non, vous ne devez pas le remplir.
   Oui, tu dois le remplir. Non, tu ne dois pas le remplir.
8. Oui, vous pouvez me rendre le livre demain. Oui, vous pouvez me le rendre demain. Non, vous ne pouvez pas me rendre le livre demain. Non, vous ne pouvez pas me le rendre demain.
   Oui, tu peux me rendre le livre demain. Oui, tu peux me le rendre demain. Non, tu ne peux pas me rendre le livre demain. Non, tu ne peux pas me le rendre demain.
9. Oui, il l'a partagée avec ses amis. Oui, il l'a partagée. Non, il ne l'a pas partagée avec ses amis. Non, il ne l'a pas partagée.
10. Oui, vous m'en avez parlé. Non, vous ne m'en avez pas parlé.
    Oui, tu m'en a parlé. Non, tu ne m'en a pas parlé.
11. Oui, j'ai envie d'y aller. Non, je n'ai pas envie d'y aller.

12. Oui, je voudrais en faire. Oui, j'aimerais bien en faire. Oui, j'aimerais en faire. (*Commentaire* : Notez que les réponses avec le verbe **aimer** sont acceptables au niveau du dialogue. Il s'agit du mécanisme de la conversation plutôt que de la correspondance grammaticale exacte entre le verbe de la question et le verbe de la réponse. Notez également que la réponse négative à la question **Voudriez-vous faire du ski ?** serait une phrase polie comme **Non, je ne tiens pas spécialement à en faire,** plutôt que **Je ne veux pas en faire,** qui est correct mais un peu trop direct, sauf dans une situation où l'on veut être catégorique.)

13. Oui, je pourrais vous faire visiter le campus. Je pourrais vous le faire visiter. Non, je ne pourrais pas vous faire visiter le campus. Non, je ne pourrais pas vous le faire visiter.

14. Oui, tu m'as raconté cette histoire. Oui, tu me l'a racontée. Non, tu ne m'as pas raconté cette histoire. Non, tu ne me l'as pas racontée.

15. Oui, elles pensent y aller plus tard. Non, elles ne pensent pas y aller (plus tard).

II.

1. Olivier en a acheté une.
2. Je me suis promené avec eux.
3. Philippe lui a-t-il écrit ?
4. Ce jeune homme sait les réparer.
5. Je les ai ouvertes.
6. Barbara lui a prêté son collier.
7. Montrez-lui votre bicyclette.
8. Donnez-le-moi.
9. Il nous en a parlé.
10. Ils en ont beaucoup.

III.

1. Vous l'a-t-il donné ?
2. Lui en avez-vous parlé ?
3. Pauline vous l'a-t-elle montré ?
4. Pourquoi Marie-Anne n'y est-elle pas allée ?
5. Pourquoi votre mère vous parle-t-elle si sévèrement ?
6. Comment vos amis vont-ils s'habiller pour la première de cette pièce ?

IV.

1. *de* plusieurs instruments, *de la* harpe, *du* violoncelle, *du* clavecin, *de la* flûte, *du* piano, *de la* guitare électrique
2. *aux* cartes, *au* poker, *au* rami
3. *à la* balle

V.

Réponses variables.

VI.

1. J'ai manqué l'avion. J'ai raté l'avion. (*Commentaire* : **J'ai raté l'avion** appartient à la langue familière.)

2. Votre frère vous manquera-t-il ? Est-ce que votre frère vous manquera ?

   Ton frère te manquera-t-il ? Est-ce que ton frère te manquera ?

3. Ses remarques ne manquent jamais de finesse. Ces commentaires ne manquent jamais de subtilité.

4. Je suis à court d'argent ; pourrais-tu me prêter $20 ? Je n'ai presque pas d'argent ; pourrais-tu me prêter $20 ? Je n'ai presque pas de monnaie ; pourrais-tu me prêter $20 ? Je n'ai que peu d'argent ; pourrais-tu me prêter $20 ?

   Je suis à court d'argent ; pourriez-vous me prêter $20 ? Je n'ai presque pas d'argent ; pourriez-vous me prêter $20 ? Je n'ai presque pas de monnaie ; pourriez-vous me prêter $20 ? Je n'ai que peu d'argent ; pourriez-vous me prêter $20 ?

5. Vous me manquez beaucoup.

   Tu me manques beaucoup.

6. Le son de sa voix lui manquait.

Chapitre 7 - Les Verbes pronominaux

Programme de laboratoire

MISE EN PRATIQUE

Exercice 1

1. Moi aussi, je prends une douche froide le matin pour me réveiller avant d'aller au cours.
2. Sauf Irène, elle ne se dépêche jamais.
3. Moi, je ne me dispute jamais avec mes camarades de chambre.
4. Toi aussi, tu te plains du bruit.
5. J'aime aussi me promener dans le parc Montsouris.
6. Je pense que tu te trompes, ils ne se hâtent pas de rentrer à la résidence universitaire.
7. Tu as raison, nous nous retrouvons souvent dans un bar pour nous amuser un peu.
8. Tous les étudiants essayent (essaient) de ne pas se coucher trop tard pour pouvoir se lever à l'heure le matin.

Exercice 2

1. Ils se sont rencontrés au lycée.
2. Dès qu'ils se sont vus, cela a été le coup de foudre.
3. Non, ils ne se parlaient pas, mais ils se regardaient souvent du coin de l'œil.
4. Un jour Émilie s'est blessée et Rémi l'a aidée à aller à l'infirmerie.
5. Ils se sont revus plusieurs fois.
6. Ils se sont étonnés de ne plus voir leur fille travailler aussi assidûment qu'auparavant, et ils se sont inquiétés.
7. Ils se sont rendu compte qu'elle passait beaucoup de temps au téléphone et qu'elle sortait beaucoup le soir. Alors, ils se sont souvenus de leurs années au lycée avec nostalgie.
8. Après son baccalauréat, Émilie s'est inscrite à l'université.
9. Rémi s'est engagé dans la marine. Il est parti autour du monde pendant un an et demi.
10. Ils s'écrivaient trois fois par semaine.
11. Pendant ce temps, Emilie se dépêchait de finir sa maîtrise.
12. Deux ans après, ils se sont mariés.

CONVERSATIONS DIRIGÉES

Conversation I

Situation 1 : Les activités quotidiennes

1. Je me lève à 9 heures du matin.
2. Oui, je me dépêche pour aller à mes cours.
3. (Oui,) je me brosse les cheveux quand je fais ma toilette. (*Commentaire* : D'ordinaire les réponses aux questions pour lesquelles la réponse est **oui** ou **non,** commencent par **oui** ou **non.** Dans la phrase 3, ce reflexe a été omis par inadvertance sur la bande sonore.)
4. Oui, je m'assieds toujours à la même place.
5. Non, je ne m'endors pas pendant les conférences.
6. Pour me détendre, je fais du Tai Chi.

Situation 2 : Souvenirs d'enfance

1. Oui, je me disputais quelquefois avec mes parents quand j'étais jeune.
2. Non, je ne me moquais pas de mes frères.
3. Oui, mes camarades de classe se moquaient de moi.
4. Non, mes parents ne se fâchaient pas contre moi.
5. Non, je ne m'entendais pas bien avec mes instituteurs.
6. Pour nous amuser, nous faisions des parties de pêche.

Situation 3 : En retard

1. Oui, nous nous sommes perdus en route.
2. Oui, il s'est mis à plevoir.
3. Nous nous sommes arrêtés dans une station-service, mais le téléphone était en dérangement.
4. Non, nous ne nous sommes pas ennuyés, mais nous nous sommes beaucoup inquiétés à cause de notre retard.

Conversation II

1. Moi non plus, je refuse de me lever avant dix heures du matin.
2. Pendant que vous discutez d'hygiène personnelle, moi, je vais m'occuper de choses sérieuses. Les valises ne sont pas faites.
3. Justement, rien ! Je n'ai rien à me mettre.
4. Comment veux-tu que je fasse ça en un quart d'heure ? Je n'aime pas m'y prendre à la dernière minute, tu le sais bien.

5. Ni l'un ni l'autre. J'ai un thermos dont nous pouvons nous servir. Nous boirons le café en route.
6. Ah, non ! Dans la vie il ne faut pas se priver. Emportons des œufs durs et des sandwiches au pâté pour le déjeuner.
7. Tu as raison. J'ai déjà du mal à me tirer d'affaire avec ce que je gagne. Et n'oublie pas que je n'ai rien à me mettre sur le dos !
8. Pour une fois je suis d'accord. Les gens qui se baladent sur la Croisette sont quand même plus drôles que les écureuils faisant des provisions de noix pour l'hiver.
9. Trêve de fantaisie ! Si nous continuons à nous disputer, nous ne partirons jamais.

Conversation III

1. En effet, mais je me suis souvenu d'éteindre le chauffage.
2. Je m'en suis rendu compte, mais je n'ai pas eu le temps de la réparer avant de partir en voyage.
3. Ne t'ennuieras-tu pas ? Je ne comprends pas pourquoi ils se sont installés dans une ferme perdue en Bretagne.
4. En fait, il ne s'agit pas de la campagne. Tu sais bien que je ne me suis jamais entendu avec ton père. Nous nous disputons à chaque visite. À mon avis, les commis-voyageurs valent autant que les fermiers. Je ne vois pas pourquoi il se moque de moi simplement parce que je préfère la ville à la campagne.
5. Je ne me souviens pas de grand'chose. Tu sais bien que j'avais pris un verre de trop. J'avais les idées troubles. Je ne me suis pas aperçu que tu me faisais signe de me taire. Je me suis emporté, c'est vrai, mais c'est bien la première fois que cela m'est arrivé.

TEXTES DE COMPRÉHENSION

Compréhension globale

« Histoire de Lise »

Questions

Réponses variables.

Compréhension, dictée et interprétation

L'Homme propre

Charles Cros

je m'éveille
que personne ne touche les œufs en dedans
je me lave les mains
je me débarbouille
je me fais donner
à me laver les mains
coupé à la main
Je coupe une petite tranche
Je n'ai bu qu'un peu de Bordeaux
que tout ça n'était pas propre
sans les laver
je me suis levé de table
s'est levé, m'a montré la porte
il m'a mis mon pardessus sur la tête
me laver les mains, et manger
personne n'y touche en dedans

Questions

Réponses variables.

Travaux complémentaires

MISE AU POINT

I.

Vocabulaire

œil au beurre noir   *black eye*
se tordaient de rire   *were convulsed with laughter*
perruches   *parakeets*

1. m'installe
   ne pas trop m'ennuyer
   me suis endormi(e)
   s'est mis
   m'étais miraculeusement souvenu(e)/me souvenais
   s'est permis
   s'obstinaient

2. ne vous rendez pas compte
   ne s'ouvrent pas toujours
   se trompent
   vous méfiiez

3. s'est mis
   se sont battus
   ne s'est pas présenté

4. se voient
    se rendent compte
    s'y opposent
    nous trouverons
    ne voulez pas vous occuper
    vous passer
    nous aimons
    nous entendons
    nous ne nous disputons jamais
    s'inquiètent

5. vous sentiez
    Vous coucheriez
    s'obtenir
    je me ferais transporter

6. se plaignait
    se mettait
    se tordaient
    se levaient
    se terminait

7. ne nous voyons plus
    nous envoyons

8. te serais amusé
    nous étions présentés

9. se réjouissent

10. se sont envolées

11. s'assiéront/s'assoiront

12. nous habituerions

13. m'absenterai
    ne nous sommes pas réunis
    nous raconter

14. s'est mariée
    s'occupait
    se méfiera

II.

1. a. Te réveilles-tu à trois heures du matin ?
    b. Est-ce que tu te réveilles à trois heures du matin ?
2. a. Éric s'est-il disputé avec Catherine ?
    b. Est-ce qu'Éric s'est disputé avec Catherine ?
3. a. Vous voyiez-vous souvent l'année dernière ?
    b. Est-ce que vous vous voyiez souvent l'année dernière ?
4. a. Se réuniront-ils dans la caféteria ?
    b. Est-ce qu'ils se réuniront dans la caféteria ?
5. a. Votre frère s'intéresse-t-il à la politique ?
    b. Est-ce que votre frère s'intéresse à la politique ?

III.

1. brulée, rendu, restée, mis
2. retrouvé, écrites
3. vus, parlé
4. fait, assise, mise
5. aperçus, moqués
6. regardés, souri, parlé
7. promis
8. tombée, cassé
9. déguisé, déguisée
10. perdus, écrit, rencontrés
11. habitués

IV.

Vocabulaire

à genoux   *on his knees*

Paule et Maurice...   se connaissaient, s'adoraient, se dirigeait, s'arrêtaient

Un soir...   s'est sentie, se sont souvenus, s'est frappé, s'est demandé

L'aubergiste...   s'est enfin souvenu, s'est dépêché, se trouvait, s'est approché, s'est mis

— Oui, mieux vaut...   se sont allongés

Quand le médecin...   s'est précipité, s'être penché

V.

1. à
2. à
3. de
4. de
5. à
6. de
7. à
8. de

VI.

1. L'oiseau a été blessé par le chat.
2. Les causes de cette guerre seront étudiées à fond.
3. Si Galilée avait vécu au vingtième siècle, aurait-il été persécuté par l'Église ?
4. Si je ne cachais pas le gâteau, il serait mangé par les enfants en deux secondes.
5. Le président sera accompagné de cinq ministres durant son prochain voyage en Orient.
6. Il est possible que toute la ville ait été détruite par l'ouragan.

7. Quand toutes les ressources naturelles de la terre auront été utilisées, que fera-t-on ?
8. La ville était gouvernée par des robots qu'on ne pouvait pas distinguer des hommes.

VII.

1. On a volé trois colliers en or.
2. On ne sert pas ce plat dans les restaurants élégants. Ce plat ne se sert pas dans les restaurants élégants.
3. On parle trois langues en Belgique. Trois langues se parlent en Belgique.
4. On a retrouvé le corps de la victime dans le coffre de la voiture.
5. Dans quels pays mange-t-on (les plats) avec les mains ? Dans quels pays mange-t-on la nourriture avec les mains ? Dans quels pays les plats se mangent-ils avec les mains ? Dans quels pays la nourriture se mange-t-elle avec les mains ?
6. Bientôt, on n'entendra plus ce genre de musique. Bientôt, ce genre de musique ne s'entendra plus.
7. La peinture est si vieille qu'on ne peut pas la restaurer facilement. Le tableau est si vieux qu'on ne peut pas le restaurer facilement.

Chapitre 8 - La Négation

Programme de laboratoire

MISE EN PRATIQUE

Exercice 1

1. Je n'en ai aucune idée. Mais je ne circulais pas vite.
2. Mais, je n'ai rien bu ! Je n'aime pas les boissons alcoolisées.
3. Je n'ai pas eu le temps d'éviter le camion qui venait d'en face. Je ne l'ai pas vu.
4. Oui, je n'ai jamais vu une chose pareille !
5. Je pensais qu'il n'y avait rien à craindre en voiture. Je n'ai jamais eu peur au volant avant aujourd'hui.
6. Je n'ai pas encore reçu ma nouvelle carte d'assurance.

Exercice 2

1. Non, je ne sors presque jamais tard le soir.
2. Je ne fais jamais de bruit excepté quand je joue du trombone.
3. Justement, je ne joue que la nuit. Je ne suis jamais inspiré avant trois heures du matin.
4. Je ne pense pas que cela pose un problème. Mon berger des Pyrénées est très calme et docile.
5. Je ne fume pas la cigarette, mais je fume le cigare.
6. Je ne comprends pas, je ne vois pas où est le problème.

Exercice 3

1. Non, il n'a pas encore reçu son baccalauréat.
2. Non, il n'est plus au lycée.
3. Non, elle n'est pas encore terminée.
4. Non, elle n'est plus étudiante.
5. Non, il ne travaille pas à *France Soir*.

Exercice 4

1. Non, ils ne veulent pas faire la même chose.
2. Non, ils ne sont jamais d'accord.
3. Non, il n'est jamais venu à Paris.
4. Non, John ne veut aller ni au Louvre ni au Centre Pompidou.

CONVERSATIONS DIRIGÉES

Conversation I

1. Moi non, je n'aime pas la musique classique. Je préfère les concerts de musique punk.
2. Moi non, je n'ai pas fait de ski à Vail.
3. Moi non, je ne prends ni sucre ni lait dans mon thé.
4. Je n'aime ni la valse ni la polka.
5. Personne n'est venu me voir hier soir.
6. Moi non, je n'écris rien pour le quotidien du campus.
7. Moi non, je ne voudrais pas devenir cosmonaute.
8. Non, rien n'est arrivé à ma voiture.
9. Non, je n'ai lu ni Pascal ni Descartes dans mon cours de philosophie.
10. Non, je ne l'ai mentionnée à personne.
11. Moi non, je ne leur écris pas tous les week-ends.

Conversation II

1. Je n'ai rien fait.
2. Je suis allé(e) au café et je n'ai parlé à personne.
3. J'ai relu le chapitre sur l'ADN et je n'ai rien compris.
4. La conférence du professeur n'était pas du tout claire.
5. Je n'aime ni la salade ni les fruits.
6. Je n'ai pris ni riz ni poulet pour mon dîner.
7. Mes parents ne m'envoient plus d'argent.
8. Mes parents ne me téléphonent jamais.
9. Je n'ai pas encore choisi de carrière.
10. La compagnie Megatruc ne m'a rien offert de permanent.
11. Aucun de mes amis ne m'écrit quand ils sont en vacances.
12. Mes amis n'ont jamais d'aventures incroyables.
13. Je n'ai pas du tout envie de vous parler.
14. Aucune université ne m'a offert de bourse.
15. Je n'irai nulle part cet été.
16. Je ne vais rencontrer personne.
17. Personne ne m'a parlé de l'incident hier soir.
18. Moi, je n'ai pas du tout compris pourquoi les étudiants ont fait une émeute.

Conversation III

1. Personne ne m'a invité au cinéma récemment.
2. Rien de drôle n'est arrivé au professeur.
3. Non, je n'ai jamais lu de roman en norvégien.
4. Non, il ne m'a plus parlé de ses soucis financiers.

5. Non, je n'ai pas encore vu de film de la Nouvelle Vague.
6. Non, je n'ai raconté cette histoire invraisemblable à personne.
7. Non, aucun de mes amis ne connaît cette blague.
8. Non, je ne prends pas de vitamines tous les jours.

Conversation IV

1. Moi non, je n'apprends rien.
2. Moi non, personne ne veut sortir avec moi.
3. Moi non, les amis de mes parents ne m'invitent à aucune de leurs soirées.
4. Moi non, je ne sais pas encore ce que je veux faire dans la vie.
5. Moi non, après mes études, je n'irai nulle part.
6. Moi non, je ne deviendrai ni sénateur ni gouverneur.
7. Moi non, je ne ferai rien d'important.
8. Moi non, personne ne parlera de moi.

TEXTES DE COMPRÉHENSION

Compréhension globale

« Nicolas »

Questions

Réponses variables.

Compréhension, dictée et interprétation

Les Poètes « Poème sans titre »

Louis Aragon

où je ne savais pas lire
ni l'électricité ni le téléphone
Je ne me serais pas adressé
ne plus me comprendre moi-même
j'appris à dessiner les oiseaux
comme une paire de gants
pour son étiquette bleue
les taches d'encre
un vieux ticket de métro
Qui n'avaient jamais pour moi
qui n'a jamais échangé ses yeux
Tenir une absence par la main
Je n'ai pas oublié le parfum de la désobéissance
personne autre que moi
pour ne rien être
il n'est pas certain
que tout cela ne soit pas une feinte
qui ouvre un parapluie
et que je ne suis pas

Questions

Réponses variables.

Travaux complémentaires

MISE AU POINT

I.

1. Elles n'étudient plus l'algèbre.
2. Agnès n'a pas encore visité les Catacombes de Rome.
3. Je ne prévois aucune difficulté.
4. Nous n'avons jamais revu le voyageur au chapeau vert.
5. Vous n'avez pas du tout compris la plaisanterie.
6. Ne voulait-il pas devenir pilote ?
7. Elle n'a jamais vu le Mont Blanc.
8. Nous ne sommes pas toujours de bonne humeur.

II.

1. Nous n'avons emmené personne au cirque.
2. Vous ne trouverez personne à la maison.
3. Il n'en a trouvé aucun dans la boîte.
4. Personne ne m'a prévenu de son mauvais caractère.
5. Personne de consciencieux n'aurait fait cela.
6. Aucun des chevaux n'a pris peur. / Aucun cheval n'a pris peur.
7. Aucun des invités n'a trop bu. / Aucun invité n'a trop bu.
8. Valéry n'a parlé à personne de l'accident.

III.

1. Non, je n'ai vu ni Dominique ni Élizabeth au café ce matin.
2. Non, ils n'ont préparé ni bouillabaisse ni cassoulet.
3. Non, je n'aime ni les films français ni les films italiens.
4. Non, ils n'ont apporté ni crayons ni papier.
5. Non, je n'ai acheté ni la chemise ni la cravate que la vendeur nous a montrées.
6. Non, le petit Pierre n'avait peur ni des tigres ni des lions.
7. Non, mes amis ne boivent ni ne fument.
8. Non, je ne veux aller ni en Chine ni au Japon.

IV.

Vocabulaire

broutaient de l'herbe   *browse on the grass ; graze*

1. Ils n'achètent que du vin bon marché.
2. Elle n'a compris que la première partie de ce passage de Proust.
3. M. Dutour ne sortait que le dimanche.
4. Nous n'avons vu que trois vaches sur la route. Les autres broutaient de l'herbe dans la prairie.
5. Vous ne recevrez votre passeport que dans trois semaines.

V.

1. Elle n'a guère mangé.
2. Votre projet n'est guère réalisable.
3. Nous n'avions guère envie de dîner si tôt.
4. La musique est si faible que je ne l'entends guère.

VI. *(erroneously numbered as V in the Cahier)*

1. Personne n'a encore compris le sens de ce message.
2. Je n'ai encore prévenu personne de mon absence.
3. Nous n'irons jamais ni en Irlande ni au Danemark.
4. Ni Elsa ni Pierre n'ont jamais vu d'opéra.
5. Nous ne faisons jamais rien le dimanche.
6. Ils n'ont encore commandé aucun plat à la carte.
7. On n'a encore vu cet insecte nulle part en Amérique.
8. Si on continue à chasser certains animaux, il n'y en aura plus aucun dans le monde entier.

VII. *(erroneously numbered as VI in the Cahier)*

Réponses variables.

VIII. *(erroneously numbered as VII in the Cahier)*

Cette femme...   personne, pas

Elle passait...   rien

— *Non, répondait-on...*   pas

— *Non, nous sommes...*   ni, ni

... ne semblait...   Personne, personne, Ni, ni, Ni, ni

— *Je ne reverrai...*   jamais

Un jour...   jamais

— *Enfin...*   plus (jamais)

IX. *(erroneously numbered as VIII in the Cahier)*

1. m'a persuadé *de* mettre
2. Désirez-vous [ø] déjeuner
3. obligé *d'*accepter
4. ont menacé *de* placer
5. a empêchés *de* faire
6. Souhaitez-vous [ø] devenir
7. comptes [ø] accepter
8. déteste [ø] faire, préfère [ø] mettre

Chapitre 9 - Le Genre, le nombre et les adjectifs

Programme de laboratoire

MISE EN PRATIQUE

Exercice 1

1. Dans mon cas aussi, c'est une maison neuve et bien meublée.
2. Je ne suis pas dans la même situation, je n'aime pas beaucoup ma maison. Pour moi, ce n'est pas la meilleure maison de la ville.
3. J'ai un peu plus de chance, j'ai une grande terrasse.
4. Moi, c'est pareil, j'ai une grande bibliothèque ensoleillée.
5. Comme tu peux t'en douter, à la campagne ce n'est pas la même chose, ma maison n'est pas bruyante.
6. Ma maison est plus traditionnelle, par exemple, j'ai une commode ancienne.

Exercice 2

Première partie

1. Tu as raison, elle aime le vert, mais j'ai pensé lui acheter une écharpe verte.
2. Non, je ne trouve pas, mais Daniel Auteuil est un acteur exceptionnel.
3. Non, je ne trouve pas, mais c'est un roman passionnant.
4. Non, tu te trompes, ce n'est pas une femme, c'est un dessinateur de mode japonais.

Deuxième partie

1. Moi, je préfère faire mes courses dans les petites boutiques.
2. Moi, je vais m'acheter une nouvelle télévision. (*Commentaire* : On peut employer **télévision** à la place de **téléviseur** dans la langue parlée.)
3. Moi, je préfère les boissons légères.
4. Au contraire, je trouve que les journées sont courtes en été.

Exercice 3

1. Non, son frère a épousé une chercheuse allemande.
2. Non, sa cousine est norvégienne.
3. Non, sa mère est italienne.
4. Non, son grand-père est russe.
5. Non, elle a une amie d'enfance vietnamienne.
6. Non, sa future belle-sœur est antillaise.

Exercice 4

1. J'ai pris le ferry, c'est plus long que le tunnel, mais le tunnel est plus cher que le ferry.
2. L'Angleterre est un pays aussi pluvieux que la France, mais il est vrai qu'il y a plus de brouillard qu'en France.
3. C'est vrai, à Paris, il y a les plus grands couturiers du monde.
4. La Joconde est sans doute le tableau le plus célèbre du monde.
5. À mon avis, la Vénus de Milo est la plus belle statue grecque.
6. Je pense que la National Gallery est aussi grande que le Louvre.
7. Si, le Louvre est plus renommé. C'est peut-être le musée le plus beau du monde. (*Commentaire* : Il serait également correct de dire : **C'est peut-être le plus beau musée du monde.**)
8. Je suis sûre que tu danses mieux qu'elle.
9. C'est vrai, hélas, mais elle est toujours la plus maladroite des élèves de son cours.

CONVERSATIONS DIRIGÉES

Conversation I

1. Ma cousine est hôtesse à KLM.
2. Ma mère est psychologue dans une clinique à Boston.
3. Ma sœur est ambassadrice à Beijing.
4. Mon amie Pauline a accusé toutes ses amies d'être menteuses.
5. Selon ma tante, Catherine Deneuve est la meilleure actrice française.
6. Ma sœur Viviane ne s'entend pas du tout avec sa belle-sœur.
7. Ma nièce est une excellente violoniste.
8. Ma chienne n'est pas jalouse de moi.
9. a) Ma cousine est un ange à l'école.
   b) Ses institutrices sont toujours satisfaites d'elle.
10. J'ai une vieille amie qui m'a envoyé un souvenir du Sénégal.

Conversation II

1. Personnellement, je trouve les croisières ennuyeuses. C'est bon pour les gens à la retraite.
2. Moi, je pense que la soupe est délicieuse, mais un peu relevée pour mon goût.
3. Les pommes de terre sont sublimes.
4. J'aime les pommes avec le fromage. Celles-ci sont vraiment croquantes.

5. Justement, ça me fait penser aux enfants des Chaumont qui sont malades depuis quelque temps. Liliane est hyperactive et sa sœur est boulimique. La mère est complètement affolée et ne sait pas quoi faire.
6. Ah, j'en ai entendu parler. Il s'agit de deux jeunes filles jalouses qui tuent leur ami en jetant un sèche-cheveux dans une baignoire pleine d'eau.
7. Dans ma famille il n'y a que des docteurs. Ma sœur est chirurgienne esthétique dans une grande clinique à New York.
8. Moi aussi, je l'ai vu dans cet accoutrement. Il portait des chaussures blanches ce jour-là. Il avait l'air très artiste !
9. On a enfin mis en solde une chemise blanche de Façonnable dont j'avais envie depuis très longtemps. Elle est en soie naturelle. À quinze dollars, j'ai fait une bonne affaire.
10. Ma cousine est italienne, mais elle a passé sa jeunesse à Moscou parce que sa mère y était ambassadrice à l'époque.

Conversation III

Réponses aux questions de Joëlle

1. J'ai vu autant de films qu'au semestre dernier.
2. Les activités qui me prennent le plus de temps sont mes devoirs de maths et d'histoire.
3. Mon cours le moins difficile est mon cours de langue.
4. J'ai les meilleurs résultats dans mon cours de biochimie.
5. Mon professeur le mieux organisé est mon professeur de physique.

Réponses aux questions de Julien

1. Oui, j'ai plus de temps libre qu'au semestre dernier.
2. Oui, je suis moins découragé que l'année dernière.
3. Non, je ne vais pas aussi souvent au cinéma.
4. Oui, je sors plus souvent que l'année dernière.

Réponses aux questions d'Étienne

1. Oui, je dépense plus d'argent que mes amis pour mon logement et pour ma nourriture.
2. Mes amis sont aussi sympathiques que l'année dernière.
3. Mes meilleurs souvenirs sont les fêtes que nous avons organisées.
4. On trouve les vêtements les moins chers à Éconnippes quand il y a des soldes.

Conversation IV

1. Celui-là est meilleur.
2. Celle-là est pire.
3. Un léopard court plus vite.
4. Un bracelet en argent coûte moins cher.
5. Moi, je travaille de huit heures à onze heures. Je travaille davantage.
6. Dans un style différent, Dolly Parton chante aussi bien que Barbra Streisand.
7. La pâtisserie américaine est moins riche que la pâtisserie française.
8. Le jeu de dames est moins difficile que les échecs.
9. La 2CV (deux chevaux) Citroën est plus économique que la BMW.
10. Les jours en hiver sont moins longs qu'en été.

Conversation V

1. Norbert a moins de cousins que Gilberte.
2. Gilberte étudie moins d'heures que Norbert.
3. Gilberte reçoit plus de lettres que Norbert.
4. Norbert dort plus d'heures que Gilberte.
5. Gilberte va plus au cinéma que Norbert.
6. Gilberte a autant de compacts-disques que Norbert.

Conversation VI

1. Evelyne est la plus intelligente de la classe.
2. Didier est le coureur le plus rapide de l'équipe.
3. Mon frère est le plus paresseux de la famille.
4. Serge est le jeune homme le moins conformiste de la fraternité.
5. Ces fromages sont les fromages les moins chers de France. Ce sont les tableaux les moins appréciés du musée.

TEXTES DE COMPRÉHENSION

Compréhension globale

La Peur

Guy de Maupassant

Questions

Réponses variables.

Compréhension, dictée et interprétation

La Vénus d'Ille

Prosper Mérimée

rapprochée de la hanche
l'exquise vérité des formes
moulées sur nature
relevée sur le front
légèrement inclinée
cette beauté calme et sévère
donnaient à tous les traits une majestueuse
immobilité
contractés légèrement
la bouche relevée
gonflées
cette admirable statue
merveilleuse beauté
les rideaux tirés
persuadée que c'était son mari
tremblant de tous ses membres
étendre les bras en avant
de la malheureuse folle
Revenue à elle
le buste et les bras étendus en avant

Questions

Réponses variables.

Les Fleurs du mal : « La Beauté »

Charles Baudelaire

Les Fleurs du mal : « Hymne à la beauté »

Charles Baudelaire

Questions

Réponses variables.

Travaux complémentaires

MISE AU POINT

I.

1. extérieure, intérieure, reconstruite
2. bénigne
3. première, reçue, longue
4. jeunes, chaque, publique
5. urgente
6. chic
7. Cette, grasse
8. épaisse
9. Quelle, préférée

II.

1. la chatte grise
2. une fille muette
3. une tigresse féroce
4. une héroïne allemande
5. une artiste fière
6. une belle poule
7. la reine d'Angleterre
8. une grande vache
9. ma vieille compagne
10. une hôtesse charmante

III.

1. Sa cousine est la secrétaire de l'ambassadrice.
2. La duchesse est très vieille et presque sourde.
3. La jeune biche est morte.
4. Sa femme est nerveuse.
5. J'étais peureuse quand j'étais petite.
6. Sa cousine est vendeuse.
7. Cette chienne a mordu sa maîtresse.
8. Voulez-vous devenir une flûtiste célèbre ?
9. La princesse est folle.

IV.

1. Il a dû acheter de nouveaux pneus pour ses voitures.
2. J'ai appris en lisant les journaux qu'il y aurait des récitals de musique baroque la semaine prochaine.
3. Mes amis sont toujours très occupés pendant les périodes des examens.
4. Les auteurs sont souvent très mal payés.
5. Ces ruisseaux ont débordé l'année dernière et ont causé des dégats énormes.
6. Claire a oublié des détails importants dans ses exposés.
7. Mes genoux me font mal quand je fais trop de jogging.
8. Savez-vous conjuguer ces verbes à radicaux irréguliers ?
9. Est-ce que ces juristes pourront être impartiaux, étant donné la presse accordée à ces cas ?
10. J'ai vu des chandails verts en cachemire dans les magasins, mais les prix étaient astronomiques.
11. Avez-vous vu les porte-avions de la flotte russe ?
12. Ces timbres-poste français sont commémoratifs.
13. Construira-t-on un jour des gratte-ciel à trois cents étages ?
14. Les derniers vers de ces poèmes sont très célèbres.
15. Ces gratte-ciel qu'on vient de construire nous ont privé de notre vue du port.

V.

Ma nièce est *architecte*. *Elle* est *veuve* depuis des années. *Elle* a perdu *son mari* pendant la guerre du Viêt-Nam. Maintenant, *elle* est *directrice* d'une firme qui construit des appartements à Grenoble. *Elle* est *vive, sportive,* aime jouer à tous les jeux. *Elle* adore les enfants. Ce serait *une épouse idéale* si *elle* voulait se remarier.

VI.

Il était une fois...
une jolie maison blanche
Des oiseaux exotiques
arbres majestueux
des journées entières
gaies
tristes
les poissons rouges
l'eau limpide
heureuse
isolée
la vie réelle
les bons esprits

Elle ne se doutait pas...
une cave sombre
un sorcier méchant/un méchant sorcier
un vieil homme hideux
la barbe rousse
ses yeux vert foncé
son visage pâle et ridé
Deux vautours affamés
un charme maléfique
le maître absolu

Après avoir fini...
les yeux étonnés
D'une voix mielleuse
un cadeau merveilleux/un merveilleux
    cadeau (*Commentaire* : Ici on peut placer
    l'adjectif devant le nom pour souligner
    un effet stylistique ou pour souligner une
    réaction affective. Sa position normale est
    après le nom.)
des bijoux magiques
belle
dangereuses
premier vœu égoïste

Bélinda, après avoir réfléchi...
mes gentils poissons
une perle magique

Puis, elle...
inspirée
vertes
les plus beaux arbres

Les rayons du soleil...
une pluie étincelante
émerveillée

Elle aurait voulu...
un nouveau charme

VII.

1. plus compliqué/moins compliqué/aussi compliqué
2. moins bon
3. le plus somptueux
4. le plus habile
5. de meilleures
6. le plus orgueilleux
7. plus joli / moins joli / aussi joli
8. des plus grands
   sa statue la plus célèbre/sa plus célèbre statue
   (*Commentaire* : Un adjectif qualificatif comme **célèbre** peut se placer devant le nom pour un effet stylistique ou pour souligner une réaction affective. Sa position normale est après le nom.)

9. *à la forme comparative avec* **plus** :
   plus pittoresque
   moins rapide

   à la forme comparative avec **moins** :
   moins pittoresque
   plus rapide

   à la forme superlative avec **plus** :
   la plus pittoresque
   la moins rapide

   à la forme superlative avec **moins** :
   la moins pittoresque
   la plus rapide

VIII.

1. Voilà l'histoire la plus émouvante que j'aie entendue.

2. C'est alors qu'il a commis sa plus grande erreur. / C'est alors qu'il a commis son erreur la plus grande. (*Commentaire* : Notez que l'adjectif **grand** se place normalement devant le nom, mais peut se placer après le nom pour des raisons stylistiques ou affectives. Notez aussi que **sa** devient **son** devant un nom féminin qui commence par une voyelle.)

3. Cet air me rappelle les moments les plus doux de ma vie. / Cet air me rappelle les plus doux moments de ma vie. (*Commentaire* : La place de l'adjectif varie pour des raison stylistiques. L'adjectif qui est déplacé de sa position normale donne souvent à la phrase un certain ton affectif ou donne à l'adjectif son sens figuré plutôt que littéral.)

IX.

1. Avez-vous lu le premier roman de Couvrier ? C'est son œuvre la moins connue.
2. Nous avons pris les places les moins chères au troisième balcon.
3. Il a joué avec grande facilité le mouvement le plus difficile de la sonate.

X.

1. que
2. de
3. que
4. de
5. de

XI.

1. Cette rue est de loin la plus pittoresque de la ville.
2. Si le tapis d'Orient coûte beaucoup plus de 3 000 francs, ne l'achetez pas. Certains marchands dans cette ville profitent volontiers de l'ignorance des acheteurs. (*Commentaire* : Le prix à l'heure actuelle serait en Euros.)
3. Je vous recommande cette ligne aérienne. Elle est tellement supérieure à l'autre ! Les sièges sont beaucoup plus larges. Il y a nettement plus d'espace pour les jambes entre les rangs, et on offre régulièrement le choix entre trois repas chauds.
4. « Allons dehors ! » ont réclamé les étudiants. « C'est infiniment plus agréable de travailler au soleil. » (*Commentaire* : Il serait plus correct de dire : **Il est infiniment plus agréable de travailler au soleil.** La phrase avec **C'est …** appartient plutôt à la langue parlée.)

XII.

1. Diane est plus grande et plus forte que moi. Diane est moins grande et moins forte que moi. Diane est moins grande et plus forte que moi. Diane est plus grande et moins forte que moi. Diane est aussi grande et aussi forte que moi.

2. L'interprétation de Sarah me paraît plus nuancée que celle de Judith. L'interprétation de Sarah me paraît moins nuancée que celle de Judith. L'interprétation de Sarah me paraît aussi nuancée que celle de Judith.
3. Le gardien a été blessé par le tigre le plus féroce du zoo. Le gardien a été blessé par le tigre le moins féroce du zoo.
4. Il habite la plus vieille maison du quartier. Il habite la maison la plus vieille du quartier. Il habite la maison la moins vieille du quartier. Il habite la moins vieille maison du quartier. (*Commentaire* : L'adjectif **vieille (vieux, vieil)** se place normalement devant le nom, mais peut se placer après le nom pour des raisons stylistiques ou affectives.)
5. Ne prends pas le plus gros morceau de gâteau. Ne prends pas le plus petit morceau de gâteau.
6. Ce film a reçu la meilleure critique de l'année. Ce film a reçu la moins bonne critique de l'année.
7. Colette est plus sportive et plus agile que moi. Colette est moins sportive et moins agile que moi. Colette est plus sportive et moins agile que moi. Colette est moins sportive et plus agile que moi. Colette est aussi sportive et aussi agile que moi.
8. Son bateau avançait plus vite que les autres. Son bateau avançait moins vite que les autres. Son bateau avançait aussi vite que les autres.
9. Ce journal se lit plus facilement que l'autre. Ce journal se lit moins facilement que l'autre. Ce journal se lit aussi facilement que l'autre.
10. Voilà le diplomate le moins respecté de la nouvelle administration. Voilà le diplomate le plus respecté de la nouvelle administration.

XIII.

Réponses variables.

XIV.

Réponses variables.

Chapitre 10 - Le Subjonctif

Programme de laboratoire

MISE EN PRATIQUE

Exercice 1

1. Il ne faut pas que tu sois déprimée.
2. Il ne faut pas que tu dormes, il vaut mieux que tu viennes te promener au parc avec moi un moment.
3. Je suis contente que tu aies fait un effort et que tu sois allée faire des courses.
4. Je regrette que tu n'aies pas eu le courage de te faire à manger.
5. Il faut que tu finisses ce livre et que tu écrives ce devoir pour demain.
6. Il faudrait que tu reprennes confiance en toi.
7. Je doute que se lamenter soit la solution.
8. Il est probable que je resterai ici ce soir pour t'aider.
9. Je suis ravie que tu retrouves ton dynamisme ! (*Commentaire* : Il serait correct aussi de dire **Je suis ravie que tu aies retrouvé ton dynamisme.**)
10. Je ne crois pas que ce soit une bonne idée. Je suis très mauvaise en biologie.
11. Je suis étonnée qu'elle change d'humeur si vite.

Exercice 2

1. Je ne crois pas que ce soit une bonne idée.
2. Je suis étonné que tu sois de cet avis.
3. Je ne suis pas convaincu que tu possèdes les qualités physiques nécessaires pour ce sport.
4. Il est possible que tu attrapes une maladie tropicale là-bas.
5. Je suis ravi que tu aies de l'argent pour te payer des vacances.
6. Je suis surpris que tu me demandes une telle chose deux semaines avant les vacances.
7. Je ne crois pas que je puisse te prêter de l'argent.
8. Je suis ravi que tu aies trouvé une solution pratique.

CONVERSATIONS DIRIGÉES

Conversation I

1. Il n'est pas évident que la situation soit si grave. Pouvez-vous me donner quelques précisions ?
2. Il est regrettable que vous vous sentiez si déprimé.

3. Il est anormal que vous dormiez tant. Faites-vous un peu d'exercice pendant la journée ?
4. Il faudrait que vous repreniez ces bonnes habitudes.
5. Cela ne m'étonne pas que vous ayez de mauvaises notes. Il ne vous reste pas beaucoup de temps pour étudier si vous dormez seize heures par jour. Comment est votre appétit ?
6. Il est inquiétant que vous perdiez l'appétit à ce point-là. Il faudrait que vous essayiez de manger davantage, même si vous n'avez pas faim. Vous allez finir par vous débiliter. Est-il possible que quelqu'un puisse préparer de bons repas pour vous mettre en appétit ? (*Commentaire* : Il serait correct aussi de dire **ayez perdu l'appétit.**)
7. Pourquoi ? Il est inconcevable que vous soyez si insupportable.
8. Je suis navré que vos symptômes paraissent si intenses.
9. Je regrette que vos amis ne viennent jamais vous voir. Ils pourraient au moins essayer de vous remonter le moral.
10. Il est probable que cela prenne beaucoup de temps, mais je ne suis pas convaincu que ce soit impossible. (*Commentaire* : La bande sonore est incorrecte. Il faut dire : **Il est probable que cela prendra beaucoup de temps.** *ou* **Il est possible que cela prenne beaucoup de temps.**)
11. Il n'est pas bon que vous passiez des nuits blanches comme cela.
12. Et puis, d'après vos rêves, j'ai bien peur que vous ne soyez pas en très bon contact avec la réalité.
13. Il est douteux que vos professeurs soient tous des ogres.
14. Ne vous alarmez pas ! Quant à vos rêves, nous les examinerons de plus près pendant nos discussions. Je crois qu'il faudrait que vous commenciez votre traitement tout de suite.
15. Il est essentiel que vous me disiez tout ce qui vous est arrivé depuis votre plus jeune âge.
16. Il est douteux que vos symptômes disparaissent immédiatement.
17. En attendant, je peux vous prescrire des calmants qui vous assureront des nuits plus tranquilles.
18. Il faudra aussi que vous preniez un médicament contre la dépression.
19. Il est possible que vous puissiez reprendre vos cours dans deux ou trois mois.

Conversation II

1. Je ne crois pas que ce jeune homme soit paranoïaque.
2. Je ne pense pas qu'il se soit plaint de vous.
3. Je souhaite qu'il vienne à son prochain rendez-vous.
4. Il est douteux qu'il vous ait menti.
5. Il est peu probable qu'il faille l'enfermer.
6. Cela m'étonnerait qu'il se remette complètement.

Conversation III

1. Je regrette que son diagnostic ne t'ait rien appris et qu'il ait parlé d'un traitement prolongé.
2. Je me suis bien douté qu'il se faisait payer cent trente dollars de l'heure.
3. C'est dommage que tu ne te sois pas senti mieux après la visite, mais il ne faut pas que tu te décourages.
4. Cela m'étonne que tu ne voies pas tes professeurs. Quant à son cabinet, il est dommage que tu ne t'y sentes pas à l'aise. Mais cela m'étonnerait que ce soit à cause des meubles.
5. Je ne trouve pas que ta description corresponde vraiment à la réalité. Es-tu sûr que tu n'exagères pas ?
6. Il est curieux qu'il boive et qu'il fume pendant les consultations.
7. Je doute que le docteur soit fou. N'est-il pas diplômé de la Clinique Menninger ?
8. Écoute, tu fais comme tu veux, mais ce serait une mauvaise idée que tu n'ailles pas au prochain rendez-vous. C'est toujours difficile au début. Il faut persévérer.
9. D'accord. J'espère que tu me tiendras au courant de tes progrès.

TEXTES DE COMPRÉHENSION

Compréhension globale

Lettres Persanes : « Les Troglodytes »

Montesquieu

Questions

Réponses variables.

Compréhension, dictée et interprétation

Lettre de Gargantua à son fils Patagruel

François Rabelais

afin que tu vives vertueusement
tu saches les langues parfaitement
soit formé sur les bons auteurs
pour que tu apprennes les arts libéraux
que tu saches aussi l'astronomie
tu perdes ton temps
tu apprennes par cœur
tu puisses m'en parler avec intelligence
Je souhaite qu'il n'y ait ni mer, ni rivière, ni fontaine
tu saches reconnaître tous les oiseaux de l'air
tu relises tous les livres de médecine
tu négliges la Bible
tu serves Dieu
tu le craignes
tu reviennes à moi, pour que je te donne ma bénédiction
soit avec toi

Questions

Réponses variables.

Travaux complémentaires

MISE AU POINT

I.

1. sois
2. connaissiez
3. aillent
4. boive
5. (j')aie
6. ne croie pas
7. dises
8. voies
9. puisse
10. retienne
11. veuille
12. ne sache pas
13. évaluiez
14. preniez
15. reviennent
16. étudiions

II.

1. Je n'ai pas l'impression que les otages aient beaucoup souffert.
2. Nous ne sommes pas sûrs qu'il fasse beau demain.
3. Je ne crois pas que ce restaurant serve des plats régionaux.
4. Je ne dis pas que c'est une erreur d'investir en ce moment.
5. Richard ne se souvient pas qu'on a fermé la porte à clef.
6. Il n'est pas probable qu'Interpol offre un poste à Denise.
7. Elle ne croit pas que je suis allé(e) dans un sous-marin : Elle ne croit pas que je sois allée/allé dans un sous-marin. (*Commentaire* : Dans la réponse à l'indicatif, la personne est en fait montée dans un sous-marin et il s'agit simplement d'un oubli de la part de l'autre personne. Dans la réponse au subjonctif, le fait d'être allé dans un sous-marin est mis en doute.)
8. Je ne suis pas convaincu(e) que cet auteur devienne célèbre un jour.

III.

1. Je prendrai du lait avant de me coucher.
2. Il buvait depuis des années sans que personne ne le sache.
3. Nous essaierons de finir nos devoirs avant que nos invités arrivent. (*Commentaire* : L'emploi du **ne** explétif est facultatif.)
4. Téléphone-moi pour que je sache que tu es bien arrivé(e).
5. Il vend des articles de toilette pour gagner de l'argent de poche.
6. Ils ont visité le Musée d'Orsay après être allés déjeuner.
7. Nous pourrions déjeuner chez Maxim's (Notez qu'il y a une erreur typographique dans le ***Cahier.***) à moins que le restaurant (ne) soit fermé pour congé annuel. (*Commentaire* : L'emploi du **ne** explétif est facultatif.)

IV.

1. a. Je voudrais que vous voyiez ce film dans sa version originale.
   b. Je voudrais aller en Afrique pour photographier les lions au Kenya.

2. a. Elle a peur d'avoir oublié son carnet de chèques à la maison.
   b. Elle a peur que son mari ait oublié son rendez-vous avec le comptable.

3. a. M. Henri prenait souvent un petit verre de Chartreuse avant de se coucher pour mieux dormir.
   b. Je vois que le temps se gâte. Allez vite nager avant qu'il (ne) pleuve. (*Commentaire* : L'emploi du **ne** explétif est facultatif.)

4. a. Il a allumé une cigarette sans demander la permission.
   b. Il disait du mal de moi sans que je (ne) le sache. (*Commentaire* : L'emploi du **ne** explétif est facultatif.)

V.

1. a. *Avec **vous*** : Quand vous êtes dans un pays tropical, ne restez pas au soleil de midi à deux heures à moins que vous (ne) portiez un chapeau. (*Commentaire* : L'emploi du **ne** explétif est facultatif.)
   b. *Avec **tu*** : Quand tu es dans un pays tropical, ne reste pas au soleil de midi à deux heures à moins que tu (ne) portes un chapeau.

2. Thérèse espérait que je changerais d'avis.
3. Alain voulait aller dans un pays du tiers monde pour étudier les conditions de vie directement.
4. Chris et Karen étaient enchantés d'emmener les enfants au zoo.
5. Pensez-vous que l'eau de ce lac soit polluée ?
6. Je doute que cette pièce soit assez grande pour la réception de mariage.
7. Je suis content(e) que tu te sois amusé(e) au match de hockey même si nous avons perdu.

VI.

Réponses variables.

VII.

Réponses variables.

VIII.

Réponses variables.

Chapitre 11 - Les Propositions relatives

Programme de laboratoire

MISE EN PRATIQUE

Exercice 1

1. Les étudiants qui habitent ma résidence universitaire ont des talents variés.
2. Marie, qui est ma camarade de chambre, est très studieuse.
3. Marie, dont les notes sont toujours les meilleures, est aussi une musicienne très douée.
4. Le jeune homme avec lequel Marie sort parle quatre langues.
5. Il est né en Allemagne. Il ne se souvient pas de ce pays qu'il a quitté trop tôt.
6. Le village d'où ses parents sont originaires est perché dans les collines de Toscane.
7. L'entreprise dans laquelle il a fait son stage est une multinationale basée à Paris.
8. Le travail qu'il a fait a satisfait l'entreprise.
9. L'entreprise l'a envoyé à Barcelone où il a couvert les Jeux Olympiques en tant qu'interprète.
10. Ce jeune homme qui parle l'italien, l'allemand, le français et l'espagnol semble prêt pour le grand marché européen.

Exercice 2

1. Nous écoutons les disques qu'Éliane nous apporte.
2. Julien et Gilbert, qui sont excellents cuisiniers, préparent des pizzas.
3. Avez-vous déjà goûté les pizzas que Julien et Gilbert ont préparées ?
4. La harpe, à laquelle les étudiants ne s'intéressent pas, est un joli instrument.
5. La harpe, l'instrument dont Marie joue, est utilisée dans la musique classique.

Exercice 3

Situation 1

1. C'est une Lancia que nous venons de recevoir d'Italie.
2. Oui, c'est une voiture dont le moteur est très puissant.
3. Ce sont des sièges qui sont recouverts de cuir naturel.
4. C'est une voiture dont les freins sont excellents.
5. C'est une voiture qui consomme 30 litres aux cent. (*Commentaire* : En France la consommation d'essence d'une voiture se mesure par le nombre de litres nécessaires pour couvrir une distance de cent kilomètres.)
6. C'est une voiture dont le prix est très raisonnable. 75,000 dollars, taxes comprises.
7. Mais non. Le prix que j'ai mentionné est pour le modèle décapotable.
8. Ah, c'est un modèle que je peux vous vendre à vingt pour cent de moins.

Situation 2

1. C'est une maladie dont la cause est inconnue.
2. C'est une maladie dont les conséquences peuvent être très graves.
3. Il y a de nouveaux médicaments que je peux vous prescrire.
4. C'est une condition dont on guérit assez rapidement.

Situation 3

1. C'est un homme politique dont les opinions sont très respectées.
2. C'est un homme dont la vie est exemplaire.
3. En effet, ce sont des mesures qui aideront les pauvres et ne favoriseront personne.

Situation 4

1. C'est un dramaturge dont j'ai vu toutes les pièces.
2. En effet. Les revues que j'ai lues attaquent la pièce sur tous les fronts.
3. C'est une pièce qu'on a traduite en plusieurs langues.

Exercice 4

1. J'ai vendu ceux dont je n'ai plus besoin.
2. Quelques-uns. Tu peux prendre ceux que je n'ai pas vendus.
3. Je la garde. C'est celle que mes parents m'ont offerte.
4. Oui, bien sûr. Je vous enverrai des cartes de tous ceux que je visiterai.
5. Oui, je vais emporter celui que tu m'as donné.

CONVERSATIONS DIRIGÉES

Conversation I

1. Il a acheté une voiture dont les freins étaient défectueux.
2. Françoise va préparer un dessert que tout le monde aime.
3. Fais attention ! Le couteau dont tu te sers est vieux et rouillé.
4. Ils sont descendus dans un village qui se trouvait près d'une rivière.
5. Est-ce que tu as le temps de me montrer la nouvelle voiture que tes parents t'ont offerte ?
6. Les émissions que nous regardons à la télévision sont instructives.
7. Je vais acheter le bois dont il a besoin pour construire une étagère.
8. Voilà des phrases qui illustrent bien le style de Voltaire.
9. Mes parents habitent une petite maison dont ils sont contents et qui ne leur coûte pas trop cher.
10. L'omelette et la ratatouille que tu as préparées pour le déjeuner étaient délicieuses.
11. Je parlerai des poèmes de Baudelaire dont je me souviens le mieux.
12. Cette pièce de théâtre de Sartre met en scène des personnages dont le caractère est instable.

Conversation II

1. Le restaurant où nous allons coûte cher.
2. Il faisait froid le jour où je suis arrivé.
3. Le village d'où je viens se trouve dans les Alpes.
4. Les routes par où il passe pour aller à son travail sont dangereuses.
5. Les années 60 ont été une période mouvementée où on contestait beaucoup l'autorité.
6. Il y a un trou dans le mur par où les souris peuvent passer.

Conversation III

1. Nous avons trouvé un restaurant ouvert sans lequel nous serions morts de faim.
2. Comme nous voulions refinancer notre hypothèque, notre agent immobilier nous a présenté plusieurs options entre lesquelles nous devions choisir.
3. Connaissez-vous ces étudiants en blouson noir auxquels Nathalie parle ?
4. Connaissez-vous Mme Duvilliers ? C'est une dame très érudite pour laquelle j'ai beaucoup d'admiration.
5. Toutes ces maisons anciennes devant lesquelles on a construit une nouvelle autoroute sont devenues invendables.

6. Échappant à l'agent qui le tenait par le bras, Julien a descendu en courant la rue au bout de laquelle ses amis l'attendaient.

TEXTES DE COMPRÉHENSION

Compréhension globale

Paroles : « Le Message »

Jacques Prévert

Questions

Réponses variables.

Compréhension, dictée et interprétation

« Le Cadeau de mariage »

Michelle Maurois

dont nous ne nous servons pas
c'est tout ce qui me reste d'elle
qu'elle traîna dans le corridor
auquel ils étaient invités
auxquels ils ne s'attendaient pas
où on avait préparé un grand buffet
ce qu'on avait fait
où les cadeaux de mariage

Questions

Réponses variables.

Travaux complémentaires

MISE AU POINT

I.

1. Théodore a découvert une substance dont les propriétés sont inconnues.
2. Nous lirons une biographie dont l'auteur est célèbre.
3. Une tempête dont personne n'avait pu prévoir la force a détruit la ville.
4. La montre dont ma tante avait envie était suisse.
5. Comprenez-vous la gravité du crime dont on accuse mon frère ?
6. Nous habitons une région dont le climat est très variable.
7. Les étudiants dont la presse avait parlé ont paru à la télévision.
8. Elle écrit des romans dont l'intrigue est très complexe.

II.

Vocabulaire

à court d'argent   *short of cash*

1. Des gens disent que la lune influence nos destinées, ce qui me semble difficile à prouver.
2. Jean-François ne sort que très rarement, ce qui explique sa gêne à la réception d'hier.
3. Nicolas pense être à court d'argent, ce qui l'ennuie beaucoup.
4. Le voyage prend plus de temps aux heures de pointe ce à quoi Cheryl n'a pas pensé.

III.

1. La petite table que ma mère m'a donnée date de l'époque de Louis XVI.
2. Le tableau dont vous m'avez parlé se trouve au Louvre.
3. Les enfants ramassaient les coquillages qui se trouvaient sur la plage.
4. Nous avons mangé des fruits de mer dont je ne sais même pas le nom.
5. Les ingrédients avec lesquels on fait ce plat sont difficiles à trouver.
6. Les maux de tête dont il souffrait étaient d'origine psychosomatique.

IV.

Réponses variables.

V.

1. Ne sachant pas
2. descendant
3. rentrant
4. Sortant
5. agissant
6. Ayant
7. buvant

VI.

Réponses variables.

VII.

1. Il s'est cassé la jambe en faisant du patin à roulettes.
2. En attendant l'avion, j'ai lu le journal.
3. J'aime me promener le long de la plage.
4. En faisant le lit, il a trouvé une pièce en argent sous son oreiller.
5. Vous apprendrez davantage en étudiant régulièrement. Tu apprendras davantage en étudiant régulièrement.
6. Il s'est fait mal au dos en soulevant un fauteuil lourd.
7. En écrivant ce poème, il s'est tout à coup souvenu des épisodes entiers de son enfance.

Chapitre 12 - Le Discours indirect

Programme de laboratoire

MISE EN PRATIQUE

Exercice 1

1. Jacques a dit qu'ils pourraient partager une grande cabine.
2. Alice a demandé à ses amis à quelle heure ils voulaient partir.
3. Julien a suggéré de partir de bonne heure.
4. Miriam a dit qu'elle se levait toujours tôt de toute façon.
5. Jacques a dit qu'ils devraient vérifier les conditions routières.
6. Jacques a dit qu'il y avait parfois des tempêtes.
7. Miriam a dit qu'elle avait acheté des chaînes.
8. Julien a demandé s'ils voulaient dîner au restaurant ou s'ils préféraient faire la cuisine.
9. Alice a demandé s'il y avait des chalets avec cuisine à louer.
10. Julien a dit qu'il ferait la cuisine et que cela leur coûterait moins cher.

Exercice 2

Situation 1 : Dans le parc

1. Éloïse a demandé à Christian s'il voulait jouer à la balle avec elle.
2. Christian a répondu que non, qu'il préférait la balançoire.
3. Éloïse a répondu que non, qu'elle n'aimait pas la balançoire. Elle lui a demandé de jouer à cache-cache et de fermer les yeux. Elle lui a dit qu'elle allait se cacher.
4. Christian a dit qu'il compterait jusqu'à dix. Un, deux, trois...
5. Éloïse a dit à Christian qu'il ne la trouverait pas.
6. Christian a répondu que si, qu'il la trouverait.

Situation 2 : Dans la cuisine

1. Éloïse a demandé ce que c'était.
2. Sa maman a répondu que c'était un mixer.
3. Éloïse a demandé à quoi ça servait.
4. La mère d'Éloïse a répondu que ça servait à plein de choses, qu'on pouvait faire des jus de fruits, des soupes, des purées, des sauces.
5. Éloïse a dit qu'elle en voulait un.
6. La mère d' Éloïse a dit qu'elle n'en avait pas besoin pour le moment. Elle a ajouté que le lendemain, elle lui achèterait un nouveau jouet.

Situation 3 : À la caisse

1. Éloïse a demandé à sa mère pourquoi elle donnait des billets à la dame.
2. La mère d'Éloïse a dit que c'était pour payer tout ce qu'elle avait acheté.
3. Éloïse a demandé pourquoi la dame lui donnait des sous.
4. La mère d'Éloïse a expliqué que la dame lui rendait la monnaie parce qu'elle lui avait donné trop d'argent.
5. Éloïse a demandé à sa mère si elle pouvait lui donner des sous pour s'acheter des bonbons.
6. La mère d'Éloïse a répondu que non, qu'elles devaient rentrer.

CONVERSATIONS DIRIGÉES

Conversation I

1. Elle lui a demandé quand il était arrivé à Hollywood.
2. Elle lui a demandé quel nouveau film il tournait en ce moment.
3. Elle lui a demandé s'il aurait le rôle principal.
4. Elle lui a demandé qui jouerait le rôle de la femme.
5. Elle lui a demandé combien de temps il resterait en Amérique.
6. Elle lui a demandé si sa famille était venue avec lui.
7. Elle lui a demandé s'il était allé à New York.
8. Elle lui a demandé ce qu'il pensait du cinéma américain.
9. Elle lui a demandé ce qui l'intéressait le plus en dehors de son métier.
10. Elle lui a demandé lesquels de ses films avaient eu le plus de succès en France.

Conversation II

1. Le père a demandé à son fils s'il avait rencontré une jeune fille à l'université.
2. Le père a demandé à son fils s'il la voyait souvent.
3. La mère a demandé à son fils s'il connaissait les parents de la jeune fille.
4. Le père a demandé à son fils s'il savait ce que les parents de son amie faisaient.
5. La mère a demandé à son fils à quoi Julie-Anne s'intéressait.
6. Le père a demandé à son fils où elle était née.

7. La mère a demandé à son fils si ça devenait sérieux puisqu'ils se voyaient si souvent.
8. Le père a demandé à son fils s'il comptait leur présenter son amie.

Conversation III

1. Mélanie a demandé à Cristelle pourquoi elle n'avait pas rangé ses affaires.
   Cristelle a répondu qu'elle n'avait pas eu le temps parce qu'elle était allée au cinéma.
2. Mélanie a demandé à Cristelle si elle avait fini ses problèmes de maths.
   Cristelle a répondu qu'elle les avait finis et qu'elle les avait trouvés horribles aussi.
3. Mélanie a demandé à Cristelle où elle avait mis les nouvelles cassettes.
   Cristelle a répondu qu'elle les avait laissées dans la voiture.
4. Mélanie a demandé à Cristelle si elle pouvait lui donner un coup de main avec son logiciel.
   Cristelle a répondu qu'elle l'aiderait, qu'elle connaissait très bien son logiciel.
5. Mélanie a dit à Cristelle que sa sœur lui avait téléphoné pendant qu'elle était au cinéma.
   Cristelle a demandé si sa sœur avait laissé un message.
6. Mélanie a demandé à Cristelle de lui prêter dix dollars.
   Cristelle a répondu que oui, mais qu'il fallait qu'elle passe d'abord à la banque.
7. Mélanie a dit que s'il faisait beau, elle irait à la montagne.
   Mélanie a demandé à Cristelle si elle avait envie d'y aller.
   Cristelle a répondu que oui, qu'elles pourraient prendre sa Jeep.

Conversation IV

Les réponses de Roland

1. Mon père m'a demandé quelle profession m'intéressait vraiment.
2. Mon père m'a demandé ce que j'avais étudié le semestre dernier.
3. Ma mère m'a demandé quels professeurs j'aimais le plus dans ma discipline.
4. Ma mère m'a demandé si je partagerais un appartement avec Françoise et Anne.
5. Ma mère m'a demandé si je mangeais une nourriture saine à l'université.
6. Mon père m'a demandé si j'allais leur écrire plus souvent.

7. Mon père m'a demandé si mes amis et moi avions participé à la grande régate du Prince Jean.
8. Ma mère m'a demandé si je rentrerais à la maison pour les fêtes de Noël.

Les réponses de Daniel

1. Mon père m'a demandé si j'allais choisir la même profession que lui.
2. Mon père m'a demandé ce que je faisais au lieu d'étudier.
3. Ma mère m'a demandé combien d'heures je passais à la piscine.
4. Mon père m'a demandé si je louerais le studio de Véronique.
5. Ma mère m'a demandé si je préparais mes repas moi-même à l'université.
6. Mon père m'a demandé si j'écrivais des poèmes depuis longtemps.
7. Mon père m'a demandé si mes amis et moi, nous étions allés au Grand Canyon à Thanksgiving.
8. Ma mère m'a demandé si j'irais à San Francisco pour voir tante Isabelle.

TEXTES DE COMPRÉHENSION

Compréhension globale

« Un faux-pas »

Questions

Réponses variables.

Lettre à M. de Pomponne

Mme de Sévigné

Questions

Réponses variables.

Compréhension, dictée et interprétation

« Le Proverbe »

Guy de Maupassant

pour t'apprendre que je suis ton père
ce qu'il y a de difficile dans ce sujet
il n'y a rien de meilleur pour l'enfant
en restant constamment en dehors du sujet
qui ressemblait plus à de l'inquiétude
il perdrait aussi la considération
nous les ferons ensemble

Dictée

Par ce splendide après-midi d'un dimanche d'été, virgule, quels sont donc ces jolis objets verts à la forme allongée, virgule, qui frappent nos regards ? On dirait de loin qu'ils sont munis de longs bras, mais ces bras ne sont autre chose que des rames et les objets verts sont en réalité deux canots de course qui se balancent mollement au gré des flots de la Marne.

Questions

Réponses variables.

Travaux complémentaires

MISE AU POINT

I.   *Réponses possibles*

Jacques a demandé à David s'il pouvait lui prêter $100.

David lui a rappelé qu'il lui avait déjà prêté $100 il y avait deux jours. Il lui a demandé ce qu'il en avait fait.

Jacques a expliqué qu'il les avait dépensés. Il a dit qu'il était sorti avec Linda le weekend d'avant. Il a continué en disant que leur dîner dans un modeste restaurant italien leur avait coûté $80 et que leurs billets de cinéma avaient coûté $20. Il a mentionné que Linda avait gentiment offert de payer sa part, mais qu'il avait refusé.

David a proféré avec sarcasme que c'était facile d'être galant avec l'argent des autres ! Il a demandé ce qu'il ferait avec ces $100 s'il les lui prêtait ?

Jacques a répondu qu'il était à l'université pour étudier ; qu'il lui fallait des livres pour ses cours, des cahiers et, il a fini par avouer, pour une nouvelle chemise.

David voulait savoir (a demandé) ce qui était arrivé à sa chemise.

Jacques a expliqué que quand il était au restaurant, il avait renversé de la sauce tomate sur sa chemise. Il a ajouté qu'il avait essayé de la laver avec de l'eau de Javel. Il a dit avec regret que la tache était partie mais que la chemise était toute déteinte.

David, avec sympathie, a dit qu'il était désolé, mais que ça lui apprendrait. Il lui a conseillé de faire plus attention la prochaine fois. Il a continué en disant que de toute façon, des livres, il en trouverait à la bibliothèque, et des chemises, lui, David, pouvait lui en prêter une. Il a fini par lui demander de lui promettre de ne plus commander de lasagne !

II.   *(Réponses possibles)*

1. Viviane a bien compris le sens du poème.
2. Il y a eu une vague de chaleur récemment. Récemment il y a eu une vague de chaleur.
3. Cette idée est complètement fausse.
4. A-t-il répondu correctement à votre question ? A-t-il correctement répondu à votre question ?
5. Malheureusement nous ne pouvons pas y aller. Nous ne pouvons pas y aller malheureusement. Nous ne pouvons malheureusement pas y aller.
6. Mes voisins se promènent souvent après le dîner. Souvent mes voisins se promènent après le dîner. Mes voisins se promènent après le dîner souvent.
7. Ma camarade de chambre parle couramment quatre langues. Ma camarade de chambre parle quatre langues couramment.
8. Justin a gentiment offert de nous emmener dans sa voiture. Justin a offert gentiment de nous emmener dans sa voiture.
9. Tu répètes toujours la même chose.
10. Ce chanteur a obstinément refusé de signer un nouveau contrat. Ce chanteur a refusé obstinément de signer un nouveau contrat.

III.

1. a. Oui, il leur a fait lire trente pages.
   b. Oui, il leur a fait écrire une composition.
   c. Oui, le professeur les lui a fait corriger.
2. a. Oui, elle nous les a fait voir.
   b. Oui, elle nous en a fait écouter un.
   c. Oui, on lui en a fait boire beaucoup. Oui, on lui en a fait beaucoup boire.

IV.

Réponses variables.

V.

1. Il avait une forte fièvre, alors il a fait venir le médecin.
2. Charles m'a fait voir de nouveaux catalogues de matériel de camping. Charles m'a montré de nouveaux catalogues de matériel de camping.
3. Elle s'est fait couper les cheveux très court.
4. Je voulais faire repeindre la voiture.

5. L'instituteur a fait écrire une pièce de théâtre aux étudiants.

6. La circulation intense nous a fait perdre une heure. Les embouteillages nous ont fait perdre une heure.

7. Si vous envoyez une carte à Karen, cela la rendra très heureuse. Si tu envoies une carte à Karen, cela la rendra très heureuse. Si tu envoies une carte à Karen, cela lui fera très plaisir.

8. Ce vin me fait tourner la tête.

9. Penses-tu que le pâté que j'ai mangé me rendra malade ? Penses-tu que le pâté que j'ai mangé me rende malade ? (*Commentaire* : Notez que le subjonctif peut s'employer pour mettre en doute la réalité d'un fait.)

10. Elle ne veut pas me laisser caresser le chien. Elle refuse de me laisser caresser le chien.

11. J'ai entendu dire que Lisa et Quentin vont se marier (s'épouser). (*Commentaire* : Notez que la phrase anglaise **Lisa and Quentin are getting married** a le sens **Lisa and Quentin are going to get married.**)

12. De sa fenêtre, il regardait les enfants qui se jetaient des boules de neige.

13. Son père ne veut pas le laisser conduire la nouvelle voiture.

14. Ils ne veulent pas nous le laisser faire. Ils ne veulent pas nous laisser faire cela. Ils ne veulent pas nous laisser faire ça.

VI.

Martine se demandait ce qu'elle voulait [ø] faire dans la vie. Sa tante, un peu vieux jeu, lui avait conseillé *de* se marier et *d*'avoir beaucoup d'enfants, mais Martine s'intéressait beaucoup au droit, et ses professeurs lui ont suggéré *de* poursuivre une carrière dans ce domaine. Le père de Martine, qui était en voyage d'affaires à Hong Kong, lui a écrit *de* réfléchir sérieusement. Elle devrait penser à prendre la suite de son affaire d'importation. Après tout, elle était fille unique. Mais la mère de Martine, qui avait toujours rêvé *d*'être actrice, disait constamment à sa fille *d*'aller à Hollywood pour se faire [ø] découvrir. Elle avait même demandé à un cinéaste qu'elle connaissait *de* venir [ø] dîner, dans l'espoir que Martine se laisserait [ø] charmer par la perspective *de* devenir une grande vedette. Martine ne voulait pas [ø] offenser ses parents, mais c'était une jeune fille indépendante qui tenait *à* prendre ses décisions toute seule. À votre avis, qu'a-t-elle choisi *de* faire ?